애리조나
답사기

애리조나
답사기

1판 1쇄 발행 2019년 7월 25일
1판 2쇄 발행 2019년 10월 15일

지은이 공병호

펴낸이 공병호
펴낸곳 공병호연구소

주소 경기도 고양시 덕양구 충장로 614-29
출판신고번호 제2018-000118호
신고연월일 2018년 7월 11일
전화 02-3664-3457 / 010-9004-0453
이메일 gong@gong.co.kr
홈페이지 www.gong.co.kr

ISBN 979-11-965092-6-2 03940
값 23,000원

잘못 만들어진 책은 구입하신 서점에서 교환해 드립니다.

이 도서의 국립중앙도서관 출판예정도서목록(CIP)은 서지정보유통지원시스템 홈페이지
(http://seoji.nl.go.kr)와 국가자료공동목록시스템(http://www.nl.go.kr/kolisnet)에서
이용하실 수 있습니다. (CIP제어번호: CIP2019028040)

판매·공급
　전화 031-927-9279
　팩스 02-2179-8103

공병호 지음

애리조나 답사기

공병호연구소

이곳저곳을 탐구하듯 들여다본다

"여행지로서 미국만 한 나라가 있을까?"

　세계의 이곳저곳을 다녀보면서 자연스럽게 여행지로서의 미국이 가진 매력과 강점을 주목한다. 여행 시간 가운데 많은 시간을 미국을 둘러보면서 보낸 지가 제법 시간이 흘렀다. 가는 곳마다 "맥도날드가 있고, 던킨 도너츠가 있고, 스타벅스가 있는 나라에 뭐가 그렇게 대단한 게 있을까"라고 묻고 싶은 사람들도 있을 것이다. 그러나 겉으로 보이는 것을 넘어서 도시나 거리에 담긴 스토리를 들여다볼 수 있다면 이야기는 달라질 수 있다.

　미국은 자신만의 특별한 역사를 가지고 있다. 지구상의 대다수 국가는 왕정을 중심으로 중앙에 집중된 권력의 오랜 역사를 가지고 있다. 하지만 미국은 왕정과 인연이 없는 나라다. 대도시에서 멀리 떨어진 작은 마을을 방문하더라도 그곳에는 어김없이 더 나은 미래를 위해 자신의 인생을 건 개척자들의 스토리가 가득 차 있다.

　마을 이름의 대부분은 개척자의 이름을 딴 것이다. 개척의 역사에는 압제보다 자유가, 칙칙함보다는 발랄함이, 정체보다는 역동성이, 과거 지향성보다는 미래 지향성이 함께한다. 더욱이 꿈을 실현하기 위한 개척자의 담대함과 다양성을 체험하기에 미국만 한 곳은 없을 것이다. 마을의 성장 역사에서 결코 나라의 성장에 비해 부족함이 없는 그런 기백과 용기와 지혜를 목격할 때가 있다.

짧지만 결코 비교할 수 없는 역사의 무게감

미국 여행은 문명을 바라보는 시각에서도 흥미와 교훈을 준다. 미국 역사는 절대 시간이라는 면에서 매우 짧지만 부침과 흥망의 교훈을 곳곳에서 체험할 수 있어 그 어떤 제국에 비해도 손색없다. 한때 미국의 영광이던 뉴욕의 버펄로를 방문한 철학자이자 소설가이며 영화감독이기도 한 베르나르 앙리 레비는 방문지에서 겪은 놀라움을 토로한다.

> 도시가 죽을 수 있다는 것, 그것은 유럽인으로서는 생각조차 하기 어려운 일이지만, 그러나 사실이다.[1]

미국을 여행할 때면 한때 성했던 곳이 이미 퇴락했거나 몰락 중임을 목격할 때가 잦다. 도시와 타운의 흥망성쇠에 관해 유독 많은 생각을 하게 된다. 그만큼 현재를 바라보는 시각이나 문명과 미래를 대하는 안목을 넓힐 수 있도록 돕는 역사의 현장과 만날 수 있다.

뭐니 뭐니 해도 미국 여행의 매력 가운데 으뜸은 세상의 그 어느 곳에서도 만나기 힘든 아름답고 장엄하고 훌륭한 자연경관을 자랑하는 49개의 국립공원(National Park)이다. 국립공원을 방문할 때면 어김없이 "이 사람들은 무슨 복

을 타고났기에 세상에서 좋은 것을 다 갖고 있을까?"라는 부러움을 담은 독백
이 흘러나오곤 한다. 말과 글로 담아내기 쉽지 않은 자연미는 체계적이고 모범
적인 관리에 의해 더욱더 빛을 발휘한다. "어떻게 이처럼 자신들에게 주어진 유
산을 잘 관리할 수 있을까?"라는 감탄도 절로 나온다. 이것이 전부는 아니다.

미국에는 130개의 내셔널 모뉴먼트(National Monument)가 있다. 자연적 가
치 때문에 보존된 유적지 65개, 역사 유적지 34곳, 인디언 유적지 23곳 등이 포
함된다.[2] 우리말로는 준(準)국립공원이나 국가기념물로 표현할 수 있을 것이다.
국립공원에는 다소 미치지 못하지만 국가기념물도 방문객들을 후회시키는 법
이 없을 만큼 뛰어난 곳이다.

애리조나 답사기, 여행 가이드북, 탐구서

이 책은 미국의 남서부 지역 가운데 하나인 애리조나(Arizona)의 국립공원과
국가기념물을 중심으로 인근의 주요 장소를 직접 방문하고 관찰해서 느낀 것
을 바탕으로 연구를 더한 답사기다. 한 달 동안 6,100km(3,800마일)의 거리
를 자동차로 여행하면서 방문한 곳은 애리조나, 서부 텍사스(Texas), 뉴멕시코
(New Mexico)주다. 이 가운데 애리조나 답사기를 책으로 펴낸다. 단순한 여행
후기가 아니라 사전에 테마를 잡아 계획을 세운 다음 여행지의 과거와 현재, 핵

심 포인트를 담은 탐구서이기도 하다.

여행은 애리조나의 주도 피닉스(Phoenix)를 출발해 애리조나 남부를 거쳐 텍사스 서부를 여행했다. 그다음 뉴멕시코주를 둘러보고 서쪽에 인접해 있는 애리조나로 넘어가서 다시 북쪽부터 시작해 중부에 위치한 피닉스까지 돌아 오는 길을 따랐다. 이 책은 여행 순서에 따라 애리조나 남부, 북부, 중부 순으로 구성된다.

기존의 다양한 여행 가이드북과의 차이점은 단순한 여행 소개용 책이 아니 라 역사와 문화, 과거와 현재에 대한 정보와 지식, 내 의견을 더한 책이라는 점 이다. 여러분은 내가 운전하는 자동차의 뒷좌석에 앉아서 애리조나의 이곳저 곳을 여행하는 기분으로 책을 읽을 수 있을 것이다. 책을 읽는 중에 이 책이 제 시하는 길을 따라 '나도 미국 자동차 여행을 실천에 옮겨야겠다'는 꿈을 갖게 되는 분들도 나올 것이다. 마치 10여 년 전에 내가 소설가 존 스타인벡이 쓴 한 권의 책에서 도전을 받았듯이 말이다.

나에게 자극을 준 책은 평생의 꿈인 미 대륙 여행을 실천에 옮긴 다음 펴낸 《찰리와 함께한 여행: 존 스타인벡의 아메리카를 찾아서(Travels with Charley in Search of America)》이다. 이 책은 내게도 '언젠가 나도 여력이 되면 미국 전역을 둘러보리라'는 또 다른 꿈을 심어주었다. 결국 그 꿈은 실현됐다. 사람은 현실 에 발을 딛고 서 있지만 꿈이 있기에 씩씩하게 살아갈 수 있지 않은가!

독서만으로 방문한 것처럼 느낄 수 있는 책

미국은 다른 여행지와 달리 광활하기 때문에 자동차를 이용해서 장시간 운전해야 한다. 유명 국립공원을 중심으로 하는 단체 관광을 이용하지 않으면 직접 운전대를 잡고 운전하기가 만만치 않을 정도로 미국 땅은 광대하다.

그래서 이 책은 2가지 목적을 갖고 집필됐다. 하나는 여행지를 직접 방문하지 않더라도 나와 여행길에 동행하고 있다는 느낌이 들 정도로 편안하게 읽을 수 있는 책을 목표로 했다. 책을 읽다가 궁금하면 구글 또는 유튜브를 방문해서 관련 이미지나 동영상을 보거나 시청하는 것으로도 마치 그곳을 방문하기라도 한 듯 독서 효과를 크게 높일 수 있을 것이다.

다른 하나는 여행을 떠나기 전이나 여행 중에 곁에 두고 있을 수 있는 새로운 스타일의 '준(準)여행 가이드북'이다. 방문지의 역사와 문화, 현재와 미래를 알 수 있도록 했다. 그렇지만 이 책은 그 어떤 여행 안내서에 비해 명쾌하다. '이곳에서는 이것 또는 이곳을 반드시 보고 느낄 수 있어야 한다'라는 메시지를 또렷하게 전달한다. 어떤 곳을 방문하더라도 '아는 만큼 볼 수 있다'는 진리 때문에 기존의 여행 가이드북의 한계를 뛰어넘기 위해 노력했다.

우리가 이 땅에 머무는 시간이 제한적임을 염두에 둔다면 어느 곳을 먼저 봐야 할 것인가라는 선택의 문제가 남는다. 인간이 만든 문명이 아무리 화려하더라도 세월은 여행에 관해 뚜렷한 지침을 제공한다. 아무리 인간이 만든 건축물이 뛰어나더라도 결코 장엄한 자연미처럼 오래 기억에 남는 것은 없다는 사실이다. 이런 면에서 보면 장대한 스케일을 제공하는 미국의 서부 국립공원과 프런티어 정신이 배어 있는 서부 여행만 한 게 있을까 싶다. 이 책이 여러분에게 '와일드 웨스트(Wild West)'의 진수를 체험할 수 있는 기회를 제공해주리라 믿는다. 또한 이 책을 참조해서 직접 미국을 자동차로 여행할 수 있기를 바란다.

　먼 거리를 운전하는 일은 혼자 힘으로는 불가능하지 않지만 벅차기도 하고 쓸쓸하다. 운전의 3분의 2 이상을 하면서 여행길에 동행한 아내 혜숙(惠淑)의 씩씩함과 현명함과 함께하는 다양한 도움이 없었다면 이 책을 선보이기 힘들었을 것이다. 무엇보다도 고산지대나 험로 운전에 애를 먹는 나를 대신해서 아내가 안전운전을 해주어 이 책의 탄생이 가능했다. 여러분에게 재미, 유익함, 꿈과 도전 의식을 제공할 수 있기를 바라며 동시에 안목과 시야를 확장할 수 있는 기회가 되기를 바란다.

2019년 7월

공병호

차례

들어가며 이곳저곳을 탐구하듯 들여다본다   04

PART 1 애리조나 남부

01 사와로 국립공원: 미국 서부의 상징적인 풍경   18

레드 힐 방문자센터 | 시닉 바자드 루프 드라이브 | 사와로, 소노라 사막의 주인공

02 투손: 소노라사막박물관의 고향   28

소노라사막박물관 | 윌리엄 카, 아서 팩 | 올드 투손, 서부 영화의 산실 | 게이츠 패스 로드 |
투손역, 철도 시대의 추억 | 호텔 콩그레스

03 시에라 비스타: 허밍버드의 수도   47

포트 후아추카 | 허밍버드 | 페어뱅크 | 프레시디오 산타 크루스 데 테레나테

04 툼스톤: 거친 카우보이들의 격전지   60

툼스톤, 은광산 열풍 | 툼스톤 코트하우스 | 은광산 부침 이야기 | 〈오케이 목장의 결투〉 | 미
국 국립공원 및 국가기념물 이용법

05 비스비: 노천 구리광산의 현장   73

올드 스패니시 트레일 자동차도로 | 캐슬 록 | 제임스 더글러스, 기회를 잡은 인물 | 퀸구리광
산 투어 | 올드 비스비 역사지구 | 라벤더 노천 구리광산

06 치리카후아 국가기념물: 바위들의 축제   90

치리카후아산맥 | 보니타캐니언 드라이브 | 마사이 포인트 | 에코캐니언 루프 | 엘릭슨 가족,
초기 정착민 | 포트 보위 국가역사유적지 | 윌콕스

PART 2 애리조나 북부

07 페트리파이드 포레스트 국립공원: 화석림의 장관   110

규화목 | 크리스털 포레스트 | 자이언트 로그 트레일 | 홀브룩 | 위그암 모텔, 루트 66

08 윈슬로: 추억이 살린 마을   125

스탠딩 온 더 코너 | 철도 마을의 시작 | 존 로렌조 허벨 | 라 포사다 호텔 | 주간고속도로 개통의 충격

09 월넛캐니언 국가기념물: 절벽에서의 삶   133

시나구아 인디언 | 절벽 주거지 | 림 트레일 | 아일랜드 트레일 | 농사, 채집, 교역

10 플래그스태프: 그랜드캐니언의 관문   142

세컨드 보스턴 파티 | 빌스 웨건 로드 | 플래그스태프 철도역 | 플래그스태프의 루트 66 | 로웰천문대, 1883년 조선사절단 | 윌리엄스

11 선셋 크레이터 화산 국가기념물: 화산 폭발의 현장   157

선셋 화산 | 보니토 용암류, 카나아 용암류 | 보니토 용암류 | 보니토 비스타 트레일 | 신더 힐스 오버룩

12 우파키 국가기념물: 푸에블로 인디언의 영광   171

모엔코피층 | 우파키, 지역 사회의 중심 | 우코키 푸에블로 | 시타델 푸에블로 | 로마키 푸에블로 | 콜로라도고원과 샌프란시스코 화산지대 | SP 크레이터 | 배빗 형제들

13 그랜드캐니언 사우스림: 미국 국립공원의 지존   192

캐머런 상원의원 | 리틀콜로라도강 협곡 부족공원 | 그랜드캐니언 사우스림 | 콜로라도강 | 그랜드캐니언의 관전 포인트 | 이스트림 포인트 | 웨스트림 포인트 | 트레일

PART 3 애리조나 중부

14 세도나: 트레일의 본고장   218

모골론 림, 콜로라도고원 | 오크 크리크캐니언 시닉 드라이브 | 홀리 크로스 채플 | 레드 록 시닉 바이웨이 | 대성당바위 트레일, 벨 록 트레일 | 데빌스 브리지 트레일 | 웨스트 포크 트레일 | 보텍스, 과학적 근거는 희박

15 투지구트 국가기념물: 성곽 같은 유적지   233

베르데강, 베르데 밸리 | 코튼우드 히스토릭 올드타운 | 투지구트, 대규모 주거 단지 | 화이트 밸리의 소금과 교역 | 투지구트의 복원

16 제롬: 구리광산 부자의 추억   246

클라크데일, 기업 도시 | 윌리엄 A. 클라크, 베르데구리광산 | 제임스 S. 더글러스 | 제롬 스테이트 히스토릭 공원 | 메인 스트리트

17 프레스캇: 기품 있는 애리조나 옛 주도   260

왓슨호 | 조셉 R. 워커, 골드러시 | 주도 이전: 프레스캇, 투손, 피닉스 | 코트하우스 스퀘어 | 카우보이 청동상 | 위스키 로, 팰러스 살롱

18 몬테주마 웰 국가기념물: 거대한 웅덩이 유적지   273

베르데석회암, 레드월석회암 | 암굴 거주지, 수혈 거주지 | 몬데주마 웰 스퍼 트레일 | 인디언 보호구역

19 몬테주마 캐슬 국가기념물: 절벽 거주지의 전형   285

다목적 아파트 단지 | 다른 유적지, 캐슬 A | 히스토릭 캠프 베르데 소금광산 | 파랏카피 트레일 | 림 레이크 비스타 오버룩 | 데밍 파이오니어 공원

20 톤토 국가기념물: 사와로 언덕의 거주지   298

시어도어 루스벨트 호수 | 낮은 절벽 주거지, 높은 절벽 주거지 | 톤토 분지의 인디언 | 호호캄
과 푸에블로 | 살라도 문화 | 19세기의 격전지, 톤토 분지

21 글로브·마이애미: 구리광산의 역사와 현장   311

올드도미니언구리광산 | 윌리엄 키어, 기회를 잡은 사업가 | 올드 도미니언 히스토릭 광산공원
| 힐라카운티역사박물관 | 글로브 히스토릭 다운타운 | 산칼로스, 아파치 인디언 보호구역

22 피닉스: 모던한 성장 도시   327

아파치 트레일 | 토틸라 플랫 | 토틸라 플랫부터 루스벨트 호수까지 | 피닉스아트박물관 | 스
카치데일 아트 디스트릭트 | 데저트 보태니컬 가든

나오며 구석구석 들여다본 애리조나   342

미주   347

색인   367

영어 요약   373

PART 1
애리조나 남부

유타주

네바다주

코코니노
COCONINO

모하비
MOHAVE

캘리포니아주

13

12

11

10

9

8

나바호
NAVAJO

7

14

18

15

16

19

17

라파스
LA PAZ

20

21

마리코파
MARICOPA

22

야바파이
YAVAPAI

힐라
GILA

유마
YUMA

피날
PINAL

그레이엄
GRAHAM

1

2

피마
PIMA

6

4

3

5

멕시코

산타 크루스
SANTA CRUZ

코치스
COCHISE

미국

뉴멕시코주

애리조나

애리조나 남부

1 사와로 국립공원

2 투손

3 시에라 비스타

4 톰스톤

5 비스비

6 치리카후아 국가기념물

피날

그레이엄

사와로
국립공원

1

투손

2

톰스톤

4

시에라
비스타

3

비스비

5

치리카후아
국가기념물

6

산타 크루스

코치스

01

사와로 국립공원:
미국 서부의 상징적인 풍경

"어쩌면 저렇게 듬직하고 우직하게 잘생겼을까." 사와로 선인장과의 만남이 주는 첫인상이다.[1] 안정감, 다양함, 특별함, 세월의 흐름 등이 어우러져 남기는 묵직한 인상 때문에 여행이 끝난 이후에도 오래 기억에 남아 있다. 사와로는 서부 영화에서 말을 탄 카우보이의 배경에 자주 등장해서 우리에게는 낯설지 않지만 이를 관심 있게 봐온 사람은 많지 않을 것이다.

사와로 국립공원(Saguaro National Park)은 애리조나의 주도인 피닉스의 동남쪽 174km에 위치한 투손에 있다. 나의 여행은 피닉스에서 시작한다.[2] 사와로 국립공원은 투손을 중심으로 북서쪽에 한곳(사와로 국립공원 웨스트)이 있고, 남서쪽에 또 한곳(사와로 국립공원 이스트)이 있다.[3] 서쪽 국립공원은 투손산(고도 1,428m) 기슭에 있어서 투손산(山) 지구, 동쪽 국립공원은 리콘산(고도 2,585m)

기슭에 있어서 리콘산 지구로 구분한다. 1961년 국립공원으로 지정된 서쪽은 1933년 지정된 동쪽에 비해 규모가 절반 정도다.

동쪽은 해발고가 높아 비가 상대적으로 많다. 겨울에 이곳을 방문하는 관광객이라면 겨울비가 내린 이후에 다양한 색의 야생화가 화려하게 꽃을 피우는 장관을 목격할 수도 있다.[4] 두 곳 사이의 거리는 48km로 이동 시간은 1시간 정도 걸리지만, 시간이 충분하지 않다면 서쪽을 택할 수 있다. 사와로를 가까이 보는 데는 아무런 문제가 없어서 그렇다.

내가 서쪽을 선택한 이유는 아무래도 피닉스에서 투손으로 내려가는 길에 먼저 도착할 수 있는 곳이기 때문이다. 서쪽 국립공원을 선택하면 인근의 다른 방문 장소들을 찾는 데 이점이 많다는 점을 나중에 알게 됐다. 서쪽과 동쪽 가운데 고민된다면 나는 서쪽을 권하고 싶다. 서쪽을 방문하는 것만으로도 사와로의 이모저모를 충분히 체험할 수 있다. 서쪽을 방문한 사람들은 투손산의 기슭을 가득 채우고 있는 사와로를 가까운 거리에서 관찰할 수 있는 특별한 기회를 얻을 수 있다.

레드 힐 방문자센터

사와로 국립공원의 레드 힐 방문자센터(Red Hills Visitor Center)는 1,428m의 왓슨봉의 산기슭에 있으며 해발고는 777m다. 주차장에 차를 댄 다음 방문자센터를 향하는 순간부터 기대감에 부풀어 발걸음을 재촉한다. 방문자센터의 문을 열고 들어서자마자 큰 창 너머로 사와로가 들어온다. 가파른 산기슭을 따라 크고 작은 사와로 선인장이 넓게 펼쳐진 모습은 "어쩌면 선인장이 저렇게 멋진 모습을 취할 수 있을까!", "어쩌면 저렇게 다양할 수 있을까!"라는 감탄을 절로 자아내게 된다.

사와로 국립공원 서쪽은 시간이 충분하지 않은 사람들이나 먼 거리를 걷는 데 어려운 사람들을 위해 특별한 기회를 제공하고 있다. 사와로 군락을 바로 곁에서 자세하게 관찰할 수 있다는 말이다. 방문자센터 주변에 잘 만들어놓은

자벨리나 워시 트레일

182m의 자벨리나 워시 트레일(Javelina Wash Trail)을 따라 가벼운 산책을 하는 것만으로 사와로의 전체 모습을 이해할 수 있다. 걷기에는 척박한 사막이 메말라 있지만 우기가 되면 갑자기 물이 불어서 사막이 어떤 모습으로 변하는지 상상하게 만드는 물길의 모습을 두 눈으로 확인할 수도 있다. 급류가 주변을 휩쓸듯이 치고 나간 흔적들이 지층에 고스란히 흔적을 남겨놓았다.

방문자센터의 문을 열고 바깥으로도 나가보라. 전망대에 서서 크게 심호흡을 하고 바라보는 산기슭은 놀라움 그 자체다. 제각각의 모습을 뽐내듯이 서 있는 사와로 모습은 일품이다. 척박한 산기슭을 따라 시원하게 펼쳐진 사와로 군락의 모습은 잠시 동안이라도 현실 세계를 떠나 별천지에 와 있다는 착각에 빠지도록 한다.

사와로는 보면 볼수록 특별한 느낌을 갖게 하는 거대한 선인장이다. 어떤 것은 팔을 위로 크게 펼친 사람의 모습을, 또 어떤 것은 성스러운 십자가를 연상시킨다. 또 어떤 것은 오랜 세월의 풍파를 참아내고 승리한 자의 모습처럼 보인다. 사와로의 매력은 바라보는 사람의 심상에 따라 다양한 모습으로 다가온다는 것이다.

척박한 황무지 위에 뿌리를 내리고 오랜 세월의 무게를 느끼게 만드는 겉모습은 어떤 사람에게는 인생살이를 떠올리게 할 것이다. 힘든 시기가 오더라도 거친 풍파를 묵묵히 참고 끝까지 견뎌내는 모습이 잔잔한 감동을 선물하는 그런 선인장이다.

이처럼 다양한 모습이 국립공원에 머무는 동안 잠시 현실 세계를 잊는 시간을 선물한다. 걸음걸이를 내딛는 내내 "한 번은 꼭 방문할 가치가 있는 곳이구나!"라는 독백을 자주 하게 된다. 저명한 식물학자 포레스트 쉬레브(1878~1950)는 남부 애리조나의 특별한 풍광을 만들어내는 데 기여하는 사와로의 역할을 이렇게 이야기한다.

사와로 국립공원 웨스트

애리조나 사막의 특별한 특징은 산과 식물입니다. 2가지 모두 크기, 모양, 색상이 어우러져 남부 애리조나에 특별한 풍경을 제공합니다. 그것은 여행자로 하여금 자신이 마치 이 세계를 벗어나 있는 것처럼 느끼게 합니다. 이처럼 이상한 땅에서 가장 이상하고 가장 특징적인 것은 거대한 사와로입니다.[5]

잠시라도 긍정적인 별세계를 경험할 수 있다면 기꺼이 방문할 가치가 있지 않겠는가! 남부 애리조나를 방문한 사람들이 받았던 사와로의 강인한 기억은 그 장소를 떠난 후에도 오랫동안 기억 창고의 한 칸에 머물러 있게 된다. 일상으로 풍덩 빠져들더라도 이따금 여행의 즐거운 추억 장면 가운데 어김없이 사와로가 떠오른다. 살면서 즐거운 기억을 자주 떠올리게 하는 게 있다면 그것은 경험할 만한 가치가 있는 것이다.

시닉 바자드 루프 드라이브

방문자센터에서 멀지 않은 곳에 있는 9.7km의 루프를 따라 시닉 바자드 루프 드라이브(Scenic Bajada Loop Drive)를 운전하는 일은 우선적으로 선택해야 한다. 운전하면서 길옆으로 펼쳐진 사와로 군락을 충분히 감상할 수 있다. 비포장 도로이지만 중간중간 자동차를 대고 사와로 주변 식물을 찬찬히 감상할 수 있는 작은 주차 공간이 여러 곳에 마련돼 있다. 운전 중에 주목할 만큼 가치가 있는 장소가 두 곳 있다.

하나는 루프에서 약간 벗어나 왕복 약 1.3km를 운전하면 호방한 풍경을 맛볼 수 있다. 밸리 뷰 오버룩 트레일(Valley View Overlook Trail)은 무척 인상적이다. 발밑으로 펼쳐진 계곡과 올망졸망한 적갈색 구릉, 끝없이 펼쳐진 평원 사이로 터전을 닦고 서 있는 사와로 군락을 바라보는 일은 대단한 경험이다. 약간의 시간을 투자해서 경험할 수 있는 멋진 장면이다.

다른 하나는 루프에서 벗어나면 만날 수 있는 시그널 힐 페트로글리프(Signal Hill Petroglyphs)다.[6] 페트로글리프(암면 조각)는 돌이나 바위를 뜻하는

시그널 힐 페트로글리프

'페트로'와 그림이나 도형을 뜻하는 '그립'의 합성어다. 시그널 힐 페트로글리프
는 450년과 1450년 남부와 남중부 애리조나에 살았던 호호캄 원주민들이 남긴
바위에 새긴 암각화다. 암각화는 종교적 목적, 이동 통로 표시, 행사 기념, 다산
기원, 사냥 성공 기원 등의 염원을 돌 위에 새긴 그림이다. 사슴, 염소, 원형거미
모양 등 200개 이상의 페트로글리프가 있다.

　　이곳은 시그널 힐 피크닉 에어리어(Signal Hill Picnic Area)에서 왕복 800m
정도만 걷더라도 원주민의 암각화를 관찰할 수 있다.[7] 이처럼 짧은 시간을 투자
해서 페트로글리프를 관찰할 수 있는 기회를 잡는 일은 쉽지 않다. 대부분은
자동차로 접근 가능한 지역에서 멀리 떨어져 있다. 사와로 국립공원 방문에서
지나치지 않아야 할 만큼 가치가 있다.

　　한편 방문자센터에서 머지않은 디스커버리 네이처 트레일(Discovery Nature

Trail)을 따라 걸을 수 있다. 왕복 0.8km에 지나지 않고 휠체어 이동이 가능한 가벼운 산책길이다. 나이를 먹은 사와로 숲속을 걸어서 특별한 추억을 만들 수 있는 트레일이다.[8] 그 밖에 국립공원 내에는 길이가 좀 더 긴 트레일 코스들을 여럿 개발해놓아 방문객들은 시간과 형편에 따라 다양한 선택을 내릴 수 있다.

사와로, 소노라 사막의 주인공

사와로는 어떤 선인장인가? 사막 지역에서도 특수한 지역에 서식한다. 애리조나 북부에서 남부를 향하다 보면 고산지대를 지나 평지가 펼쳐지는 곳부터 갑자기 사와로가 출현한다. 마치 봄비 내린 후의 우후죽순처럼. 남부 애리조나라 할지라도 어떤 산에는 사와로가 군집을 이루는 데 반해 반대편 산에는 전무할 정도다. 기온에 민감한 식물인 것이다.

피닉스와 투손은 북미 사막 가운데 가장 뜨겁고 건조한 소노라 사막(Sonora Desert)에 있다. 이 사막은 애리조나 남서부와 캘리포니아 남동부, 멕시코 북부에 펼쳐진 광활한 사막으로 한반도의 1.4배나 된다. 1년 강수량이라고 해야 75~380mm 정도에 그친다. 이 강수량도 7월과 9월 사이에 짧은 천둥번개와 동반해서 집중되며, 12월과 1월 사이에 가벼운 겨울비가 뿌리는 정도다.

사와로 선인장은 큰 키와 우람한 모습 때문에 사람들에게 강인한 인상을 준다. 석양이 깔릴 무렵 붉은 노을을 배경으로 서 있는 사와로는 특별한 아름다움이 있다. 북미대륙에서 가장 키가 큰 선인장으로 12~18m까지 성장할 수 있지만 10년 된 사와로는 13.8cm, 30년 된 것도 61cm에 불과할 정도로 성장 속도가 느리다.[9] 반면 오래 산다. 대부분은 200년을 살며, 일부는 300년까지 살기도 한다.

누구든지 사와로의 큰 키를 보면 '어떻게 큰 키를 지탱할 수 있을까?'라는 의문을 갖게 된다. 표면은 수분을 충분히 빨아들일 수 있도록 부드러운 코텍스(cortex)로 둘러 싸여 있지만, 속에는 건축물을 지탱하는 튼튼한 철근 구조물처럼 단단한 목재 뼈(woody ribs)가 들어 있다. 트레일을 따라 이동하는 동안 관심

사와로를 지탱하는 목재 뼈

있게 보면 사와로의 큰 키를 지탱했던 죽은 동물의 뼈처럼 생긴 구조물을 발견하는 일은 어렵지 않다.

　물을 최대한 빨아들였을 때 코텍스의 85%는 물로 채워진다. 사와로가 죽으면 지붕이나 벽, 가구를 만드는 데 쓰인다. 인디언은 오랫동안 물을 담는 용기로 사용해왔다. 큰 사와로는 최대 5,678리터의 물을 담을 수 있으며, 수분이 공급되지 않더라도 수년 동안 살아남을 수 있다. 사와로의 성장에는 기온과 물이 중요한 역할을 하는데 지대가 높아질수록 추운 날씨와 잦은 결빙 탓에 사와로는 살아남기 힘들다. 그래서 애리조나는 고도와 기온을 중심으로 사와로가 자랄 수 있는 곳은 중부의 일부 지역과 남부 지역으로 뚜렷이 국한돼 있다.

사와로는 최소 20개 이상의 가지를 하늘 방향으로 뻗고 있는데, 이 정도로 자라려면 약 70년의 시간이 걸린다. 흥미롭게도 가지가 하나씩 나오는 게 아니라 동시에 나온다. 큰 키에 비해 뿌리는 매우 짧고 사방으로 넓게 퍼져 있다. 뿌리의 깊이는 10~15cm에 지나지 않으며 비가 내리면 사방으로 뻗어 있는 뿌리를 이용해서 수분을 흡수한다. 큰 사와로의 무게는 1.4~2.2톤이나 나간다. 사와로 국립공원 서쪽에서 가장 무거운 사와로는 무게가 무려 5톤에 이른다.

크림색의 사와로 꽃은 늦봄과 초여름에 만개하고, 여름에는 붉은 과실을 맺는다. 추수의 계절이 되면 장대를 이용해서 사와로의 붉은 열매를 수확해 시럽이나 젤리, 축하용 와인 등으로 제작한다. 사와로는 평생 동안 약 4,000만 개의 작은 씨앗을 만들어내는데 단 몇 개가 생존에 성공할 뿐이다. 뜨거운 사막에 떨어진 빨간 선인장 열매 속 씨앗들은 대부분 사막쥐나 다람쥐의 먹이로 사라지고, 불타는 듯한 사막 위에서 살 수 없다. 깨알 같은 씨앗이 살아남는 데는 애리조나의 공식 나무인 팔로버드(palo verde)가 큰 보호수가 돼준다. 주변에 뿌려진 씨앗 약 4,000만 개 가운데 팔로버드의 우연한 협력을 받는 것은 손에 꼽을 만큼 희박하다.

삶이 그렇듯이 우연이 생존 여정에 결정적인 역할을 한다. 사와로의 긴 생존 여정을 동화로 펴낸 브렌다 기버슨은 《선인장 호텔》에서 사와로의 일생을 노래한다.[10] 팔로버드나무가 뜨거운 여름 볕과 추운 겨울밤을 지켜줄 때 선인장 싹은 10년이 지나면 엄마 손 한 뼘이 된다. 25년이 지나면 5살 아이의 키만큼, 50년이 지나면 엄마 키의 2배만큼, 60년이 지나면 아빠 키의 3배만큼, 150년이 지나면 아빠 키의 10배가 되면서 자라지 않는다. 200년이 지나면 거친 사막 바람에 사와로는 넘어지고 가지들은 부서지며 짙은 푸른색의 표면이 썩어 허물어져 흩어지기 시작한다. 만물이 궁극적으로 가는 무상함의 길을 사와로도 어김없이 따른다.

큰 사와로에는 제법 큰 구멍들이 숭숭 뚫려 있다. 이런 구멍을 부지런히 만드는 새는 힐라딱따구리다. 둥지로 삼으려고 열심히 구멍을 파는 것이다. 딱따구리가 구멍을 파도 새 껍질이 생겨서 사와로가 살아가는 데는 지장이 없다. 오

구멍 뚫린 사와로

히려 딱따구리가 해로운 벌레를 잡아먹어서 건강을 유지할 수 있다. 딱따구리가 버린 여분의 구멍에는 올빼미, 제비, 딱새 등이 둥지를 틀고 살아가기 때문에 사와로는 그야말로 사막의 호텔이자 선인장 호텔로 자리매김하게 된다.[11]

큰 사와로는 사막의 아파트 단지 역할을 톡톡히 한다. 해가 진 뒤에 개화하는 사와로 꽃은 다음날까지 피어 있다. 밤에는 박쥐가 찾아와 꿀을 먹고 낮에는 개미와 벌, 나비와 새 등이 쉴 새 없이 들락거릴 수 있는 고마운 식물이다.

사는 일은 만남의 연속이고 여행도 그렇다. 애리조나 여행길에서 만날 수 있는 여러 귀한 것 가운데 사와로는 손에 꼽을 수 있을 만큼 가슴에 여운을 남긴다. 또다시 애리조나를 찾는다면 사와로를 보고프기 때문이리라 말하는 사람들도 있을 것이다.

02

투손:
소노라사막박물관의 고향

사와로 국립공원 서쪽을 선택하면, 다른 주요 볼거리에 쉽게 접근할 수 있다는 장점이 있다. 이 가운데 하나가 인근에 있는 애리조나-소노라사막박물관 (Arizona-Sonora Desert Museum)이다. 레드 힐 방문자센터를 나오자마자 만나는 길이 키니 로드인데 좌측 방향으로 이 도로를 따라 불과 3.8km 떨어진 곳에 소노라사막박물관이 있다.

투손(Tucson)을 방문한 사람이라면 둘러봐야 할 최고의 볼거리로 손꼽을 수 있는 곳이다. 이곳을 방문한 사람들의 평가도 거의 만점에 가까울 정도로 높다. 트립어드바이저가 선정한 미국 10대 박물관의 하나로 손꼽힌다. 이 박물관은 레드 힐 방문자센터와 마찬가지로 투손산의 기슭에 자리 잡고 있지만 국립공원에 속하지 않는다.

소노라사막박물관을 향하다 보면 투손산 공원(Tucson Mountain Park)이라 쓰인 큰 안내판을 만나게 된다. 국립공원 남쪽 경계선에 투손산 공원이 붙어 있음을 알 수 있다. 투손산 공원의 면적은 국립공원과 비슷한 2만 에이커(2,448만 평)에 이를 정도로 넓다. 이는 이 공원이 미국에서 지방정부가 소유하고 관리하는 천연자원 가운데 가장 큰 곳임을 뜻한다.[12]

소노라사막박물관

국립공원에 속한 지역이 아니지만 내셔널지오그래픽이 발간한 국립공원 안내서에는 이례적으로 소노라사막박물관(Sonora Desert Museum)을 방문해보라고 권하고 있다.

> 설령 사와로 국립공원에 속하지는 않았지만, 국립공원의 남쪽 경계선에 위치한 소노라사막박물관은 이 지역의 자연사에 관심이 있는 사람이라면 반드시 방문해야 할 곳이다. 박물관은 소노라 사막의 식물군과 동물상에 초점을 맞추고 있다. 벌새부터 늑대까지 포유동물 106종, 조류 241종, 파충류 361종, 양서류 122종, 어류 1만 700종, 절지동물 840종, 식물 약 4만 종으로 구성돼 있다.[13] 98에이커(12만 평) 가운데 개발된 곳은 47에이커다. 이 가운데 21에이커는 외부에 있다. 동물원, 수족관, 식물원뿐 아니라 사막의 서식지 사이를 걸을 수 있는 하이킹 코스인 데저트 루프 트레일(Desert Loop Trail)이 방문객을 반갑게 맞는다. 이 코스에는 방문객이 현 위치에서 관찰할 수 있는 동식물에 대한 이해를 돕기 위해 적절한 설명을 해준다.[14]

자연사박물관이 포함돼 있어 박물관이라 불리지만 실제 모습은 야외 공원에 가깝다. 야생 상태의 동식물을 관찰하고 체험할 수 있도록 완만한 언덕 위에 펼쳐져 있다. 사막 체험장이라 할 수 있는 이 박물관의 외관은 수수하기 이를 데 없지만 대규모 주차 시설을 완비하고 있는 것만으로도 보통 박물관은 아니라는 인상을 준다. 40~50만에 달하는 관광객이 연중 방문한다.

애리조나-소노라사막박물관

소노라 사막 생태계를 최대한 구현한 박물관은 여타의 박물관과 뚜렷하게 다른 점이 있다. 그것은 시설의 85%를 실외 관람을 할 수 있게 꾸몄다는 점이 다.[15] 동물들은 방목 상태에 놓여 있는 것처럼 보이지만 관람객이 볼 수 없는 다양한 시설을 이용해서 활동 구역을 엄격하게 구분해놓있다.

박물관은 선인장 가든, 지구과학, 마운트 우드랜드, 사막 그래스랜드, 사막 가든 등 16개의 독립 정원으로 구성돼 있다. 박물관을 들어서면 맨 먼저 바로 눈앞에서 선인장 가든을 만날 수 있다. 이곳을 지나면 마운트 우드랜드가 펼쳐진다. 흑곰, 쿠거, 흰꼬리사슴, 멕시칸회색늑대, 앵무새 등을 만날 수 있다. 각각의 구역은 펜스나 그 밖의 다양한 방법으로 독립 공간으로 분리돼 있다.

왕복 3.2km의 트레일을 따라서 관람객들은 퓨마, 흰꼬리사슴, 불곰, 멕시칸회색늑대, 흰머리독수리, 방울뱀 등 소노라 사막의 동물을 관람할 수 있다.

충실한 설명과 함께 자연 상태의 동식물을 볼 수 있는 이점이 있다. 21.95달러 (12세 이하 어린이 8.95달러)의 입장료를 지불한 관람객들은 평균 2~3시간 정도 머문다. 반면 긴 트레일을 선택한 사람들은 온종일 머물기도 한다.

소노라 사막은 다른 사막과 달리 다양한 동식물이 단순히 생존에 머무는 게 아니라 번성하는 특별한 사막이다. 이유는 더위와 가뭄, 척박함이라는 가혹한 조건에도 여름의 우기 덕분이다. 소노라 사막은 세계의 사막 가운데 유일하게 사와로 선인장이 자라는 곳이다. 그 밖에 원주단선속(cholla cactus), 적오모자(beavertail cactus), 에키노케레우스 엥겔마니(hedgehog cactus) 등이 자라고 있다.

윌리엄 카, 아서 팩

이곳을 방문한 관람객들은 선입견이 깨지는 경험을 한다. 사막이 척박한 곳이 아니라 수많은 동식물의 보금자리라는 사실을 새삼 깨닫기 때문이다. 이런 깨달음은 사막의 의미와 중요성을 알려줌과 동시에 보존의 필요성을 환기시켜준다. 바로 이 점이 박물관을 설립한 사람들의 진정한 의도였을 것이다. 트레일을 따라 오가는 동안 한 가지 의문이 떠나지를 않았다. '대체 누가 어떤 의도로 사막의 생태계를 고스란히 구현하는 대규모 박물관을 만들 생각을 했을까?'

이곳을 방문하는 사람들이라면 2명의 공동 창업자가 가졌던 비전과 헌신을 잊지 않아야 한다. 중심인물은 뉴욕에서 활동하다가 건강 문제 때문에 1944년부터 투손에 거주한 자연과학사 작가이자 자연사박물관 기획자인 윌리엄 카(William 'Bill' H. Carr, 1902~1985)다.[16]

그는 투손에 거주하면서 사막에 매료된다. 투손 사람들뿐 아니라 나라 전체가 사막에 무지한 점에 주목한다. 사막 생태계를 널리 이해시킬 필요를 절감하면서 박물관 건립을 추진하는데, 초창기에는 상당한 반대에 부딪친다. 당시 미국 남서부 지역의 하이웨이를 따라서 드물지 않게 소규모 뱀 사육 시설들이 있었다. 하이웨이를 지나는 사람들에게 볼거리를 제공하고 얼마간의 돈을

소노라 사막

받는 시설이다. 당시만 하더라도 투손 사람들이 동물원에 갖고 있는 지식은 이런 시설들과 크게 차이가 나지 않았다. 그들이 반대한 이유는 이해할 만하다. 혐오 시설이었기 때문이다. 하지만 그의 강력한 추진력은 반대하는 사람들을 1명, 2명 설득하는 성과를 가져다준다.

　윌리엄 카의 비전을 실현시켜줄 수 있는 행운의 만남은 1951년 이뤄진다. 대대로 성공한 벌목 사업가였던 부친을 둔 자연과학사 작가이자 미국자연협회와 잡지 〈자연(Nature)〉의 창립자인 아서 팩(Arthur Pack, 1893~1975)이 자금 지원을 약속하게 된다. 실제로 박물관 설립 자금을 지원한 기관은 그가 아버지를 설득해서 아버지 이름으로 1930년 만든 찰스래스롭팩포레스트리재단이다.[17]

　소노라사막박물관 설립 자금의 출발점이 되는 찰스 팩은 3세대 벌목 사업가 출신으로 1차 세계대전 이전 미국에서 가장 부유한 5명 가운데 한 명이었다. 그는 남부 벌목, 은행, 부동산에 투자해 크게 성공함으로써 선친이 남긴 유산을 불리는 데 성공한 인물이다. 이렇게 번 돈으로 자선가로 활동한다. 비전과 자선의 조합은 1952년 노동절박물관 개원을 가능하게 했다. 공동 창업자 윌리엄 카의 기여에 관해 사람들이 하는 평가다.

> 사막이 말하고 윌리엄 카가 이를 들었다. 그 결과 우리 모두가 계속 혜택을 누리게 됐다.

하지만 누군가 자금을 지원하지 않았다면 이런 작업이 성공할 수 없었을 것이다. 소노라사막박물관은 미국 사회의 거대한 힘을 보여준다. 부를 축적한 사람들이 공익을 위한 자선 활동을 활발히 펼치고 있음을 보여주는 생생한 사례 가운데 하나다.[18]

두 사람 모두 세상을 떠났지만 유산은 세월을 넘어서 지금도 수많은 사람에게 사막에 대한 이해와 자연 보호의 중요성을 일깨워주고 있다. 그들 또한 박물관을 통해 이름을 영원히 남길 수 있게 됐다.

소노라사막박물관에서 확인할 수 있는 또 하나의 인상적인 점이 있다. 박물관에서 일하는 직원들은 약 130명이지만, 자원봉사자들은 무려 500여 명에 달한다. 13~18세와 18세 이상의 두 그룹으로 나눠서 자원봉사자들을 모집하고 있다. 노년에도 관람객에게 부지런히 봉사하는 모습은 무척 인상적이었다. 60세에 현직에서 은퇴한 뉴욕 출신의 아베 나라우와 노마 라카우(Abe & Norman Lakau) 부부는 30년 동안 부부가 합산해 무려 2만 시간의 자원봉사를 했다. 남편은 부부를 대표해서 이렇게 말한다.

> 저는 사람들이 결코 알지 못했던 사막의 많은 것을 보여주는 것을 사랑합니다. 우리 부부는 이제 인생의 마지막에 가까이 와 있습니다. 그러나 저는 100세를 목표로 살아가고 있으며, 여전히 소노라사막박물관 내의 이곳저곳을 돌아다니면서 봉사하고 있습니다.[19]

노년에 경제적 안정을 얻은 이후에야 가능한 일이지만, 유독 미국에는 노년에 자원봉사 활동에 열심인 분들이 많다. '어떤 삶을 살아야 하는가?' '어떤 삶이 보람된 인생인가?' 자신의 생각이 뚜렷이 정립되지 않고서는 가능한 일은 아니다. 삶에 대한 자기 결정권이 명확하게 서 있을 때 가능한 일이다. 타인의 시선에 연연하지 않고 주체적으로 살아가야 한다는 미국인들의 믿음을 보여준다.

올드 투손, 서부 영화의 산실

다음으로 방문할 만한 장소는 널리 알려져 있는 서부 영화 촬영장이자 테마파크인 올드 투손(Old Tucson) 또는 올드 투손 스튜디오(Old Tucson Studio)라 불리는 곳이다. 국립공원과 박물관을 잇는 키니 로드를 따라서 4.8km 거리에 있다.

전형적인 서부 영화의 분위기를 체험할 수 있는 장소가 올드 투손이다. 평지 위에 있고 촬영장의 오른편으로는 촬영장의 배경이 되는 짙은 적갈색의 척박한 산이 우뚝 서 있다. 적갈색 산은 여름이면 간간이 초록색을 가미하게 될 것이다. 이 산이 서부 영화의 배경으로 자주 등장하는 1,350m 높이의 골든게이트산(Golden Gate Mountain)이다. 이 산은 평지와 사막 위에 뾰족하게 튀어나온 모습을 취하고 있어 올드 투손을 방문하는 사람의 시선을 사로잡는다. 투손을 둘러싸고 있는 4개의 산 가운데 하나로 다양한 트레일 코스가 개발돼 있다.

평지 위에는 사와로를 비롯해 사막을 대표하는 식물군들이 드문드문 서 있다. 거침없이 펼쳐진 평지와 서부의 전형적인 산은 올드 투손을 서부 영화의 대표 촬영장으로 만드는 데 손색없다. 입지 조건을 기준으로 하면 뛰어난 장소다. 여기에다 투손이라는 도시가 제공하는 호텔 같은 시설이 이곳이 오랫동안 서부 영화의 촬영장으로 인기를 끌어온 이유라는 것을 짐작할 수 있다. 널찍한 주차장에는 성수기 동안 관람객의 발길이 끊이지 않음을 알 수 있다. 방문객들은 금세라도 카우보이와 일군의 아파치 인디언이 나타날 것 같은 분위기를 느낄 수 있다.

내부에는 서부 영화라면 으레 등장하는 '그랜드 패러스 호텔 살롱'이란 간

올드 투손의 뒷산

판을 내건 호텔, 예배당, 성당, 보안관사무소, 감옥, 증기기차, 기차역, 사진관, 목욕탕, 교수대, 짐 운반용 마차, 스테이지 웨건 등이 널찍한 거리를 따라서 배치돼 있다. 일정한 시간마다 당시의 격투 장면 등을 재현하는 행사들이 방문객들에게 인기가 좋다. 서부 시대의 분장을 하고 오가는 직원들은 머무는 시간 동안 마치 타임머신을 타고 온 듯한 기분을 느끼기에 충분하다.

　'미국 최고의 올드 웨스트 영화 촬영장'이란 제목을 내건 입구에는 이곳에서 찍었던 서부 영화 목록을 깨알처럼 적어놓았다. 어림짐작으로만 400여 편이 넘는다. 이곳에서 대부분 서부 영화를 촬영했지만 전부 그런 것은 아니다. 한 시대를 풍미했던 명배우들인 존 웨인, 클린트 이스트우드, 샤론 스톤, 모린 오하라, 커트 러셀, 윌리엄 홀든의 흑백 사진들이 향수를 자극한다. 모린 오하라를 제외하고 카우보이모자를 쓰고 있다.

올드 투손은 1939년 컬럼비아영화사에 의해 시작된다. 컬럼비아영화사는 서부 영화 〈애리조나〉를 촬영하려고 250만 달러를 투입해 1860년대를 옮겨놓은 듯한 건물 50채를 40일 만에 세운다. 지역의 기술자와 장인들의 철저한 고증을 거쳐 짧은 시간 안에 힘을 모아 만들었다. 당시에 사막의 흙을 이용해 약 35만 개의 벽돌을 만들어 건물을 세웠는데 대부분이 지금까지 남아 있다.

〈애리조나〉(1935), 〈세인트 메리의 종〉(1945)부터 〈오케이 목장의 결투〉(1959)를 거쳐 〈펄 하트의 전설〉(2007)과 〈와일드 웨스트〉로 이어진다.[20] 전성기였던 1970년대에 비할 바는 아니지만 올드 투손은 2000년에 들어서도 종종 촬영장으로 쓰였다. 2000년 1편, 2002년 1편, 2003년 2편, 2005년 5편, 2006년과 2007년에 각각 2편이 촬영됐다. 2008년과 2009년, 2013년에도 각각 1편씩 찍었다. 우리로 치면 용인민속촌과 에버랜드를 합쳐놓은 셈이다.

올드 투손의 분위기에 비할 바는 아니지만 서부 시대의 분위기를 체험할 수 있는 기회를 애리조나를 여행하다 보면 여러 곳에서 만날 수 있다. 가족 단위로 서부 시대의 테마파크에 대한 기대감이 큰 관광객에게 방문할 만한 가치가 있을 것이다.

게이츠 패스 로드

투손 방문길에 주목해서 봐야 할 곳이 있다. 이곳은 국립공원, 소노라사막박물관, 올드 투손을 둘러본 다음 통과할 수밖에 없는 길이다. 그래도 주목하지 않으면 무심코 지나칠 수 있으니 강조해둘 필요가 있다.

올드 투손에 오는 길인 키니 로드를 따라서 1~2분 되돌아가다 보면 삼거리가 나온다. 한 방향은 국립공원과 소노라사막박물관을 가는 길이고, 다른 한 방향은 올드 투손을 가는 길, 또 다른 길이 게이츠 패스 로드(Gates Pass Road)라 불리는 고갯길이며 투손을 대표하는 시닉 드라이브(Scenic Drive) 코스다. 완만한 평지에서 시작해 꼬불꼬불한 길을 오르다 보면 고갯길의 정상에 도달하고 그곳에서 얼마 가지 않아 투손 시내에 도착할 수 있다. 정상의 높이는 966m

게이츠 패스 로드

이며 투손을 잘 아는 사람들은 일몰을 보러 즐겨 찾는 곳이다.

　게이츠 패스 로드를 가는 길에 목격한 한 장면이 기억에 오래 남아 있다. 잠시 차를 멈추고 한두 장의 사진을 담아둘 수 없었던 아쉬움과 함께 말이다. 서부를 여행하다 보면 우뚝 선 급수탑에 시선이 가는 일이 있다. 골든게이트산을 배경으로 사막 위에 급수탑이 서 있다. 만들어진 지가 오래되지 않은 탓인지 엷은 나무색과 골든게이트산의 짙은 적갈색이 묘한 대조를 이뤘던 장면이 각인되듯 남아 있다. 여행의 묘미가 여럿 있겠지만 이처럼 스쳐 지나간 작은 장면이 오랫동안 추억담의 하나로 남기도 한다.

　삼거리에서 우회전을 해 게이츠 패스 로드를 들어서자 정상까지 가는 길에 만난 딱따구리가 둥지를 튼 사와로의 모습이 눈에 띈다. 길가를 따라 다채로운 사와로도 관찰할 수 있다. 완만하게 올라가는 길 우측에 트레일이 시작되는 제법 큰 주차장이 마련돼 있는데, 이곳을 놓치지 않아야 한다. 정식 명칭은 데이비드 옛만 (웨스트) 트레일헤드(David Yetman Trailhead)다. 편도 8.7km의 트레일로 투손산의 허리를 끼고 도는 옛만 트레일(Yetman Trail)이 시작되는 곳이다. 12대가량의 주차 공간이 확보돼 있다. 잠시 차를 멈추고 발밑으로 파노라마처럼 펼쳐진 사와로로 장식된 산야를 감상하는 감동의 시간을 가질 수 있다. 이곳의 특징은 양쪽의 산 사이로 제법 널찍하게 펼쳐진 완만한 계곡을 따라 사와로가 군락을 이루고 있는 점이다.

가야 할 길이 멀고 시간에 쫓기는 여행객이라도 귀한 순간을 놓치지 않는 지혜가 있어야 한다. 결국 인생이란 순간의 합이다. 더욱이 감동의 순간을 가질 가능성이 있다면 더더욱 놓칠 수 없는 일이다. 짧은 시간을 머물더라도 태양이 구름에 가려지면 주변의 모습은 화려한 황금빛이 빛나는 곳과 짙은 어두움이 가려진 곳이 뚜렷한 대조를 이룬다. 마치 선과 악, 흑과 백처럼 빛과 그림자가 뚜렷하게 대비되는 장면이 가슴을 파고든다. 석양이 질 무렵이면 이곳에서는 옅은 황금빛이 짙은 붉은색으로 시시각각 변해가는 모습을 띨 것이다. 더욱이 잠시라도 산을 향해 발걸음을 내딛다 보면 트레일 하는 사람들이 어떤 즐거움으로 그 길에 나서는지 조금이라도 느낄 수 있을 것이다.

고갯길을 따라 조금 더 운전하면 석양을 감상하기에 최적의 장소로 꼽히는 곳이 나온다. 올라가는 쪽에서 보면 왼쪽에 있어 접근하기가 쉽지 않다. 투손 시내 쪽에서 소노라사막박물관을 향하는 길이라면 오른쪽에 있으니 진입하기가 안전하고 용이하다. 게이츠 패스 헤드 트레일헤드(Gates Pass Head Trailhead)라 불리는 곳인데 주차 공간은 약 50대다. 옛만 트레일헤드에 비해 인기가 더 있다는 뜻이다. 일몰 1시간 전에 도착해야 석양을 보기에 최적이다. 석양이 드리울 무렵이면 적갈색 산들은 시시각각 노란색, 붉은색, 보라색들로 조합돼 채색되다가 마침내 어두움 속으로 잠기고 만다.

한 가지 당부해둘 게 있다. 게이츠 트레일을 운전하는 일은 세심한 주의가 필요하다. 고갯길을 운전하는 일은 오랜 시간이 걸리지 않고 고도 또한 그다지 높지 않지만 꼬불꼬불하는 정도가 심하다. 운전자의 집중력이 분산될 수 있다.

투손을 대표하는 시닉 드라이브 코스이지만 이따금 추락 사고가 나니 특별히 주의를 기울일 필요가 있다. 운전에 집중하고 경치를 감상하는 일은 옛만 트레일헤드나 게이츠 트레일헤드에 주차를 한 다음 한껏 즐겨야 한다. 여행 중에는 아름다운 장소에서 주변 풍경에 취할 수 있다. 따라서 '안전, 안전 또 안전'이 모든 미국 여행의 기본이 돼야 한다는 사실을 잊지 않도록 한다.

한편 미국 여행길에서는 어디서든 사회를 위해 도움이 됐던 사람들을 기억하는 건강한 전통을 확인할 수 있다. "당신 정말 수고했어요"라는 사회적 격려가 얼마나 많은 사람을 고무할 수 있겠는가! 누군가 자신의 기여에 박수를 친다는 사실이 또 얼마나 많은 사람으로 하여금 사회에 기여할 수 있는 일을 하도록 이끌 수 있겠는가!

데이비드 옛만은 1941년 뉴저지주 출신으로 현존하는 인물이다.[21] 천식이 심해서 가족들은 1954년 애리조나주 던칸으로 이주를 한다. 그곳에서 고교를 마치고 투손의 애리조나대학에서 학사를 마친 다음 공직자로서 애리조나의 공공 토지와 환경 보호에 크게 기여했다. 2000년부터 2009년까지 미국공공방송(PBS)에서 〈사막은 말한다(The Desert Speaks)〉라는 TV 프로그램을 이끌며 사막 보존에 대한 분위기를 고조시키는 데 기여했다.

그는 작가, 사진작가, 과학자, TV 진행자로서 수십 년 동안 일반인에게 사막의 의미, 가치, 중요성, 보존의 필요성 등을 교육해온 공로를 인정받았다.[22] 그를 두고 사람들은 사막 지역과 그 지역에 사는 사람들을 알리는 대변자였다고 평가한다. 미국과 멕시코 문화, 자연환경을 보존하기 위해 쉼 없이 지칠 줄 모르고 뛰어온 인물로도 평가한다.

그의 소노라 사막 사랑을 엿볼 수 있는 대목이 있다. 옛만은 〈소노라 사막 목소리〉라는 인터뷰에서 "나는 2010년 무렵까지 미국과 멕시코 국경 지역을 400~500번 정도 방문했다"고 말한다.[23] 이런 기여를 인정해서 그의 이름을 딴 옛만 트레일과 옛만 트레일헤드라는 이름이 영원히 남게 됐다. 그 공로를 무시하고 넘어갈 수도 있지만 미국 사회는 이를 놓치거나 망각하는 법이 없다. 아름답고 소중하고 정말 부러운 전통이다.

투손역, 철도 시대의 추억

다음으로 선택한 장소는 투손 다운타운에 위치한 히스토릭 투손역(The Historic Tucson Depot)이다. 이곳을 방문지로 선택한 이유가 있다. 철도로 연결되기 이전의 투손이란 도시는 사막에 둘러싸인 채 외부로부터 고립된 절해고도와 다를 바 없었다. 철도 개통은 투손을 외부 세계와 연결하는 통로를 제공했다. 투손과 인근 애리조나 남부의 소도시 발전에 터닝 포인트 역할도 했다.

미국의 대륙횡단철도 건설은 1862년 의회가 유니언퍼시픽철도회사와 센트럴퍼시픽철도회사에 설립을 인가하면서 시작된다. 유니언퍼시픽철도회사는 네브래스카주 오마하에서 서쪽으로 공사를 하고, 퍼시픽철도회사는 캘리포니아주 새크라멘토에서 동쪽으로 공사를 한다. 숱한 난관을 뚫고 1869년 5월 10일 12시 47분, 유타주 프로몬터리 포인트에서 역사적인 접속이 이뤄진다.[24] 첫 대륙횡단철도다.

1860년부터 1890년까지 30년 동안 미시시피강 서부 지역에 건설된 총 철도 거리는 2,175마일(3,500km)에서 7만 2,389마일(11만 6,498km)로 증가한다.[25] 이에 따라 그 지역의 인구는 4배나 불어난다. 특히 1880년부터 1890년까지 급격한 팽창의 시기였다. 미국 전역에서 신설된 철도 노선은 7만 300마일(11만 3,136km)로 총 철도 노선 16만 3,597마일(26만 3,284km)의 43%가 10년 만에 늘어난 셈이다. 1890년까지 서부 지역을 관통하는 여러 개의 노선이 신설됐다. 서부 진출이 빚어낸 어두운 면도 있었다. 철도를 이용한 버펄로 사냥의 유행으로 7,000만 마리가 되던 버펄로가 1895년 무렵에는 불과 800마리밖에 남지 않게 된다.[26]

한편 미국 남부 도시들을 잇는 철도인 서던퍼시픽철도회사는 1865년에 설립되지만 본격적인 확장은 몇 해 뒤의 일이다. 사업계의 거물이자 스탠포드대학의 창업자인 릴랜드 스탠포드(Leland Stanford)를 포함한 4인이 1870년부터 사업 확장에 나선다. 서던퍼시픽철도가 로스앤젤레스에서 남동쪽으로 선로를 확장해 애리조나에 진입한 해는 1877년이다. 먼저 캘리포니아와 면한 애리조나

투손역

남서부 도시인 유마와 연결된다. 다음으로 서던퍼시픽이 투손에 연결되는 시점
은 1880년 3월 20일이다.

콩그레스 스트리트에 있는 철도 역사는 투손시가 1998년 철도회사로부터
매입해 깨끗하게 재단장한 곳이다. 이 건물은 1999년 국가지정역사명소로 인정
됐으며, 현재 암트랙 승객 대기실과 레스토랑, 가게로 이용되고 있는 건물 인근
에 초기의 철도 역사가 있었다. 철도 개설에 맞춰서 1880년부터 1881년까지 목
재로 건축한 초기의 철도역 건물은 1907년까지 존재했다. 이곳을 방문하면 철
도 연결의 의미와 중요성을 새길 수 있다.

좌측의 한 건물에는 작은 규모의 서던애리조나교통박물관(Southern Arizona
Transportation Museum)이 있다. 이 박물관은 투손을 비롯한 애리조나 남부에
철도 연결이 가져온 전후 역사와 파급효과를 일목요연하게 정리해서 전시하고

서던애리조나교통박물관과 열차 #1673

있다. 그 장소의 역사적 의미를 더해주는 것은 박물관 앞에 전시돼 있는 증기
기관차다. 1900년 서던퍼시픽철도회사가 매입해 1954년 물러날 때까지 힘차게
달렸던 역사적 열차 #1673이다. 열차 외장에는 철도 연결이 투손에 몰고 온 변
화를 표현하고 있다.

1880년 3월 20일, 투손에 철도가 연결됨으로써 투손이란 사회는 처음 미국의 다
른 곳들과 어렵지 않게 연결됐다. 이 같은 연결은 투손의 건축 양식부터 가구나 의
복까지 다양한 방법으로 변화를 가져왔다. 투손은 진정한 의미에서 미합중국의 한
부분이 됐다.

그렇다면 기차가 닿기 이전에 투손 사람들은 동부나 서부 사람들과 어떻게
연락을 취했을까? 1850년까지만 하더라도 투손은 400명이 사는 작은 멕시코
마을에 지나지 않았다. 투손이 미국 땅으로 편입된 시기는 연방정부가 현재의

애리조나주 남부와 뉴멕시코주 남부의 일부 땅을 멕시코 정부로부터 매입한 1854년 6월 29일이다. 개즈던 매입(Gadsden Purchase)으로 불리는 미국 정부의 땅 매입은 남부 대륙횡단철도 건설을 염두에 둔 조치였다.

1858년부터 미주리주 세인트루이스에서 미국 남부, 즉 미주리 → 오클라호마 → 텍사스 → 애리조나 → 캘리포니아를 경유해 샌프란시스코까지 운영하는 버터필드오버랜드우편회사(Butterfield Overland Mail Company)가 본격적으로 사업을 개시한다.[27] 10~40마일(16~64km) 간격으로 마부와 말들을 교체하고 승객들에게 식량과 물을 공급할 수 있는 정류소가 설치됐다. 밤낮으로 달려 동부와 서부를 횡단하는 데 25일 정도가 걸렸다. 전성기에 이 회사는 사람 800명과 마차 250대, 말 1,000마리, 당나귀 500마리를 보유하고 있었다. 4~5마리의 말이나 당나귀가 끄는 마차는 시간당 4.5마일(7.24km) 정도를 이동했다.

애리조나 남부를 지나는 데는 437마일(703km)을 통과해야 했는데 27개의 마차 정류소가 사이사이에 있었다. 애리조나를 벗어나는 데만 4일이 걸렸다. 세인트루이스에서 첫 번째 버터필드오버랜드우편회사 소속 마차가 투손에 도착한 시점은 1858년 10월 2일이다. 그러나 1861년 남북전쟁이 발발하면서 우편 기능은 마비되고 만다. 여기에 연방정부마저 철수함으로써 투손 지역은 아파치족의 빈번한 공격에 시달린다.

당시 애리조나 지역에서 가장 큰 사회였던 투손은 외부로부터 거의 단절된 상태에 놓이게 된다. 다시 투손이 외부 세계와 연결되는 시점은 1867년부터다. 그해에 동부를 잇는 노선이 부활되고 이듬해에 서부와 연결된다.[28] 투손 인구는 915명(1860)에서 3,215명(1870)으로 늘어난다. 애리조나 주도인 피닉스의 인구는 1870년에도 불과 240명에 지나지 않았다.

마차 속도는 4.5마일로 변화가 없었지만 기차 속도는 1880년대에도 20~30마일(32~48km)을 넘지 않았을 것으로 추정된다.[29] 19세기를 살았던 사람들은 현대인들과 달리 기차 속도에 크게 민감하지 않았다. 시간에 관해 현대인만큼 민감하지 않았다는 말이다. 기차 연결이 당시 사람들에게 주었을 법한 충격을 예상하는 일은 어렵지 않다. 속도의 격차만큼 투손에 철도가 연결된 것은 투손과 인근 지역에 큰 변화를 초래했다.

깨끗하게 단장된 옛 퍼시픽 철도역의 이곳저곳을 둘러보면서 한때 외부 세계로 떠나는 사람들로 분주했을 법한 시대를 자연스럽게 머리에 떠올려본다. 역사 앞의 안내판에는 1942년의 어느 날 대합실, 매표소, 신문 가판대, 의자들을 담은 귀한 흑백 사진을 전시해놓았다. 중절모와 정장이 유행하던 시대는 방문자를 추억의 여행길로 재촉한다.

호텔 콩그레스

철도역은 당시 투손의 중심지였다. 바로 건너편에는 잠시 짬을 내서 들러봐야 할 호텔 콩그레스(Hotel Congress)가 있다. 1918년 10월 문을 연 이 호텔의 로비는 건축 당시의 복고풍을 유지하고 있다. 로비 바닥에 깔린 아름다운 타일, 벽면을 장식하고 있는 화려한 색 장식, 찾아보기 힘든 고전적인 바와 음료 주문대, 오래될 수 없을 것 같은 가죽 소파와 의자, 빈티지 전화박스 등은 주의 깊게 봐야 할 것들이다. 크고 대단한 것은 아니지만 다른 곳에서 찾아보기 힘든 독특한 것이다.

국가지정역사명소인 호텔 콩그레스 지붕의 호텔 네온사인은 과거부터 현재까지 변함없이 그 자리를 지키고 있다. 어둠이 내린 뒤 투손에 기차로 도착한 사람들이라면 처음 만나는 게 투손의 밤하늘을 장식한 네온사인이었을 것이다. 기차역에서 접근하는 호텔 입구에는 큼직한 국가지정역사명소 인증패가 벽을 장식하고 있다. 여기서 내 호기심이 멈췄다면 그 이상을 보지 못했으리라.

기차역에서 호텔로 들어서는 문은 후문이다. 내친김에 조금 더 부지런함을 발휘해 로비를 건너 정문을 향했다. 정문 입구 한쪽에는 투손 커뮤니티 FM 라디오의 방송실이 있다. 안에서는 바깥을 보기가 힘들지만 바깥에서는 DJ의 진행을 들여다볼 수 있는 구조다. 밝은 붉은색 조끼를 입은 여성 진행자가 사방을 가득 메운 LP 음반들을 부지런히 교체하고 있었다. 호텔 입구에서 방송실을 들여다본 경험은 난생처음이다. 실시간 방송이라 자신의 일에 푹 빠져 있는

리알토 극장

모습이 아름다웠다. 진행자를 잠시 지켜보면서 '우리가 어디서 무엇을 하든 열심히 하는 게 삶의 기초가 돼야 한다'는 문장을 떠올린다. 그것은 옳은 일이기도 하고 그것이야말로 행복의 원천이 되기 때문이다. 성공의 문을 열어주는 열쇠가 될 수도 있다.

호텔 정문을 나서자마자 만나는 거리는 특별한 곳이다. 콩그레스 스트리트인데, 그 거리를 두고 범상치 않은 옛 건물들이 줄을 잇고 있었다. 한때 번화가임을 짐작케 하는 가게들이다. 자연스럽게 눈길을 끄는 건물은 복고풍의 큼직한 영화관 네온사인을 앞세운 건물이다.

'리알토 극장(Rialto Theatre)'이라는 간판을 단 이 범상치 않은 영화관은 영화 사업의 부침과 함께 영화 상영을 중지한 지 꽤 오랜 세월이 흘렀다.[30] 지금은 공연장으로 운영되고 있다. 호텔 콩그레스보다 2년 늦은 1920년에 세워진 리알토 극장은 미국의 전형적인 극장 건물의 모습을 하고 있다. 이 유서 깊은 영화관은 1963년과 1971년 문을 닫기도 한다. 한때는 가구회사의 창고로 쓰일 정도로 방치됐다. 이후 여러 번의 폐쇄와 개관을 반복하다가 음악당 겸 공연장으로 활용된 시점은 2002년부터다. 입장권 판매를 기준으로 전 세계에서 40~50위권을 유지하고 있다. 옛 영화관 주변 지역의 보존 상태는 꽤 괜찮은 수준이지만 다소 철이 지난 바닷가를 떠올리게 된다.

　지금은 애리조나의 주도가 피닉스이고 인구도 3배 이상 차이 나지만 1910년까지만 하더라도 피닉스는 투손에 맞설 수 없었다. 피닉스 인구가 투손 인구를 넘어서는 시점은 1910년대 들어서다. 그러나 모든 것은 변하고 모든 것은 흐른다. 한때 영광을 누리던 곳도 세월이 흐르고 환경이 변하면서 부침으로부터 자유로울 수 없다. 한때 열기와 분주함으로 가득 찼을 투손역 주변이 방문객에게 던지는 메시지는 '영원한 것은 없다'다. 이를 한 번 더 생각하면 '당연한 것은 없다'다. 하지만 사람들은 자신이 또는 자신들이 누리는 것을 당연한 것으로 받아들이곤 한다. 그게 그렇지 않은데도.

03

시에라 비스타:
허밍버드의 수도

투손 남부 여행의 출발지는 투손의 남동쪽 122km에 있는 시에라 비스타(Sierra Vista)라는 곳이다. '산의 풍경'이란 이름값에 걸맞게 도로 주변의 풍경은 척박함과는 거리가 멀다. 좌측으로 코로나도 국유림을 비롯한 울창한 숲이 있고 저 멀리 우측으로는 크고 작은 산들이 자리 잡고 있는 넓은 밸리 지역에 남북으로 곧게 놓인 4차선 도로가 애리조나 90번 도로다. 투손에서 주간고속도로 10번을 탄 다음 벤슨(Benson)에서 빠져나와 90번 도로를 타면 된다. 거의 일직선으로 남쪽을 향해 달리면 인구 4만 명이 넘는 도시 시에라 비스타가 나온다. 우리가 가진 애리조나 남부에 대한 이미지는 사막과 선인장이지만 이곳에는 강과 울창한 숲이 있다. 사막지대가 대부분일 것으로 추측되는 애리조나 남부에서 많은 숲을 발견하는 일은 뜻밖이었다.

포트 후아추카

이 도시는 애리조나 남부의 다른 도시들과 달리 1956년에 만들어졌다. 인근에 있는 역사가 오래된 군사기지 포트 후아추카(Fort Huachuca)의 배후 도시로 조성됐다.[31] 군사기지 주변에는 군인은 물론이고 영외에서 거주하는 군인 가족을 위한 시설이 필수적이기 때문이다.

포트 후아추카는 시에라 비스타 서쪽에서 4.8km 정도 떨어져 있을 뿐이다. 1877년에 만들어져 지금까지 체류하고 있는 군인만 2만 명 이상일 정도로 왕성하게 그 기능을 하고 있는 군사시설이다. 만들어진 배경도 흥미롭다. 마지막까지 저항하던 치리카후아아파치족의 전설적인 추장 제로니모와 부하들을 붙잡으려고 엘리트 타격대에서 시작됐다. 제로니모의 항복을 받아낸 시점은 1866년 8월이다.[32]

당시 거친 아파치족의 공격에 대항하기 위해 미국 연방정부는 남부 애리조나에 50여 개 이상의 군사기지를 설치하는데 이 가운데 하나가 포트 후아추카다. 아파치족의 공격이 종식된 이후에 대부분의 군사기지는 폐쇄되지만 포트 후아추카가 살아남은 이유가 있었다. 보호구역을 탈출해 계속 저항하는 인디언, 멕시칸 노상강도, 미국 국적의 범법자들의 활동이 국경 부근에서 계속 됐기 때문이다.[33]

포트 후아추카의 군사기지는 넓다. 7만 에이커를 사용하고 있다. 이 가운데 110에이커가 올드 포스트 지역(Old Post Area)으로 불리며 국가역사랜드마크(National Historic Landmark)로 지정돼 있다.[34] 1880년대를 전후한 미국 군사시설에 관심이 있는 사람은 시간을 내서 방문할 만큼 가치 있는 곳이다.

1882~1883년 건설된 지휘관 근무 공간인 올드 포스트 건물과 비슷한 시기에 지어진 2층짜리 병원 건물인 레오나르드 우드 홀은 지금 포트후아추카박물관(Fort Huachuca Museum)으로 활용되고 있다. 이 박물관을 둘러보면 초창기부터 현재까지 미국 군대를 다양한 측면에서 이해할 수 있다. '서부 개척과 마차(Wagons West)'라는 전시 공간이 인상적이었다. 서부 개척에서 사륜마차는 생

활이나 상업에도 크게 기여했지만 군대의 기동성을 높이는 데도 기여한 바가 크다. 보병용 마차, 2마리 당나귀가 끄는 병원용 마차, 4마리 당나귀가 끄는 호위용 마차, 부상자 수송용 마차, 급수 탱크 운반용 마차, 종군 매점용 마차 등의 모형을 진열해놓았다.

또 하나의 인상적인 부분은 미국이란 나라의 특별한 관행이자 습관이자 특성이다. 이 나라는 계급에 관계없이 일반 군인도 영웅 만들기가 생활화돼 있다. 전시가 끝날 무렵 1891년 1월 1일, 사우스다코타의 화이트강에서 인디언 수족 전사들에 맞서서 미 육군 보급 기차를 지켜낸 코넬리우스 C. 스미스(1869~1936) 대령을 크게 소개해놓았다. 1886년 여름, 아파치 전사 제로니모를 설득해서 항복을 받아낸 찰스 B. 게이트우드(1853~1896) 대위도 박물관의 한 부분을 장식하고 있다. 물론 아파치 전사들을 체포한 공로로 의회 명예 메달을 받았던 의사이자 사병이자 행정가였던 레오나르드 우드(1860~1927)도 있다. 그 외 크고 작은 공적을 세운 사람들을 기념하는 벽면에는 차고 넘칠 정도로 많은 사람의 사진, 이름, 공적 등이 빼곡하게 기록돼 있다. 2층까지 전시를 마칠 즈음 '역사는 사람이다'라는 제목의 여운이 있는 글을 만났다.

> "모든 사람의 삶에는 역사가 있다(There is history in all men's lives)"고 셰익스피어가 말했습니다. 토머스 칼라일은 모든 역사는 자서전이라고 생각했습니다. 우리는 행동하는 사람들로부터 역사의 흐름이 바뀌는 변곡점을 찾을 수 있습니다. 과거는 사람들과 사회의 상호 작용의 기록입니다. 모든 역사에는 사람의 얼굴이 있습니다. 짙은 눈썹 아래 우리를 빛이 나게 봐야 합니다. 망가진 이를 가지고 우리를 향해 웃어야 합니다. 역사는 사람의 경험의 깊이와 진실함을 비춰야 합니다. 수많은 사람이 우리보다 앞서 후아추카의 문을 통과해왔습니다. 각자는 저마다의 피와 땀과 눈물을 남겼습니다. 우리 군대가 오늘날 거두고 있는 성과는 그들의 기여를 밑거름 삼아 만들어진 것입니다.

그 밖에 역사적 가치를 지닌 여러 건물을 만날 수 있다. 이 박물관은 군사기지 내에 있어 입장 시 신분을 보증할 수 있는 여권 등이 필요하다. 애리조나 뿐 아니라 텍사스 등 미국 남부에는 역사가 오래된 군사시설이 자리 잡고 있다. 1874년부터 1932년까지 건설된 포트 아파치 역사지구(Fort Apache Historic District), 1862년 세워져 아파치전쟁(1861~1886) 기지로 활용됐던 포트 보위 등이 애리조나 남부에 있는 대표 군사시설 유적지다.[35] 뒤로는 산, 앞으로는 연병장을 두고 대부분 건물들이 배치돼 있다.

　미국 역사는 출발점부터 무력에 관해 확고한 믿음에 기초하고 있다. 갖고 있는 것을 지키기 위해 또는 필요한 것을 갖기 위해 무력을 효율적으로 쓰는 일의 중요성을 깊이 인식하고 있었음을 알 수 있다. 가해자와 피해자의 입장에 따라 역사 해석은 달라질 수 있지만 미국인들은 출발부터 세상에 대한 낭만적인 견해를 갖고 있지 않았음을 알 수 있다. 그들은 자유와 재산의 보호는 힘에 의해 뒷받침되지 않는 한 불가능하다는 현실적인 견해를 갖고 있다. 한마디로 인간에 관해 낭만적인 견해를 갖고 있지 않았음을 군사기지를 방문할 때마다 확인하게 된다.

허밍버드

시에라 비스타의 자랑은 단연코 허밍버드다. 허밍버드(Hummingbird)의 수도라는 도시의 상징은 결코 과장이 아니다. 허밍버드를 유독 좋아하는 사람들이 있는데, 이 새를 알게 되는 사람들은 좋아할 수밖에 없다. 우리말로는 벌새다. 부지런히 꽃을 찾아다니는 벌과 같다고 해서 붙여진 이름이다.[36] 몸길이 5cm, 몸무게 1.8kg 이하로 세상에서 가장 작은 새다. 따뜻한 지역에 서식한다. 대개의 조류가 평균 7.5~13cm이니 눈여겨보지 않으면 포착하기 힘들다.

　허밍버드의 특별한 점은 놀라울 정도다. 1초에 50~200회 정도의 날갯짓을 할 때 나는 소리에서 이름이 비롯됐다. 1분당 심장 박동 수는 1,200회, 호흡 횟수는 250회다. 허밍버드는 벌레도 잡아먹지만 주로 달콤한 과즙이나 시럽을 먹는다. 매일 섭취해야 하는 과일즙이나 시럽이 몸무게의 절반이나 된다. 따라서 매시간 5~8회 정도의 식사를 해야 한다. 부리를 이용해서 과즙 또는 시럽을 핥아먹는 속도는 초당 10~15회다. 빠른 날갯짓과 유연한 어깨 관절 덕분에 후진 비행과 제자리 비행이 가능한 유일한 새다. 후각보다 시력이 발달돼 먹이 먹는 장소를 정해주면 그곳을 계속 찾는 새이기도 하다.

일정 간격으로 비행하는 습성을 활용해 인공 과즙을 공급하는 기구로 허밍버드를 관찰할 수 있다. 인공 과즙에는 허밍버드를 유인하는 목적으로 붉은색 색소를 더한다. 투손과 피닉스를 비롯한 애리조나 일원에서는 다양한 허밍버드를 관찰할 수 있다. 13종 정도가 있다.

이번 여행길에서도 시에라 비스타 말고 투손에서 2번 정도 관찰할 기회가 있었다. 애리조나에서 허밍버드를 가장 빈번하게 볼 수 있는 곳은 애리조나의 남동부 지역이고 이 가운데서도 시에라 비스타다.[37] 시기는 8월이 가능성이 가장 높다. 4~5월부터 10월까지는 이동 시기의 절정이기 때문이다. 그러나 정주하는 허밍버드를 보는 일은 연중 가능하다.

시에라 비스타의 남쪽 12마일 거리에 밀러캐니언(Miller Canyon)이 있다. 이곳에 오랫동안 인기를 끌어온 먹이를 주는 공간이 있는데, 톰 베티의 게스트 목장(Tom Beatty's Guest Ranch)이다.[38] 30여 개의 의자가 놓여 있고 철망 너머로 20여 개의 먹이 주는 기구(feeder)들이 나무에 주렁주렁 매달려 있다. 하루에 최고 14종까지 관찰된 곳이기는 하지만 허밍버드는 한꺼번에 수백 마리가 몰려왔다가 몇 분 내에 종적을 감추므로 행운이 따라야 볼 수 있다.[39]

그 밖에 선택 가능한 방문지는 샌페드로(San Pedro) 강변이다. 애리조나 동남부에서 남북으로 230km를 흘러내리면서 지역민들에게 젖줄 같은 역할을 한다. 생태계의 보고 역할을 하는 강이 샌페드로강이다. 미국 정부는 1988년 샌페드로의 주기적인 범람으로 영향을 받는 주변 지역 5만 8,000에이커를 '샌페드로 하안 국립보존지역(SPRNCA)'으로 지정한 적이 있다. 강변을 따라 40여 마일(64km)에 걸쳐서 다양한 조류와 식물을 관찰할 수 있다. 미국에 서식하는 조류 가운데 50% 이상을 이곳에서 관찰할 수 있다니! 산책길 곳곳에 마련된 상세한 설명글도 참조하면 좋다. 조류 관찰을 좋아하는 사람들의 사랑을 받는 장

샌페드로 하안 국립보존지역

소인데, 출발점은 역사적인 목장 건물을 개조해서 방문자센터, 서점, 기념품점을 겸하는 샌페드로 하우스(San Pedro House)다.

방문자센터에서 트레일 지도를 구한 다음 가장 짧은 트레일 코스로 편안한 산책을 하면서 머리를 식히고 생각을 정리해보는 것은 어떨까? 삶이 그러하듯 여행에서 우리는 언제 어디서 뜻밖의 기회를 가질 수 있을지 확신할 수 없다. 여행자라면 언제 어디서든 충실하게 즐기려는 마음가짐과 태도를 가져야 할 것이다. 인생의 여정에서도 마찬가지다.

페어뱅크

고스트타운에 관심을 가진 사람이라면 샌페드로강을 따라서 한때 번성했다가 사라진 고스트타운을 방문할 수 있다. 지금 번성하는 도시를 방문하는 일이 주는 감정과 몰락한 고스트타운을 들렀을 때 갖게 되는 감정 사이에는 뚜렷한 차이가 있다.

고스트타운은 시간의 흐름과 시간의 흐름 속에 이뤄지는 변화, 현재와 미래에 관해 생각해볼 수 있는 기회를 제공할 때가 있다. 시에라 비스타를 중심으로 오른쪽으로 거의 남북에 가깝게 샌페드로강이 흐르고 강 맞은편에 툼스톤이 있다. 샌페드로강을 따라서 위로부터 컨세션시티, 페어뱅크(Fairbank), 에머리시티, 밀빌, 찰스턴이 있었다. 이 가운데 유일하게 찰스턴만 밀빌을 건너서 있다. 지금은 모든 마을이 고스트타운이 됐다.

컨세션시티(Concetion City)는 1880년부터 1888년까지 존속했다. 그랜드센트럴제련소가 있었던 페어뱅크는 1881년부터 1970년대 중반까지 사람들이 살았다. 보스턴제련소가 있었던 에머리시티(Emery City)와 거드제련소와 코빈제련소가 있었던 밀빌은 1879년부터 1888년까지 존속했다. 2개의 석영제련소(Quartz Mill)가 있었던 찰스턴은 1879년부터 1888년까지 사람들이 거주했다.[40]

이 가운데 컨세션시티를 제외하고 은광석의 제련을 목적으로 세운 도시다. 그동안 세월이 흘렀고 그곳의 건축 자재들은 다른 용도로 사용돼왔기 때문에 지금은 거의 고대 도시 유적지처럼 변하고 말았다. 거드제련소의 주요 주주들은 리처드 거드와 시펠린(Schieffelin) 형제들이었다. 이들은 서면 계약도 없이 구두 약속만으로 툼스톤철광회사를 소유하고 있었는데 시펠린 형제들 가운데 한 사람인 에드 시펠린이 은광맥을 발견함으로써 모두 큰 부자가 됐다. 이들의 활동 기록은 당시 투손과 남부 타운들이 어떻게 연결돼 있었는지 짐작하게 해준다.

거드와 시펠린 형제들은 75마일 떨어진 투손에 일주일에 2번씩 4마리의 황소가 끄는 마차를 운영했고, 우편물을 보냈다.[41]

그런데 지금도 궁금함을 지울 수 없는 게 있다. 어느 마을이든 고스트타운

페어뱅크 고스트타운

이 되고 나면 주민들이 '제로' 상태가 되고 그 기록은 지도에 남는다. 폐허화된 모든 마을이 지도에 남을 수는 없지만 대부분은 붉은색으로 지도에 'OO 고스트타운'이라 기록된다. 그런데 어찌된 셈인지 찰스턴은 고스트타운이 된 지 꽤 시간이 흘렀음에도 많은 사람이 쓰는 지도에서조차 버젓이 사람들이 사는 마을로 기록돼 있다. 이유를 아직도 알 수 없지만 추측은 가능하다. 잘나가던 마을이었기 때문인지 모른다. 1880년대 초반, 투손의 한 신문은 찰스턴 특파원 이 보낸 기사를 내보냈다.

> 최근 성장에 힘입어 찰스턴에는 매일 일군의 외지인들의 발걸음이 끊이질 않고 있 다. 일부는 재미로 방문하는 사람들이지만 대다수는 찰스턴에 영구히 거주하려고 방문한 사람들이다. 새 빌딩들이 계속 문을 열고 있고 이미 진행 중인 건축 공사도 완성을 서둘고 있다.[42]

두 지역과 달리 1881년에 세워진 페어뱅크 마을은 보존 상태가 아주 양호한 보기 드문 고스트타운 가운데 하나다. 일찍부터 교통의 요충지에 있었다. 1885년에는 미국 대륙의 동서를 잇는 마차인 버터필드오버랜드우편회사의 정거장이 있던 곳이다. 당시까지만 하더라도 미국 서부에서 큰 도시 가운데 하나인 툼스톤과 외부 세계를 연결하는 관문 역할로 번성했다. 페어뱅크에는 툼스톤에서 가장 가까운 서던퍼시픽철도가 지나가는 철도역이 있었다. 당시 은광산 채광 및 제련 작업은 일단 툼스톤에서 채광한 광석은 페어뱅크를 거쳐 찰스턴으로 운반됐다. 페어뱅크의 전성기는 19세기 중반이었으며 당시 100가구가 상주하고 있었다. 철도 역사, 마차 정거장, 살롱, 레스토랑, 잡화점, 웰스파고 지점 등 웬만한 시설이 모두 들어서 있었다.

1886년 툼스톤의 은광산 폐쇄와 함께 마을도 어려움을 겪게 되지만 다른 마을처럼 폐쇄라는 치명타를 피한다. 인근의 큰 도시인 비스비(Bisbee)의 구리 광산이 활기를 띠면서 과거의 영광에 비할 바는 아니지만 마을의 생명은 끈질기게 유지된다. 1889년에는 페어뱅크와 비스비 사이에 철도 지선이 개설된다. 이를 계기로 페어뱅크는 비스비에서 생산된 구리를 외부 세계로 보내는 중요 장소로 부상한다. 하지만 1890년 샌페드로강이 범람해 치명적인 타격을 입게 된다. 이후 계속 인구가 줄다가 마침내 1966년 철도역이 폐쇄되고 만다. 마을에 일자리를 제공하던 원천이 사라지자 1970년대에 모두 마을을 등지게 된다. 1972년까지 마을의 잡화점은 영업을 계속 하고 있었다. 학교는 1884년부터 1944년까지 운영됐으며 50명의 학생과 2명의 교사가 있었다고 한다. 학교는 현재 복원돼 일반인에게 공개한 상태다.

고스트타운을 방문할 때는 마을 지도를 손에 갖고 있어야 한다. 전체가 어떻게 구성돼 있으며 자신이 어디쯤 와 있는지 파악한 상태에서 마을을 둘러봐야 많은 것을 건질 수 있다. 여행을 떠나기 전에 검색을 통해 지도를 인쇄해서 가져갈 수 있다면 더 의미 있는 고스트타운 여행이 될 것이다.

철도 역사가 있는 마을 중심지를 둘러본 다음 페어뱅크 묘지, 그랜드센트럴 제련소, 샌페드로강을 보다 보면 현존하는 과거의 유적지를 제법 건질 수 있다. 철도역의 주춧돌, 몬테주마 호텔 주춧돌, 1880년대 중반에 세워진 목조 주택,

어도비 스타일의 상업용 건물, 우체국, 1927년에 세운 철교, 옛 철길 등을 만날 수 있다. 페어뱅크는 애리조나에서 가장 잘 보존된 고스트타운을 유지하고 있고 시에라 비스타에서 37km밖에 떨어져 있지 않다. 고스트타운에 관심이 있는 사람이라면 방문지에 반드시 포함할 필요가 있다.

프레시디오 산타 크루스 데 테레나테

시에라 비스타에 대한 소개를 마무리하기 전에 아쉬웠던 일 하나를 소개하고 싶다. 애리조나 남부에 남아 있는 1775년에 세워진 스페인군의 초기 군사시설이다. 프레시디오 산타 크루스 데 테레나테(Presidio Santa Cruz de Terrenate)라 불리는 곳이다. 시에라 비스타에서 툼스톤으로 가는 82번 도로를 달리다가 왼쪽으로 꺾어들어 비포장도로의 흙먼지를 날리면서 제법 들어가면 유적지를 향한 트레일이 시작되는 장소에 도착한다.

아무도 살지 않고 살 수 없을 것 같은 2차선 비포장도로 옆에 외로이 서 있는 우편함을 만난다. '이런 데서 어떻게 살까'라는 생각이 스쳐갔다. 멀리 떨어져 사는 사람들에게는 자신을 지킬 수 있는 총이 필수라는 생각을, 미국의 총기 소지 문제가 단순히 금지와 허용의 문제가 아니라는 생각을 해본다. 인가가 드문 지역에서 삶을 꾸리는 사람들의 정신세계는 한없이 깊을 것이다. 물론 나와 타인을 구분하는 일도 우리보다 훨씬 더 분명할 것이다.

정해진 장소에 도착한 다음 트레일을 소개하는 게시판의 지도를 숙지하고 굵은 모래와 낮은 관목들이 띄엄띄엄 있는 사막을 씩씩하게 걸었다. 이 사막은 치와와(Chihuahua) 사막으로 불리는데, 강변을 향해 가도 가도 찾으려는 시설을 찾을 수 없었다.[43] 길을 걸으면서 '자칫 잘못하면 처음 왔던 곳을 잃어버릴 수도 있겠구나'라는 불안감에 사로잡혀 가던 길을 포기하고 말았다.[44]

여행길에서 보고자 했던 것을 놓쳤을 때 그 아쉬움은 오래 남는다. 언제 그곳을 다시 들를 수 있을까! 여행에서는 몸이 좀 피곤해도 꼭 봐야 할 게 있다면 놓치지 않도록 해야 한다. 그것이 가슴을 저미는 아쉬움을 피할 수 있는 대

길가의 우체통

비책이다.

짙은 황토색 토담에 둘러싸인 채 강변에 우뚝 서 있는 지휘관의 막사, 적에 맞설 수 있도록 튼튼하게 쌓아올린 엄호막, 작은 성당의 유적을 확인하지 못한 게 못내 아쉽다. 시도 때도 없이 닥치는 아파치족의 기습 공격에 불안과 초조 감에 시달렸던 스페인 병사들의 마음을 현장에서 새겨볼 수 있는 기회를 놓친 것도 아쉽다. 당시 스페인군은 적대 세력에 둘러싸인 채 절대적인 고립 상태에 서 생존을 위해 고군분투하고 있었다. 유적지 가까운 곳의 철제 십자가가 그들 의 죽음을 애통해한다. 빛바랜 안내판에서 그들의 생존이 얼마나 험난했던가 를 짐작해보는 일은 조금도 어렵지 않다.

아파치족의 기습 공격은 조여오는 형식을 취했고, 언제 어디서 들이닥칠지 모르는 불안감을 한껏 조성한 상태로 진행됐다. 그들은 스페인군의 숨통을 조

스페인군 유적지 찾아가는 길 이정표

이면서 전쟁 의지를 제거했다. 1776년 7월 7일, 대위 프란시스코 토바(Francisco Toba) 외에 사병 29인이 아파치족에 살해당했다. 새로 파견된 병사들도 운명의 가혹함을 벗어날 수 없었다.

1778년 9월 24일, 대위 프란시스코 트레스팔라시오스(Francisco Trespalacios) 외 27명이 목숨을 잃었다. 또다시 스페인 병사들을 파견했지만 1778년 11월부터 1779년 2월까지 39명의 병사가 죽임을 당했다. 마지막으로 1779년 5월, 대위 루이스 델 카스틸로(Luis del Castillo)가 목숨을 잃고 만다. 아파치족의 압력을 이겨내기 힘들다고 판단한 스페인군은 마침내 1780년 군사시설을 포기한다.

비슷한 시기에 스페인 제국은 애리조나 내에 몇 개의 군사시설을 설치한다. 투손 다운타운에 세우기 시작한 프레시디오 산 어거스틴 델 투손(Presidio San Agustín del Tucsón, 1775), 투손 남쪽에 세운 프레시디오 투백(Presidio Tubac, 1776), 멕시코 국경 도시인 더글러스 동쪽에 세운 프레시디오 데 산 베르나르디

스페인군 유적지 찾아가는 길

노(Presidio de San Bernardino, 1776)를 들 수 있다. 세 곳 모두 아파치족의 집요한 공격에 시달렸으며, 더글러스에 세운 시설은 1780년 포기한다.

아파치족 입장에서는 자신의 땅에 무단으로 군사시설을 설치한 스페인 사람들을 용서하기 힘들었을 것이다. 흥미로운 점은 이곳에 거주하던 대다수의 아메리칸인디언은 스페인군에게 적대적이지 않았다는 사실이다. 유독 아파치족들만 공격적이었다. 오히려 아파치족들에게 오랫동안 괴롭힘을 당해온 다른 부족들인 푸에블로나 호호캄은 스페인군에게 협조적이었다. 때로는 스페인군과 연합해 아파치족의 공격에 대항하기도 했다.

04

툼스톤,
거친 카우보이들의 격전지

투손 남부에서 뉴멕시코와 멕시코 접경까지 134km×135km의 정사각형 행정
지역이 코치스(Cochise) 카운티다. 지명은 그곳에 본거지를 두었던 인디언 추장
의 이름에서 따왔다. 넓이는 강원도보다 넓다. 코치스 카운티는 그야말로 거친
시대의 거친 장소를 대표하는 곳이다.

　19세기 미국 서부는 소란스러운 곳이었지만 폭력, 복수, 총질, 불법, 강도 등
이 난무한 곳이 코치스 카운티다. 그래서 코치스 카운티를 두고 '와일드 웨스
트의 수도'라 부르는 사람도 있다. 코치스 카운티는 툼스톤, 비스비, 윌콕스, 시
에라 비스타, 벤슨, 더글러스 등과 같은 타운으로 구성된다.

　이 가운데서도 19세기의 와일드 웨스트를 대표하는 마을이 툼스톤
(Tombstone)이다. 당시 분위기는 지금도 마을을 대표하는 표식에 잘 담겨져 있

다. '죽기에는 너무 거친 타운(The Town too Tough To Die)', 이 얼마나 시적이며 강력한 표어인가!

시에라 비스타를 출발해 길옆으로 풍경이 괜찮은 82번 도로를 타고 동쪽으로 달리다가 다시 80번을 갈아타고 남서쪽으로 방향을 잡으면 툼스톤에 도착할 수 있다. 두 도시 사이의 거리는 51km. 툼스톤은 마을을 중심으로 언덕 위에 우뚝 서 있다. 해발고 1,384m로 마을에서 주변을 내려다볼 수 있다.

툼스톤을 들렀을 때는 높은 해발고가 어떤 의미인지 제대로 알지 못했지만 지정학적 조건이 툼스톤의 부침에 상당한 영향을 끼쳤음을 훗날에야 알게 됐다. 이 부분은 차근차근 설명하겠다. 이 마을에는 누구든지 좋아할 법한 흥미로운 스토리가 담겨 있다. 무엇을 봐야 할 것인지 이야기하기 전에 이 마을의 부침과 관련된 전후 이야기부터 시작하는 게 좋겠다.

툼스톤, 은광산 열풍

툼스톤은 애리조나 남부의 은(銀)광산 열풍에 테이프를 끊은 곳이다. 어느 시대든 위험을 무릅쓰고 자신의 운명에 크게 베팅하는 사람들의 이야기가 눈길을 끈다. 이 마을의 탄생은 엄청난 재산을 안겨다줄 수 있는 광산을 찾아 헤매는 한 인물에 빚을 지고 있다.

에드워드 시펠린(Ed Schieffelin, 1847~1897)은 18세(1865)부터 금광과 은광을 가리지 않고 찾아 나선다. 오리건, 네바다, 콜로라도, 뉴멕시코를 거쳐 애리조나에 도착했을 때는 1876년이다. 그가 샌페드로강의 동쪽 언덕에서 광맥을 찾으려고 나섰을 즈음 이 지역의 치안 상태는 매우 불안했다.

호전적인 치리카후아아아파치족의 본거지에서 19km밖에 떨어져 있지 않았으며, 그들은 개척민들을 수시로 공격했다. 1886년 인디언 추장 제레니모가 항복한 점을 염두에 두면 이 지역이 접전 지역에 위치한 위험한 곳임을 확인할 수 있다. 1882년 5일, 지역 신문인 〈에피타프(Epitaph)〉는 툼스톤 거주민들의 아파치족에 대한 두려움을 보도하고 있다.

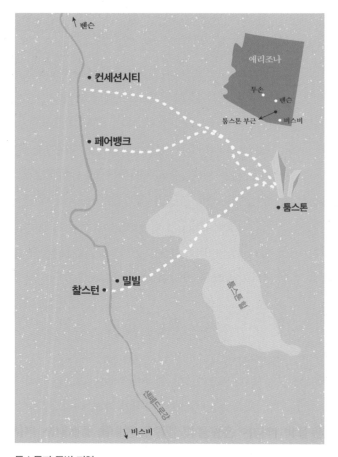

툼스톤과 주변 지역

인디언의 압박이 너무 강해서 툼스톤에 들어오는 모든 사람은 말 등에 탄 채 1시간 30분 정도 흥분한 군중에 의해 감방에 갇힌 신세가 됐다. 그들은 맹렬히 퍼붓는 질문에 상기될 정도였다.[45]

아파치족의 현실적인 위협이 계속 되는 환경에서 광맥을 찾아 헤매는 그를 두고 동료들은 이렇게 조언할 정도였다.

당신이 발견하게 될 유일한 돌은 당신 자신의 무덤석(tombstone)일 것이다.

그에 앞서 독일 출신의 광산 엔지니어인 프레더릭 브룬코(Frederick Brunckow)가 1858년 이 부근에서 은광맥을 찾은 적이 있다. 브룬코는 오두막집을 짓고 사람을 고용해서 채굴 작업을 하지만 주검으로 발견됐다. 광맥을 찾아 나선 시펠린도 인디언의 공격을 받은 적이 있다. 여러 어려움을 겪은 끝에 1877년 광맥을 찾아냈다. 그는 광업권을 신청하면서 은광맥을 발견한 장소를 툼스톤이라 붙이게 된다. "마침내 나의 툼스톤을 발견했다!"고 외치면서.

이후에 형 알프레드와 광산 전문가인 리처드 거드를 끌어들여 툼스톤광산회사를 세운 다음 본격적으로 채굴 작업에 돌입한다. 채굴한 은광석에서 은을 추출하고 투손에 내놓은 시기는 1877년 6월이다. 그들은 초기 단계에서 지분을 다른 투자가들에게 넘겨 수백만 달러를 번 부자가 됐다. 은광을 발견해서 부자가 됐다는 소문이 삽시간에 퍼지면서 많은 사람이 툼스톤으로 몰려든다. 이렇게 해서 전성기의 툼스톤에는 규모가 있는 광산회사만 5개가 넘었다.[46] 툼스톤, 컨세션시티, 그랜드센트럴(Grand Central), 비지나(Vizina), 엠파이어(Empire), 스톤월(Stonewall) 등. 1878년 광산 개발이 시작되고 나서 불과 3년이 지난 1880년, 툼스톤의 인구는 3,400명에 이르고 2개의 신문사와 여러 마차 노선, 식당, 호텔 등이 들어서게 된다. 2년 후(1882) 인구는 무려 200%가 증가한다. 도시가 얼마나 급팽창했는지 알 수 있는 대목이다.

툼스톤 코트하우스

툼스톤이 최고의 생산량을 올리면서 날렸던 시점은 1882년이다. 1886년까지는 그래도 괜찮았지만 그해 일어난 탄광 침수 사건을 기점으로 마을은 급속히 기운다. 인구수를 보면 툼스톤의 영광의 날들을 짐작해볼 수 있다. 1890년 인구수는 1,875명, 1900년 인구수는 646명에 지나지 않았다. 우리가 생각하는 것보다 영광의 시간은 무척 짧았다. 그래도 마을이 명맥을 유지할 수 있었던 이유는 1881년 투손이 중심이 되는 피마 카운티에서 툼스톤이 카운티의 중심 도시가 되는 코치스 카운티가 생겨났기 때문이다.

툼스톤 코트하우스

툼스톤을 방문하는 사람들은 마을 규모에 비해 크고 화려한 빅토리안 양식의 붉은 벽돌집이 중심지에서 약간 벗어난 곳에 위치한다는 사실을 의아하게 생각할 수 있다. 이곳이 바로 1882년 세워진 툼스톤 코트하우스(Tombstone Courthouse)다. 카운티의 중심지가 비스비로 옮겨가는 1929년까지 이곳에는 카운티 보안관, 카운티 법원 판사, 재무관, 재판정, 감독관 등이 근무하고 있었을 것이다. 과거의 모습을 이해할 수 있도록 보안관사무실, 판사사무실, 재판정, 감옥, 교수대 등을 비롯해서 마을을 만드는 데 기여한 에드 시펠린에 대한 소개글, 당시 생활을 이해할 수 있는 충실한 진열품을 갖춰놓았다.

관심을 쏟을 수밖에 없는 이유는 툼스톤 부침의 원인에서 찾을 수 있다. 마을 소개 책자들은 대부분 "1886년 탄광이 침수됐다"는 간략한 설명을 더하지만 조금 더 깊이 쇠락의 원인을 살펴볼 필요가 있다. 툼스톤에는 기차가 지나가지 않는다. 그래서 광석을 채굴하면 당나귀가 *끄는* 마차를 이용해 샌페드로 강을 따라 조성된 제련소가 위치한 컨세션시티, 페어뱅크, 밀빌, 찰스턴 등으로 이동시켰다. 생산 단가를 낮추려면 철도를 통과하는 게 필수적이라서 철도 건립을 위한 노력은 1880년부터 시작됐다. 북서쪽으로 14km 떨어져 있는 페어뱅크에 철도가 통과한 해는 1882년이다. 철도가 건설되자 페어뱅크는 툼스톤에서 가장 가까운 거리에 위치한 도시일 뿐 아니라 중요한 역으로 자리 잡게 됐다.[47] 툼스톤에 철도가 연결된 해는 1903년 4월이고 1959년 폐쇄됐다.[48]

은광산 부침 이야기

툼스톤 인근에 개발된 광산들은 대부분 구조적인 문제를 갖고 있었다. 바로 침수 문제다. 툼스톤은 치와와 사막에 있어 지하수면이 깊지 않다. 광맥을 찾아 갱도가 점점 깊어지면서 어느 깊이에 이르면 그 지점부터 갱도에 지하수가 흘러 들어오게 된다. 지하수면 아래 있는 은이나 금광맥이 화학 반응을 하게 되면 은이나 금의 가치를 떨어뜨리게 된다. 따라서 펌프로 신속히 고인 물을 퍼내야 한다. 펌프를 설치해서 지하수를 퍼내는 일은 난해한 과제였다.

갱도 침수 문제는 1881년 3월부터 한 광산에서 시작되는데, 그랜드센트럴광산 같은 지역의 대표 광산도 예외가 아니었다. 1882년 3월, 190m까지 물이 차오른다. 1883년 5월, 3대 광산 가운데 하나인 그랜드센트럴광산이 침수 문제로 작동을 일시 중지한다. 이 문제를 해결하려고 회사는 하루에 50만 갤런을 퍼낼 수 있는 대규모 펌프를 설치하는 데 문제는 투자비였다. 그랜드센트럴광산회사는 1885년 7월에 20만 달러를 투자해 펌프를 설치하고 가동한다. 컨세션광산도 1883년 12월부터 펌프를 가동한다.

이 같은 거액의 투자는 생산비를 증가시키는 부작용을 낳는다. 엎친 데 덮친 격으로 은 가격은 하향세를 그리게 된다. 1883년 무렵부터 툼스톤의 광산회사들은 주주들에게 배당금을 제공할 수 없을 정도로 재정 압박을 받는다. 광산회사들은 재정난을 타개하는 목적으로 광부들의 인건비를 하루 4달러에

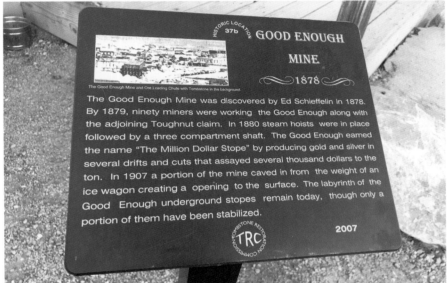

굿 이너프 광산

서 3달러로 낮출 것을 추진한다. 이 과정에서 광원노조와 경영진들의 충돌이 격화된다. 광산 노조원들의 반발이 심해지자 포트 후아추카의 군인들이 툼스톤에 파견되기도 했다. 결국 광부노조는 1884년 9월, 3달러 임금 삭감안을 받아들인다. 25%나 임금을 깎을 정도로 경영 상황이 심각했다. 불운은 함께 온다는 옛말처럼 광부들이 예금과 인출을 자주 하는 허드슨뱅크가 1884년 5월 10일 파산하고 만다. 파산 원인도 툼스톤의 영업 부진이 큰 부분을 차지했다.

툼스톤의 쇠락을 연구한 에릭 L. 클레먼츠(Eric L. Clements)는 다음과 같이 주장한다.

쟁의 발생과 침수 문제로 툼스톤 지역 내 총생산은 1882년 500만 달러에서 1884년 150만 달러로 감소하게 된다.[49]

이후 전혀 예상치 못한 사건이 발생한다. 지역을 대표하는 회사인 그랜드 센트럴은 화재 사건으로 채굴 기계와 배수용 펌프가 전소되는 불운을 겪는다. 20만 달러의 손실을 커버할 수 있는 보험 배상금은 6만 5,000달러에 불과했다. 재정이 악화되는 상황에 당한 사건이었다. 여기에다 은 가격의 추락도 툼스톤 지역의 광산회사들을 궁지로 몰아넣었다. 1890년 툼스톤 지역의 은광산은 대부분 침수되고 만다. 수천 명이 툼스톤을 앞다퉈 떠나게 된다. 어떤 사람은 마차 표를 사려고 비싸게 구입했던 명품을 단돈 몇 푼에 팔아야 할 정도였다. 1900년 툼스톤 인구는 700명까지 떨어진다.

1900년 툼스톤광산회사는 재기하려고 심혈을 기울인다. 200만 갤런의 물을 뽑아 올릴 수 있는 펌프를 설치하고 물에 잠긴 은을 채굴하는 데 나서지만 은 가격은 온스당 50센트까지 곤두박질친다.[50] 툼스톤 일원의 광산들은 채산성을 잃은 것이다. 이렇게 툼스톤은 잊힌 마을이 됐다.[51]

툼스톤은 시간이 19세기 초 서부 개척 시대에 멈춘 듯한, 작고 아늑한 마을이다. 잠시 어슬렁거리면 다 둘러볼 수 있는 규모다. 중심 거리는 알렌 스트리트(Allen Street)다. 알렌 스트리트를 따라 양쪽으로 들어선 서부 시대의 건물들을 보노라면 "어쩌면 옛 모습을 그대로 유지할 수 있었을까?"라는 감탄사가 절로 나온다. 애리조나 여행에서 서부 시대 거리 모습을 원형에 가깝게 가장 잘 보존하고 있는 거리다. 마을이 짧은 기간 번영하다가 급속히 추락해 원형 유지가 가능했을 것이다. 만약 발전했더라면 이런 원형을 유지할 수 있었을까? 찬찬히 가슴에 담듯이 하나하나 새겨가면서 둘러보는 즐거움을 놓치지 않아야 할 것이다. 중요 건물이 담고 있는 안내판 설명도.

같은 규모의 다른 마을에 비해 유독 알렌 스트리트의 폭이 넓다. 6차선 정도는 되지 않을까 싶다. 특별한 점은 포장되지 않은 점이다. 양 옆으로 즐비한 건물은 인위적으로 만들어진 거리가 아니라 19세기 툼스톤이 영광의 시간을

알렌 스트리트

누릴 때 모습 그대로다. 방문객들은 오래전의 오리지널 서부 시대로 잠시 돌아가볼 수 있다. 툼스톤의 매력은 '어센틱(authentic)'이란 한 단어로 표현할 수 있다. 서부 시대의 오리지널한 느낌과 그것이 가져다주는 향수를 맛볼 수 있다.

시내에서 눈여겨볼 만한 것으로는 알렌 스트리트에서 동쪽으로 한 블록 떨어진 곳에 '툼스톤광산회사'라는 유적지가 있다. 툼스톤이 시작된 곳이다. 툼스톤의 설립자인 에드 시펠린이 1878년 처음 발견해 점유권을 신청한 굿 이너프 광산과 이어지는 곳이 터프 너트 광산이다. 갱도 안을 깊숙이 들어가면서 은을 캤던 당시 광부들의 삶을 체험할 수 있다. 툼스톤의 설립자 형제인 앨버트가 은광산으로 벌어들인 돈으로 1881년에 건립한 오페라하우스이자 공연장, 회의장인 시펠린 홀(Schiefflin Hall)이 있다. 1881년 문을 연 버드 극장(Bird Theatre Hall), 1882년 설립된 시티 홀(City Hall), 1880년 설립된 신문사 툼스톤 에피타프(Tombstone Epitaph), 1880년 문을 열었으며 보안관 동생 모건 어프가 총격을 받고 사망한 캠벨 앤 해치 살룬(Campbell and Hatch Saloon)을 살펴볼 필요가 있다.[52]

돈이 몰리는 곳이라면 별별 사람들이 다 몰려들게 마련이다. 투기꾼, 소도

둑, 밀수업자, 노름꾼 등이 툼스톤을 배경으로 격돌하는데 19세기 초 정의와 부정의, 악과 선의 대결 실화를 바탕으로 극화한 인기 영화가 〈오케이 목장의 결투〉(1957)다.[53]

〈오케이 목장의 결투〉

툼스톤은 〈오케이 목장의 결투〉 주인공들의 활동 무대가 됐던 곳이다. 툼스톤의 보안관은 어프 형제 가운데서 연장자인 버질 어프(Virgil Earp, 1843~1905)다. 무법자들이 난무하던 시절 멕시코인들의 소를 훔쳐 미국 내에 판매하는 갱단들이 많았는데, 이 가운데 한 무리가 오케이 목장을 근거로 활동하는 클랜턴 갱단이다. 심지어 이들은 연방 군대의 당나귀까지 훔쳐 자기 소유로 만드는데, 보안관의 원상복구 명령에 응하지 않는다. 결국 버질 어프 보안관의 형제 2명(와이어트, 모건)과 친구 존 헨리 '닥' 할리데이가 목장을 찾아가서 악당 5인, 즉 아이크 클랜튼, 빌리 클랜튼, 프랭크 맥레이, 톰 맥레이, 빌 크래보네와 총격전을 벌이는 사건이 오케이 목장의 결투다.

악당 5인 가운데 3인이 죽임을 당하고 2인은 도망가는 데 성공한다. 1881년 10월 26일 오후 2시에 총격전이 벌어진 곳은 툼스톤의 남서쪽 14.4km 거리에 있던 오케이 목장이다. 이 장소는 툼스톤과 찰스턴 중간에 있다. 툼스톤의 알렌 스트리트에 있는 오케이 목장은 원래 목장이 아니라 당시 결투가 벌어진 곳을 복제해놓은 것이다.

이후에 살아남은 악당들과 지인들은 어프 형제들에게 보복을 개시한다. 장남인 보안관 버질 어프는 총격을 당해 신체를 크게 다치고, 막내 모건 어프(Morgan Earp, 1851~1882)는 시내 살롱에서 총격으로 사망하게 된다. 형을 대신해 보안관이 된 와이어트 어프(Wyatt Earp, 1848~1929)는 법이 총격을 가한 자들을 처벌해줄 것으로 기대했지만 가능하지 않다는 사실을 깨우치게 된다. 그러자 스스로 사적인 보복을 결심하고 단 2주 안에 자신이 조직한 민병대원들과 용의자 4명인 프랭크 스틸웰, 커리 빌, 인디언 찰리, 조니 바네스를 차례차례 총

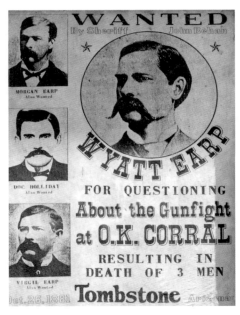

전설적인 보안관 와이어트 어프

살한다. 용의자 가운데 프랭크 스틸웰은 1882년 3월 20일 투손역에서 저격당하고 만다. 투손역에는 이를 기념해 와이어트 어프가 프랭크 스틸웰을 총격하는 상황을 설명한 안내판이 서 있다. 안내판 곁에는 장총을 든 와이어트 어프와 동료 존 닥 할리데이의 동상도 있다.

여기서도 우리는 중요한 삶의 진실 가운데 하나를 확인할 수 있다. 어떻게 활동해왔는지도 중요하지만 활자로 된 기록을 어떻게 남길 수 있는지도 대단히 중요하다. 와이어트 어프가 악에 맞서 정의를 구현하는 서부의 보안관이자 총잡이로 각인될 수 있었던 이유는 무엇일까? 기록을 제대로 남겼기 때문이다. 누구든 열심히 살아야 하지만, 어떻게 자신의 활동이 기록될지도 신경 써야 한다. 작가 스튜어트 N. 레이크(Stuart N. Lake)가 그의 삶을 극화해 쓴 《와이어트 어프: 프런티어 마셜》(1931)이 대단한 인기를 끌었다. 누군가 어떻게 살아왔는가도 중요하지만 누가 어떻게 기록으로 남기는가 역시 얼마나 중요한지 말해주는 대목이다. 작가는 필력과 상상력을 동원해 와이어트 어프를 서부의 슈퍼맨, 보안관의 상징, 악을 응징하는 정의의 사도로 만들어냈다.

한편 영화 〈오케이 목장의 결투〉의 시작과 끝 장면에 툼스톤 마을 입구의 언덕이 스치듯 나온다. 총잡이들이 죽은 다음 묻히는 부트 힐 묘지(Boot Hill Graveyard)다. 대개의 여행객들은 '여기까지 와서 이걸 보지 않고 가서야 되겠나'라는 생각에 입장료를 지불하고 들어간다. 250여 명이 묻혀 있는데 총격으로 사망한 사람들이 대다수다. 법보다 총이 앞섰던 시대 상황을 묘지에 누운

부트 힐 묘지

사람들을 둘러보면서도 확인하게 된다. 이 가운데 〈오케이 목장의 결투〉에서 죽은 빌리 클랜튼, 프랭크 맥레이, 톰 맥레이의 묘는 '1881년 10월 26일 죽임을 당했다'는 푯말과 함께 나란히 묻혀 있다. 묘지에 서면 저 멀리 광활한 평원과 산이 한눈에 들어온다. 이 마을이 언덕 위에 있음을 다시 확인해주는 시원한 풍경이다.

미국 국립공원 및 국가기념물 이용법

이즈음에서 미국의 국립공원과 국가기념물을 이용하는 방법에 관해 몇 가지 팁을 정리하고 다음 행선지로 떠나보자.

이제까지의 팁이 필수였다면 지금 이야기하는 것은 선택 사항이지만, 경험

- 어떤 곳을 가더라도 방문자센터(Vistor Center)에서 시작한다. 구글 맵에 공원 이름과 방문자센터를 입력하면 정확하게 여러분을 목적지로 인도할 것이다.
- 국립공원과 대부분의 국가기념물은 입장료를 요구한다. 방문지마다 매번 요금을 지불하는 일이 번거로우니 80달러 상당을 지불하고 연간 이용권(Annual Pass)을 구입해서 쓰는 게 좋다.[54]
- 시간이 되면 15분 내외로 상영되는 소개 영상을 보는 것도 도움이 된다. 짧은 시간 안에 공원의 전체 모습과 특장점을 파악하는 데 도움이 될 것이다.
- 방문지마다 이용권을 보여주면 지도 겸 정보를 담은 안내 자료를 받는다. 이 자료는 짧은 시간 동안 어디서부터 무엇을 봐야 하는지 정보를 제공한다. 대형 핸드폰보다 조금 큰 사이즈라서 휴대하기도 간편하지만 귀한 정보를 담고 있다.

이 가르쳐주는 지혜다. 국립공원 여행에 오른다면 첫 번째 국립공원의 방문센터에서 《패스포트(The Passport)》라 불리는 미국 전역의 국립공원과 국가기념물 사진, 정보를 담은 책과 노트를 겸한 것을 구입해서 쓰는 것이 좋다.[55] 방문지마다 공원 명칭과 방문 연도, 날짜를 표시하는 스탬프를 찍을 수 있다. 3달러 상당의 스티커를 구입해서 붙일 수도 있다. 스티커는 방문지의 기념비적 사진을 주로 담고 있다. 방문하는 장소가 늘어나면 늘어날수록 패스포트를 구입해서 쓰는 게 얼마나 소중한지 체험하게 될 것이다. 여유가 있다면 대학 노트 크기와 작은 수첩 크기 2가지를 구입해서 쓰면 기쁨이 배가될 것이다. 여행을 더욱더 의미 있고 소중하게 만드는 작은 사치다.

05

비스비:
노천 구리광산의 현장

툼스톤에서 남쪽 37km 지점에 위치한 도시가 구리광산으로 유명세를 날렸던 비스비다. 애리조나 80번 도로를 타고 달리다 보면 비스비에 다가서는 일이 과거에는 만만치 않았음을 알 수 있다. 해발고 최고 2,300m의 뮬산맥(Mule Mountains)이 북쪽에서 비스비에 접근하는 데 무척 큰 장애물이다. 남북으로 길이 34km와 넓이 53km의 뮬산맥 중심에 고도 1,600m의 '마일시티'로 불리는 비스비가 있다. 여기서 마일시티는 고도가 1마일임을 뜻한다.

뉴멕시코와 접하는 애리조나의 남동쪽 부분은 유난히 산맥들이 많다. 뮬산맥, 드래곤산맥, 리콘산맥, 휏스톤산맥, 파타고니아를 비롯해 27개의 산맥이 자리를 차지하고 있어 미국의 남서부 지역은 '스카이 아일랜드'라 부른다.[56] 산맥과 산맥이 접하는 고도가 낮은 지역에는 사막과 밸리가 형성돼 있으며 사막 덤불(관목), 초원, 오크 삼림들이 자리 잡고 있다. 복잡한 생태계의 보고로도 널리 알려져 있다. 고도가 높은 지역은 애리조나의 더운 여름을 피할 수 있다. 상대적으로 더위가 덜할 뿐 아니라 겨울에는 혹독한 추위가 없고 눈도 많이 내리지 않는다.

올드 스패니시 트레일 자동차도로

비스비에 접근하기 전에 애리조나 고속도로에서 가장 긴 터널을 만나게 되는데, 1958년 완공된 뮬 패스 터널(Mule Pass Tunnel)이다. 터널을 벗어나자마자 비스비를 알리는 안내판이 여러분을 기다리고 있을 것이다. 어떤 길을 달릴 때 그냥 기계적으로 운전할 수 있지만, 길의 역사적 의미를 생각해볼 수 있다. 여러분이 달리는 길에는 오랜 역사가 겹겹이 쌓여 있다.

US 80 하이웨이, 벤슨 → 툼스톤 → 비스비 → 더글러스는 특별한 길이다. 이 도로는 플로리다의 세인트오거스틴에서 출발해 과거의 스페인 제국의 식민 도시들을 연결하며 캘리포니아의 샌디에이고에 이르는 올드 스패니시 트레일 자동차도로(Old Spanish Trail Auto Trail)의 애리조나 구역에 해당한다.[57] 미국 남부를 관통해 대서양 연안 도시와 태평양 연안 도시를 연결하는 도로인 것이다. 마치 역사적 길인 루트 66이 중부를 관통해 미국의 동서를 잇듯이 올드 스패니시 트레일 자동차도로는 미 대륙의 남동부와 남서부를 잇는 역사적·문화적 가치를 지닌 도로다. 올드 스패니시 트레일의 애리조나 구역은 유마 → 피닉스 → 플로렌스 → 투손 → 더글러스로 이어진다.

애리조나 주정부는 그 가치를 인정해 히스토릭 애리조나 US 루트로 지정했다.[58] 이 도로를 따라 문화적으로나 역사적으로 의미 있는 자원이 많다는 판단 때문이다. 그런데 여기서 올드 스패니시 트레일 자동차도로와 올드 스패니시 트레일(Old Spanish Trail)을 구분할 수 있어야 한다. 후자는 교역로다. 이 길은 뉴멕시코주 산타페와 캘리포니아주 로스앤젤레스를 연결한다. 통과하는 주만 뉴멕시코, 콜로라도, 유타, 애리조나 북부, 네바다 남부, 캘리포니아다.[59] 이 도로는 멕

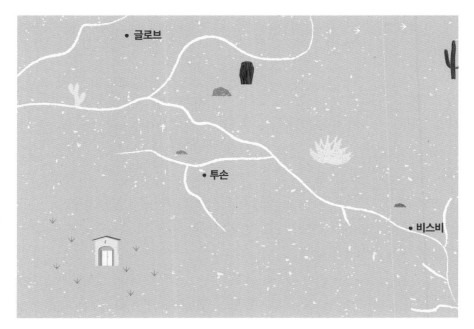

투손, 비스비, 글로브

시코가 스페인으로부터 독립을 얻은 1821년 이후에 미국의 동부와 서부 준주 사이에 교역이 활발하게 이뤄졌던 2,700마일 이상에 이르는 무역로다.

캐슬 록

비스비는 놀라운 프런티어 정신과 기업가 정신으로 탄생하게 된 도시다. 포트 보위 소속의 정찰대가 아파치족을 쫓는 과정에서 탄생했다. 수질에 만족하지 못한 지휘관이 존 루커 소위로 하여금 병사 15명과 함께 양질의 물을 확보하라는 명령을 내린다. 1877년 일이다.[60] 그해 가을 소위는 우물을 발견했을 뿐 아니라 우물 주위에서 구리, 납, 은 등의 매장 가능성을 확인한다. 우물 발견 당시 상황을 설명한 내용이다.

캐슬 록의 바닥에 있는 우물은 아파치 인디언도 써왔다. 이 우물에 머무는 동안 존 루커 소위와 민간 탐사자인 잭 던은 언덕 쪽에서 희미한 초록색 얼룩을 발견했다. 납이나 구리 어쩌면 은의 존재를 뜻한다.

그 장소는 툼스톤캐니언으로 들어가는 입구에 있는 캐슬 록(Castle Rock)으로 알려진 곳이다. 지금은 비스비 시내에 있어 쉽게 찾을 수 있다. 비스비 방문자센터에서 메인 도로를 따라 고갯길을 올라가다 보면 0.6km 거리에 있다. 1895년에 세워진 유서 깊은 캐슬 록 인(The Inn at Castle Rock)의 2차선 길 건너편, 마치 적으로부터 성곽 내 사람들을 보호하는 성채처럼 캐슬 록이 우뚝 서 있다. 베란다에 마련된 소파에 편안하게 앉아서 캐슬 록을 올려다볼 수 있도록 호텔 구조가 설계돼 있다. 캐슬 록 인은 잭 던이 발견한 아파치 스프링 우물(Apache Spring Well) 자리에 건축한 호텔이다. 지금도 투숙객들은 호텔 내부에 잘 관리되고 있는 꽤 깊은 우물을 관람할 수 있다.[61] 시내를 둘러보는 길에 빨간색 외관의 호텔은 금세 눈에 들어온다. 비스비 탄생의 역사적 장소이니 눈여겨볼 만하다.

그들은 새로운 곳으로 이동하라는 명령을 받아 스스로 광업권 신청 절차를 밟을 수 없었다. 그래서 평소 친분이 있었던 광맥 탐사자인 조지 워렌(George Warren, 1835~1893)으로 하여금 추가 조사를 해서 광업권을 신청하라고 요청한다. 이렇게 해서 조지 워렌의 이름으로 1877년과 1878년 여러 장소의 광업권이 신청된다. 그가 신청한 광업권 가운데 하나가 훗날 크게 성공한 퀸구리광산(Copper Queen Mine)이다. 후세 사람들은 그를 두고 '퀸구리광산의 발견자'라고 부른다.

조지 워렌은 큰돈을 벌 기회가 있었지만 퀸구리광산에서 자신의 몫이던 지분 9분의 1을 만취 상태에서 내기에 걸었다가 모두 잃었다. 그가 내기를 걸었던 곳은 유흥지로 흥청거렸던 찰스턴이다. 조지 워렌은 무일푼으로 죽었고 오랫동안 잊힌 사람이 됐다.

하지만 뜻있는 사람들의 노력으로 1914년 나은 장소로 이장되면서 제대로 된 묘비에 안장됐다. 큰돈을 벌지는 못했지만 그는 지금도 영원한 생명과 비슷한 지위를 얻게 됐다. 애리조나의 상징에는 '주께서 풍요케 하시리라(Ditat Deus)'라는 글귀와 함께 삽과 곡괭이를 쥐고 서 있는 젊은 날의 조지 워렌의 모습이 실려 있다. 1880년 개척지를 돌면서 사진을 찍던 C. S. 플라이가 조지 워렌의 모습을 카메라에 담아둔 덕분에 가능한 일이었다. 큰돈을 손에 넣지는 못했지만 애리조나주의 문장에 실리게 되는 행운의 주인공이 된다.

제임스 더글러스, 기회를 잡은 인물

사람들이 이익에 얼마나 민첩한지 알려면 비스비의 성장사를 보면 된다. 조지 워렌이 광업권을 신청하고 나서 이듬해가 되면 뮬산맥에만 200개가 넘는 광업권이 신청된다. 이처럼 돈이 되는 곳에는 사람들이 몰려들게 돼 있다. 동서고금을 통해 이는 진실 중에도 진실이다. 1880년 채굴 캠프가 설치되는데, 비스비란 도시 이름도 퀸구리광산에 투자한 드위트 비스비(DeWitt Bisbee)의 이름을 딴 것이다.

미국의 역사는 투자와 투기의 역사로 촘촘히 짠 천과 같다. 실패의 가능성이 엄존하는데도 자본을 가진 사람들이 과감하게 미래의 가능성에 베팅하는 사례들이 숱하게 관찰된다. 이런 사례 가운데 하나가 비스비라는 도시가 구리 광산으로 성장하는 과정이다. 비스비에서 구리 광맥이 발견됐다는 소문은 인근 지역으로 퍼져나간다. 툼스톤에서 기회를 찾으려고 노력하던 투자자들은 1879년 후반부터 1880년 초반 비스비로 서둘러 몰려든다. 이 가운데 한 사람이 광산 벤처 기업가인 에드 레일리(Ed Reilly)다. 그는 퀸구리광산의 가능성을 확신했지만 수중에 충분한 돈이 없었다. 투손의 상인이던 루이스 제켄도르프와 앨버트 스타인펠드가 그에게 1만 6,000달러를 빌려준다.

1880년 4월 초, 에드 레일리는 1만 5,000달러로 퀸구리광산을 매입할 수 있는 권리를 구입한다. 여기서 우리는 에드 레일리의 행동에 주목하게 된다. "자기 돈 한 푼 없이 어떻게 사업을 하는가!"라는 놀라움을 금할 수 없을 것이다. 그러나 이론적으로 기업가는 가진 돈이 없더라도 기회를 찾아낸 다음 얼마든지 타인의 돈으로 사업을 할 수 있는 사람들이다. 물론 타인 자본에 지나치게 의존하는 데 대한 비판도 있겠지만. 기업가 정신에 정통한 이스라엘 M. 커즈너 전 뉴욕대학 교수는 "소유권과 기업가 정신은 완전히 별개의 기능으로 간주돼야 한다"고 말한다.[62] 그에게 기업가 정신의 핵심은 이윤 기회를 찾아내는 것이다. 그에 의하면 이윤 기회는 "아무것도 없이 얻을 수 있는 어떤 것을 발견하는 것을 뜻한다"고 주장한다. 그에게 순수 기업가는 다음과 같은 사람인데 여기에 꼭 들어맞는 사례가 남의 돈을 빌려서 퀸구리광산 구매 옵션을 사는 에드 레일리다. 커즈너 교수의 기업가와 기업가 정신의 본질은 이렇다.

> 순수 기업가는 낮은 가격으로 사서 높은 가격으로 팔 수 있는 상황을 발견하고 이용하는 기민성에 의해 행동한다. 순수 기업가의 이윤은 이 2가지 가격 간의 차이다. 그것은 기업가가 보다 높은 가치를 부여하는 것과 보다 낮은 가치를 부여하는 것을 교환함으로써 생기는 게 아니다. 그것은 판매자의 요구보다 더 많이 지불하려는 구매자를 발견함으로써 발생하는 것이다.

에드 레일리는 서둘러 구리광산에 투자할 사람을 찾으려고 샌프란시스코를 방문한다. 여기서 두 회사의 오너를 설득해 협력 의사를 얻어낸다. 한 회사는 광석에서 금속을 골라내는 야금에 전문성뿐 아니라 광산 개발 경험과 지식을 갖춘 비스비와 윌리엄회사다. 그들이 운영하던 정확한 회사 명칭은 비스비-윌리엄개발회사다. 다른 회사는 제련소 건설과 철도 건설에 경험과 지식이 있는 건설회사인 마틴(William H. Martin)과 발라드(John Ballard) 회사다.[63] 존 윌리엄(John William)과 아들들인 루이스, 벤저민, 존 2세는 노던미시간, 서부에서 구리제련소 건설 경험이 풍부했다. 마침내 1880년 5월 12일, 마틴과 발라드는 2만 달러 투자를 약속함과 아울러 일정 지분을 보유한다.

드위트 비스비는 8만 달러를 투자하고 일정 지분을 갖게 됐으며, 에드 레일리와 투손 상인인 제켄도르프가 나머지 지분을 갖게 된다. 여기서 비스비라는 도시 명칭이 붙은 드위트 비스비가 가장 큰 투자를 한 투자가임을 확인할 수

비스비 전경

있다. 이렇게 기업가는 서로가 갖고 있는 자원을 엮어서 기대하는 성과를 만들어내는 사람들이다. 윌리엄의 아들을 고용하고, 퀸구리광산은 생산을 시작하면서 제련소를 만든다.[64] 퀸구리광산에서 채굴되는 암석은 초기 채수율이 무려 23%나 될 정도로 수익성이 좋았다.[65] 지금은 0.4%가 넘으면 채산성이 있는 것으로 판단한다. 제련소를 지금의 비스비 시내에 짓고 추가로 더 짓는다.

그들만 기회를 잡았던 것은 아니다. 후발자들 가운데 선발자들의 움직임을 보고 민첩하게 나서는 기업가들이 있었다. 1881년 펠프스다지무역회사(펠프스다지회사)와 그 밖의 몇몇 회사를 위해 일하던 광산 전문가이자 투자자 제임스 더글러스(James Douglas, 1837~1918)가 비스비에 도착했다.[66] 훗날 그는 '비스비 광산 가동의 아버지'라 불리게 된다.

제임스 더글러스가 이곳을 찾은 이유는 투자할 만한 광업권을 찾기 위함이

버려진 구리광산

다. 퀸 광업권 바로 위에 있는 애틀랜타 광업권의 위험도 크지만 가능성도 높다고 판단했다. 곧바로 펠프스다지에게 광업권 인수를 강하게 조언한다. 여기서 흥미로운 의사 결정을 목격할 수 있다. 제임스 더글러스는 조언의 대가로 일정한 컨설팅 비용을 받을 것인지 아니면 10%의 지분을 받을 것인지 결정해야 했다. 그는 10% 지분을 가짐으로써 죽음을 맞았던 1918년 무려 1,800만 달러의 유산을 남겼다. 펠프스다지회사는 애틀랜타 광업권을 구입한 다음 당시로서는 거액인 7만 6,000달러(현재 기준 194만 달러)를 투입해서 광맥을 개발하는 데 나선다. 몇 년 동안 고전했지만 마침내 성공한다. 1885년 퀸구리광산까지 합병해 당시 세계에서 가장 큰 광산 가운데 하나인 퀸구리광산합병회사를 출범시킨다.

1890년까지 비스비의 나무들이 제련소를 유지하기 위한 목적으로 벌목된다. 1902년 비스비는 자치 기구를 정비하게 되는데, 1909년 인구는 벌써

9,000명을 넘어선다. 1900년 무렵 비스비의 위상은 하늘을 찌를 정도였다. 비스비 인구는 비스비와 주변의 작은 마을들을 포함해 2만 명에 다가섬으로써 세인트루이스와 샌프란시스코 사이에 가장 큰 도시로 자리 잡게 된다. 1900년 초반 비스비는 최고의 성과를 올리는 데 성공했고 당시 시내에서 영업 중인 술집만 하더라도 45개 이상이었다. 유흥의 관점에서 보면 엘패소와 샌프란시스코 가운데 위치한 뜨거운 장소의 하나로 꼽혔다. 그만큼 돈이 흔했다는 이야기다.

초기에 채굴된 광석은 당나귀로 이동해 생산비용을 증가시키는 데 큰 몫을 했다. 초기 광산업에서 중요한 지출은 운반비였다. 비스비의 사업가들은 사업 초기부터 철도 노선을 개설하려고 노력했다. 1880년에는 벤슨, 1882년에는 페어뱅크에 기차가 연결된다. 비스비에서 페어뱅크가 훨씬 가까워 비스비의 구리 생산에 들어가는 총비용을 낮추게 된다. 이때까지만 하더라도 비스비의 구리 생산에 드는 물건이나 생활용품들은 기차로 페어뱅크에 도착한 다음 마차를 이용해서 비스비로 옮겼다.

1889년 2월, 비스비에 열차가 연결된 것은 대단한 사건이었다. 투손에 기차가 연결되고 나서 9년만의 일이다. 비스비와 페어뱅크가 연결된 것이다. 1902년 펠프스다지의 자회사인 퀸구리회사를 소유하고 있던 제임스 더글러스 박사는 자신이 가진 자원을 비스비와 엘패소를 연결하는 데 투자하기로 한다. 결과적으로 비스비는 텍사스주 엘패소가 직접 연결되는 철도 노선을 갖게 된다. 생산비용을 낮추는 일은 물론이고 외부 세계로의 원활한 이동이 가능하게 됐다.

퀸구리광산 투어

툼스톤 방향에서 비스비에 접근하게 되면 구시가지는 왼쪽에 있고 퀸구리광산의 생산 현장은 오른쪽에 있다. 가장 먼저 방문해야 할 장소는 영광의 시대를 이끌었고 지켜봤던 퀸구리광산의 방문자센터 즉, Queen Mine Tours Visitor Center를 방문하면 된다. 지금은 퀸구리광산 투어가 시작되는 곳으로 널리 알려져 있다.

퀸구리광산 방문자센터

　과거에 광부들이 작업을 위해 머물던 대기실과 각종 사무실이 있던 건물을 개조해서 지하 갱도를 둘러보는 관광을 할 수 있다.[67] 입장권을 산 사람들은 시간대에 맞춰서 놀이공원의 트롤리 같은 것을 타고 지하 1,500피트(457m)로 내려가서 가이드의 설명을 듣고 체험을 할 수 있다. 1시간 정도 광부의 입장이 돼볼 수 있다. 트롤리를 사용해 다른 광산 체험에 비해 걷는 거리가 짧다. 갱도가 시작되는 문에 'QUEEN 1915'라는 빛바랜 명패가 달려 있다. 종이 울리고 문이 열리면서 트롤리가 컴컴한 갱도로 빨려 들어가듯이 이동하면서 지하 갱도 여행이 시작된다.

　지하 갱도 체험을 하지 않더라도 방문자센터를 방문해볼 만큼 충분한 가치가 있다. 지금은 매표소와 기념품점 등으로 구성돼 있지만 건물 내부에는 비스비와 부근에 관한 각종 안내 자료, 당시에 썼던 각종 채굴용 도구들이나 시설들, 광원 대기실 모습 등이 옛 모습 그대로 있다. 사람들이 주목하지 않는 곳은 퀸구리광산에서 채굴됐던 아름다운 광물들이 전시된 공간이다. 제임스 더글러스 박사는 퀸구리광산에서 채굴된 광물 가운데 귀한 것을 모아두었는데 사후에 가족들은 이를 스미소니언박물관에 기증했다. 이처럼 기부된 광물들에 비할 바는 아니지만 다양한 광물을 전시해놓았고 판매하고 있다.[68]

비스비에서 구리를 생산하는 과정에서 부산물로 거두는 귀한 광물은 청록색이 영롱한 비스비 블루(Bisbee Blue)라는 터키석(Turquois)이다. 그 어떤 광산에서 채굴된 것보다 아름답다.

그 밖에 이말라카이트와 아주라이트도 널리 알려져 있다. 말라카이트(Malchite), 일명 공작석(孔雀石)은 짙은 푸른색이 마치 명암이 엇갈리듯 다양한 색의 조화를 이루는 점에서 놀라움과 감동을 경험했다. 구리가 포함된 암석이 푸른빛이나 붉은색으로 산화된다는 사실을 알고 있었지만, 현란한 색을 만들어낼 수 있다는 사실을 새삼 배울 수 있었다.

석회암이 분포하는 지역의 구리광산에서 발견되는 아주라이트(Azurite)는 일명 남동석(藍銅石)으로 불린다. 아주라이트는 청색이나 남청색을 띠는 것으로 알려져 있다.

하지만 아주라이트가 주를 이루면서 말라카이트가 더해질 때(Azurite with Malachite) 짙은 청색이나 보라색, 보라색에 뿌려진 듯한 연두색, 보라색과 푸른색과 붉은색의 조화 등으로 종잡을 수 없는 색을 빚어낸다. 말라카이트가 아주라이트와 대등한 비중을 차지할 때(Malachite and Azurite) 푸른색과 짙은 청색은 뚜렷이 구분되는 색을 만들어낸다. 탄산칼슘으로 이뤄진 캘사이트(Calcite)가 중심이 돼 말라카이트를 만났을 때(Calcite, Malachite) 흰색과 아이보리색 외에 일체의 다른 색이 들어설 여지를 주지 않는 점도 신기했다.

광물이 만들어내는 색상과 모양, 선호에 따라 수십 달러에서 수백 달러에 판매되고 있었다. 여행이 주는 가치는 뜻하지 않은 곳에서 뜻하지 않은 정보와 경험을 얻을 수 있다는 점이다. 퀸구리광산 투어 매표소를 어슬렁거리다 보면 광물에 관해 더 깊은 이해를 할 수 있을 것이다.

올드 비스비 역사지구

퀸구리광산 투어를 마치고 구시가지인 올드 비스비 역사지구(Old Bisbee Historic District)로 가려면 길을 건너야 한다. 비스비의 구시가지는 오른쪽으로는 80번 도로를 두고 왼쪽으로는 산허리에 집들이 있다. 마을은 크지 않다. 평지에 건설된 서부의 다른 마을과 구별되는 독특한 면이 있다. 약간의 배경 지식을 갖고 좁은 거리를 따라서 올망졸망 앉아 있는 역사적 건물을 감상하는 것은 그 자체로 괜찮은 선택이다.

비스비의 여행은 자동차를 주차한 다음 걸어서 이곳저곳을 보는 게 좋다. 몇 시간 정도를 투자한다고 생각하면 된다. 방문객 주차장이 여러 곳에 있지만 구시가지에 진입해서 왼편 우체국 앞에 있는 큼직한 주차장에 차를 대고 비스비 탐구 여행에 들어가보자. 앞에서 살펴봤던 퀸구리광산 투어 장소가 방문자 센터를 겸하니 시내 지도를 구해둘 필요가 있다.

광산 도시는 나름의 특징이 있지만 유독 비스비는 토양이 붉다. 광산 개발이 왕성했던 구시가지에서 광산 작업이 중단된 지 오래됐지만 비스비를 둘러싼 산들은 큰 나무가 드물고 토양이 붉은색을 띠는 게 사람들에게 강인한 인상을 남긴다. "주변 산들이 왜 붉을까?" 이 질문의 답은 간단하다. 구리, 철, 망간, 금속 원소가 공기 중의 산소와 결합하거나 전자를 잃는 것을 '산화'라 한다. 구리와 철, 망간 등은 산화된 상태에서 붉은색을 띤다.

중심지에 있는 비스비광산·역사박물관(Bisbee Mining & Historical Museum)을 방문한다. 이곳은 구리광산에서 하는 채굴 과정, 발달 과정, 각종 채굴 기구, 비스비의 발달사를 이해할 수 있도록 도와주는 내용들을 구비하고 있다. 비스비에서 채굴된 아름다운 광물들의 풍부한 컬렉션을 소장하고 있는 박물관이다. 세계적으로 200종 이상의 광물을 채굴할 수 있는 곳도 흔치 않지만 비스비 광산에서는 300종 이상의 광물을 생산해냈다. 다양성이라면 손에 꼽을 수 있는 컬렉션을 보유하고 있음을 알 수 있다. 박물관의 설명문에는 "광물의 다양성이 비스비를 여러 광산 지역 가운데서도 보석 같은 존재로 만든다"고 이야

코치스 카운티 코트하우스

기한다. 놓치지 말아야 할 부분은 박물관 건물이다. 비스비의 영광을 이끌었던 펠프스다지회사 본사가 1896년부터 1961년까지 있었던 곳이다. 1971년 국가지정역사명소로 지정됐다.

1931년 세워진 코치스 카운티 코트하우스와 아르데코 작품인 구리로 만든 정문도 볼 만하다.[69] 1905년부터 1906년에 걸쳐 세워진 3층짜리 쿠퍼 퀸 도서관(Copper Queen Library)에도 관심을 기울여보자. 애리조나주에 세워진 최초의 공공 도서관이며 아치 스타일로 만들어졌다. 현재 1층은 우체국으로, 2~3층은 도서관으로 쓰이고 있다. 그 밖에 1935년 세워진 구리 광부(Copper Miner, Iron Man sculpture) 기념 조각도 눈여겨봐야 한다. 1932년 건강 문제로 비스비로 이사해서 상업 예술가로 활동했던 레이먼드 필립 샌더슨(Raymond Philips Sanderson)이 예술가를 위한 공공사업의 일환으로 실시한 프로젝트를 수행한 결과물이다. 당시 그는 한 달에 30달러를 받았으며 작업 기간은 6개월이 걸렸다. 콘크리트 위에 구리를 부어서 만든 작품인데 아름다움, 땀, 단순함을 이용해 구리 광부들을 기념하려고 건립했다.

비스비의 좁은 거리를 천천히 오르내리면서 보는 다소 고전적인 건물들은 대부분 20세기 초 작품들일 것이다. 찬찬히 감상할 수 있는 시간을 누리기를 권한다. 시내 둘러보기를 끝내기 전에 아직 무명이지만 비스비를 중심으로 활동하는 작가가 있다. 밴 데일이다. 독특한 금속 재료를 이용해서 개인 집의 문과 펜스는 물론이고 공공장소에서 자신만의 독특한 작품 세계를 펼치고 있다. 지역에 정통한 블로그는 비스비에서 놓치지 않아야 할 것 가운데 두 번째가 그의 작품이라고 말한다.[70]

구리광산으로 명성을 누렸던 비스비는 광산이 폐쇄된 이후에 관광업으로 부활한 대표 도시로 손꼽힌다. 그럼에도 가구당 소득의 최빈값은 3만 달러 초반, 빈곤율은 28.4%로 경제 사정은 그다지 양호하지 않다.[71] 어떤 도시의 성장을 이끌었던 주력 사업이 기울고 나면 도시 재생 사업이 성과를 거두더라도 과거의 수준을 회복하기는 여간 힘든 일이 아니다. 이 같은 현상은 앞으로 살펴볼 제롬이나 글로브 등과 같은 광산업을 토대로 일어선 도시에서도 마찬가지다.

라벤더 노천 구리광산

비스비를 떠나 다음 행선지로 가는 길에 주목해야 하는 곳은 라벤더 노천 구리광산(Lavender Pit)이다. 구시가지를 벗어나서 US 80 하이웨이를 타고 남쪽 방향으로 향하자마자 거대한 노천광산이 오른편으로 펼쳐진다. 의미 있는 장소이지만 그 중요성을 충분히 인식하지 못하면 그냥 스쳐갈 수 있다.

비스비에서 노천광산 개발은 1차로 1917년에 시작됐고 2차로 1950년대에 계속되다가 1974년 막을 내린다. 60여 년 동안 구리광맥을 찾아 깊이 파고들어 가는 과정에서 나선형의 꼬불꼬불한 길이 만들어졌다. 대형 채굴 기구나 덤프 트럭 등과 같은 운반 기구들이 원활하게 움직일 수 있도록 넓고 깊게 파내려갔

라벤더 노천광산

다. 이곳의 크기는 1.2km²이고, 길이 1,524m, 폭 1,219m, 깊이 최대 259m의 거
대한 원형 구덩이다.[72] 인간이 만든 이 구덩이에서도 수만 수십만 년을 두고 쌓
여온 다양한 지층의 모습을 관찰할 수 있다.

　적색, 갈색, 푸른색, 회백색, 노란색, 아이보리색, 흰색 등이 어우러져서 각양
각색의 아름다움과 장엄함을 더해준다. 오른쪽으로 철망이 드리워진 노천광
산, '시닉 뷰(Scenic View)'라는 표시와 함께 비스비 소개 안내판이 등장하면 널
찍한 주차 공간에 차를 세우고 구경할 수 있다.[73] 라벤더 노천 구리광산의 구성,
형성 과정, 채굴 과정 등을 주제별로 나눠 상세하게 적어놓았다. 노천광산은 하
나인 것처럼 보이지만 지난 60년 동안 세 부분이 순차적으로 이뤄져왔음을 알
수 있다.

　거대한 구덩이는 세 부분으로 나눠져 있다. 새크라멘토 노천광산(1917~1929),

라벤더 노천광산(1950년대~1970년대), 홀브룩 익스텐션(1960년대 후반). 노천광산 앞에서 규모에 입을 다물 수 없지만, 깊이에 따라 형형색색의 지층으로 구성된 모습에 깊은 인상을 받는다. 다양한 색상이 생성된 이유를 이렇게 설명하고 있다.

비스비 주변에서는 300종 이상의 광물이 채굴되고 있습니다. 여러분은 지금 이 장소에서 노천광산에 드러난 색상의 일부를 확인할 수 있습니다. 적색은 산화된 황화 물질로 적색 표면 물질은 비스비 인근 지역에서 발견할 수 있습니다. 회색은 화강반암으로 약간의 구리를 포함하고 있습니다. 회색은 반암의 황철강에서 나옵니다. 황색은 모가 닳지 않고 그대로 퇴적된 암석인 각력암으로 이 암석은 화강암에 의해 둘러싸여 있습니다. 보라색 또는 라벤더는 라벤더 노천광산의 남쪽과 동쪽을 따라서 석회암이나 역암에는 구리가 포함되지 않기 때문에 폐기물 암석입니다.

노천광산의 생산성은 빠르게 증가해왔는데, 운반용 트럭은 1950년대만 하더라도 최대 35톤을 적재할 수 있는 디젤트럭을 사용했다. 디젤트럭 바퀴는 보통 트럭 바퀴와 비교할 수 없을 정도로 크기가 엄청나다. 기술이 발전하면서 65톤 트럭이 투입(1963~1964)됐다.

노천광산을 뒤로한 채 US 80 하이웨이를 타고 달리다 보면 갈림길에 서게 된다. 멕시코 국경을 접한 도시이자 비스비에서 남쪽 25마일 거리에 있는 더글러스(Douglas)까지 간 다음, 다시 US 80번을 따라서 북동쪽 방향으로 달리다가 뉴멕시코주로 넘어가는 방법이다. 이 길을 선택하면 마을 이름 자체가 궁금함을 자아내는 애리조나의 아파치마을과 뉴멕시코의 로데오마을을 만날 수 있다. 울창한 코로나도 국유림 사이로 달리는 80번 하이웨이상에 아파치족의 마지막 전사로 널리 알려진 제레니모가 항복한 제로니모 항복 기념비(Geronimo Surrender Monument)가 있다. 더글러스에서 북동쪽으로 50km에 있다. 그가 항복한 시점은 1886년 9월 4일이다. 흑갈색 돌로 쌓아올린 항복 기념비는 US 80 하이웨이상에 있어 쉽게 찾을 수 있다.

이 선택을 하면 다음에 이야기할 아주 중요한 선택지를 포기해야 한다. 어떻게 해야 할까? 이번 여행 중에 더글러스란 도시에 구리광산이 붐일 때 비스비의 배후 도시로 건설됐다는 사실을 알게 됐다. 1901년 건설된 더글러스는 비스비에서 채굴된 광석을 쌓아두고 제련을 하는 중요한 제련소를 2개 보유한 도시였다.[74] 이 도시의 제련소들은 비스비에서 채굴이 중단된 1975년 이후에도 운영되다가 1987년에야 문을 닫았다. 그 굴뚝마저 1991년 1월 13일 해체됐다는 정보를 얻었다. 그렇다면 굳이 더글러스를 들르기 위해 귀한 곳을 포기할 이유는 없다는 판단을 내렸다. 그 판단이 옳았음을 확인하는 데는 시간이 별로 걸리지 않았다.

06

치리카후아 국가기념물: 바위들의 축제

명승지라도 접근성이 좋으면 많은 사람이 찾기 마련이다. 그러나 아무리 풍광이 뛰어나도 한곳을 보려고 먼 거리를 운전해야 한다면 사람들은 망설이게 된다. 여행객 입장에서 단 한곳을 보려고 먼 거리를 운전해야 한다면. 실망하게 됐을 때 같은 시간을 다른 곳에 투입했더라면 하는 아쉬움은 오래 남기 때문이다. 그래서 직접 가본 객관적이고 신뢰할 만한 정보가 중요하다. 치리카후아 국가기념물(Chricahua National Monument)은 접근성이 다소 떨어지지만 반드시 방문해야 할 곳이다.

치리카후아산맥

애리조나 남서부의 숨어 있는 보석이 치리카후아 국가기념물이다. 주변 도시인 북서쪽의 윌콕스에서 54km 남동쪽, 더글러스에서 105km 북동쪽에 떨어져 있다. 미국의 남부를 횡단하는 주간고속도로 10번의 접경 도시 윌콕스에서 멀지 않은 거리지만 왕복 109km를 운전하는 일은 쉬운 결정이 아니다. 비스비에서 이곳을 가려면 US 191 하이웨이를 타고 북쪽으로 가다가 애리조나 181번을 갈아타고 서쪽으로 달려야 한다. 같은 길을 달리더라도 자신이 달리는 길의 의미를 이따금 새길 필요가 있다.

US 191 하이웨이(U.S. Route 191)는 미국을 종단하는 중요한 도로다. 멕시코 국경에 위치한 애리조나주 더글러스에서 시작해 캐나다 국경에 위치한 몬태나주 로링까지 연결되는 2,613km(1,623마일) 도로다. 이 도로의 초입 단계에서는 넓은 평원을 달려야 한다. 비스비에서 치리카후아 국가기념물을 향하는 애리조나 181번 도로를 만나는 데는 73km 정도 떨어져 있고, 181번 도로를 만난 이후에 치리카후아 국가기념물까지는 41km 떨어져 있다.

교차점에서 애리조나 181번 도로로 달리면 저 멀리 치리카후아산맥(Chricahua Mountains)이 여행객을 기다리고 있다. 사막 위에 우뚝 서 있는 치리카후아산맥은 여행객에게 뚜렷한 목적지를 제공한다. 양 옆으로 광활하게 펼쳐진 초지를 지나서 서서히 치리카후아산맥을 향해 나아가면 된다. 드문드문 방목하는 소들을 만날 수 있는데, 코치스에서 농사나 축산을 하는 사람들은 어떻게 생계를 꾸리고 있을까라는 궁금증이 일었다. 코치스 카운티 내에는 14만 2,000명 정도가 살고 있다. 이 가운데 농사나 축산에 종사하는 농가 수는 1,065가구에 지나지 않는다.[75] 경작 총면적은 82만 5,000에이커(10억 994만 평)이며, 작게 농사를 짓는 사람을 구분하는 기준은 180에이커(22만 351평)다. 농가 가운데 30%는 소를 키우는 목장 또는 랜치다.

치리카후아 국가기념물은 광활한 평원의 성격이 짙은 사막 위에 2,978m까지 솟은 높은 산과 주변의 겹산이 마치 고립된 섬처럼 떠 있다. 그래서 '치리카

치리카후아 국가기념물 입구

후아 스카이 아일랜드'라 부르기도 한다. 정상에 서면 고립된 섬이란 생각이 가슴에 와닿는다. 정상에서 주변을 둘러보면 발아래 때로는 가깝게 때로는 멀리 펼쳐지는 평지를 직접 목격할 수 있다. 그 너머에는 울창한 코로나도 국유림이 마치 치리카후아 국가기념물을 둘러싸고 있다.

어떻게 이처럼 주변 지역과 고립된 듯한 독특한 지형이 형성될 수 있었을까? 2700만 년 전으로부터 이야기가 시작된다. 거대한 화산이 폭발하면서 3,100km² 위에 엄청난 양의 화산재가 쌓이게 된다. 높이가 약 609m 되는 화산재였다. 뜨거운 화산재들이 녹으면서 회색 바위 층인 유문암이 형성된다. 여기서 유문암은 화산암에 속한다. 화산 폭발 이후에 만들어진 유문암은 조그마한 틈새조차 허락하지 않는 성벽에 비유할 수 있는 암석이다.

당시에는 오늘날 같은 치리카후아산맥과 주변의 계곡이 만들어지지 않았

92

다. 산과 계곡이 형성된 시기는 1000만 년에서 1500만 년 전으로 추측된다. 지각 변동으로 힘이 가해지면서 균열된 부분을 중심으로 어떤 부분은 솟아오르고 어떤 부분은 내려앉게 되는데 이 과정에서 치리카후아산맥은 융기가 된 반면 주변 지역은 침강해 다양한 계곡이 된다. 치리카후아산맥을 둘러싸고 있는 거대한 사막은 일명 설퍼 스프링스 밸리(Surphur Springs Valley)로 불린다.

산맥이 계속 융기하면서 바위로 구성된 층들은 서서히 서쪽으로 기울게 되는데, 이때 주목할 만한 일이 생긴다. 일부는 부서지기도 하고 다른 일부는 세로 방향으로 깊은 틈새가 만들어지는데 이를 조인트(joint)라 부른다. 이 틈새에 비가 내리면서 흘러 들어가 기온의 하강과 상승에 따라 확장과 수축을 한다. 수직 틈새에서 얼어붙은 물은 얼음이 돼 쐐기 작용을 한다. 얼음뿐 아니라 틈새 사이로 파고드는 나무의 뿌리도 마찬가지다. 이렇게 해서 지금처럼 다양한 모습의 바위가 등장하게 된다.

초기 모습은 크고 작은 바위가 수직으로 서 있는 칼럼(Columns)을 상상하면 된다. 칼럼에 풍화 작용이 이뤄지면서 2가지 모습의 바위가 등장한다. 하나는 특정 부위가 지나치게 풍화 작용이 됨으로써 위아래 또는 좌우가 아슬아슬하게 균형을 유지하는 밸런스드 록(Balanced Rocks, 흔들바위)이다. 또 다른 하나는 칼럼이 수직으로 더욱더 풍화 작용이 진행되면서 홀로 서 있기에 위험할 정도로 뾰족한 막대기 모습의 피너클(Pinnacles)이 만들어진다. 이런 일련의 과정은 지금도 진행되고 있다.

보니타캐니언 드라이브

이곳에서는 수백 또는 수천 가지의 다양한 바위를 관찰할 수 있다. 방문자센터 게시판에는 이곳을 '바위들의 원더랜드'라고 부르는데 이 표현이 결코 과장된 게 아닐 정도로 기쁨과 감동을 맛볼 수 있다.[76]

누군가의 설명이 없다면 쉽게 알 수 없는 자연 생태계로서의 특별한 가치도 있다. 북아메리카를 대표하는 4개의 자연 생태계가 치리카후아산맥에서 만난

보니타캐니언 드라이브

다. 추운 북쪽 경사면에는 로키(Rocky)산맥의 폰데로사소나무(Pinus ponderosa)
와 더글러스전나무(Douglas fir)가 자란다. 따뜻한 남쪽 경사면에는 소노라 사
막의 선인장, 시에라 마드레(Sierra Madre)의 소나무, 치와와 사막의 유카, 소노
라 사막의 가시배선인장이 자란다.

　주차장에서도 꽤 괜찮은 칼럼들과 피너클들이 보이기는 하지만, 소박한 방
문자센터에 도착한 사람들은 '이게 전부인가?'라는 의문을 품을 수 있다. 방문
자센터에서 얻은 지도를 보고 나서야 '더 볼 게 있는 모양이구라'고 생각을
고쳐먹는다. 주차장 쪽에서는 이상한 바위들만 보이지만 시작조차 되지 않았
음을 곧 알게 된다. 치리카후아 국가기념물을 둘러보는 일은 비교적 어디서 무
엇을 해야 할지 명확하다. 무엇보다 방문해야 하는 목적지가 정해져 있어서 그
렇다. 국가기념물은 여러 계곡에 둘러싸여 우뚝 솟아 있다. 우선 서쪽부터 북
쪽으로 빙 둘러서 흐르는 계곡이 보니타캐니언(Bonita Canyon)이다. 남쪽은 리

오르간 파이프 지층

오라이트캐니언(Rhyolite Canyon), 남동쪽은 에코캐니언에 의해 둘러싸여 있다.

치리카후아 국가기념물에서 우선 선택해야 할 드라이브 코스는 9.6km를 따라서 마사이 포인트(Massai Point)까지 가는 것이다. 이 드라이브 코스는 보니타캐니언 드라이브(Bonita Canyon Drive)로 불리는데 운전하기가 만만치 않다. 겁먹을 필요는 없지만 도로 한쪽이 낭떠러지이니 올라갈 때도 아슬아슬하지만 내려올 때는 주의해야 한다. 마사이 포인트를 향해 차가 움직이면 오래전에 이곳에 살았던 원주민인 치리카후아아파치족이 왜 이곳을 두고 '일어서 있는 바위들'이란 표현을 사용했는지 금세 알아차릴 수 있다.

좁은 1차선 도로의 시작은 완만하다. 왼쪽 계곡에는 제법 많은 양의 물이 흐르고 있고 소리도 요란하다. 마치 열병식을 하듯이 서 있거나 아니면 방문한 사람들을 환영이라도 하듯이 길쭉길쭉하고 뾰족뾰족한 바위들이 일어서서 사람들을 맞는다. 바위 하나하나가 자칫 잘못하면 넘어질 것처럼 묘한 균형을 간신히 유지하고 있는 것처럼 보이기도 한다. 어느 것 하나 똑같은 게 없다. 하나하나가 조물주의 손을 거친 모습처럼 때로는 신비스럽고 때로는 기이하다는 인상을 지울 수 없다.

가는 길에 오르간 파이프 지층(Organ Pipe Formation)을 볼 수 있는 간이 주차장에 잠시 차를 멈추고 감상할 시간을 가져야 할 것이다. 마치 파이프오르간처럼 화산재에서 수직으로 우뚝 선 바위들인 칼럼들이 도열한 모습은 인상적이다.

마사이 포인트

계곡 초입부터 "정말 대단하다"는 탄성이 연방 나오지만 이는 2,094m의 마사이 포인트에 도달해서 만나게 될 바위들의 장관에 비하면 아무것도 아니다. 꼬불꼬불한 길을 조심조심 운전하다 보면 왼편으로 국가기념물 아래로 펼쳐지는 초원에다 저 멀리 겹산들이 인사를 한다.

마사이 포인트에 도착하면 탁 트인 공간에 주차 공간이 충분히 마련돼 있다. 주차장에 내린 다음 주의 깊게 눈앞에 보이는 전망대로 향하는 길을 찾아서 조심스럽게 내려가면 된다. 지도에는 나와 있지 않지만 주차장부터 전망대까지 가는 트레일은 엑시비션 빌딩 트레일(Exhibition Building Trail)로 30분 정도 걸린다. 주차장 가까운 곳에 위치한 고도 2,094m의 마사이 포인트를 중심으로 시작되는 마사이 네이처 트레일(Massai Nature Trail)을 따라 움직이면 된다.[77] 마사이 포인트를 두고 안내문은 '바위들로 구성된 원더랜드의 정문에 해당한다'는 평가를 내린다.

머물 수 있는 시간이 넉넉하지 않은 방문객에게 가장 중요한 장소는 두 군데다. 하나는 엑시비션 빌딩 트레일을 따라 전망대를 방문하는 일이고 다른 하나는 마사이 포인트 트레일을 걷는 일이다. 전망대라고 해서 제법 규모가 있는 건물이 있지는 않다. 낭떠러지 길을 조심스럽게 걸어 도착하면 몇 사람이 간신히 설 수 있는 작은 공간이 나온다. 무릎을 조금 넘는 높이의 돌담이 둥그렇게 쳐진 공간이 전망대다. 어디서든 자신의 안전을 자신이 챙길 수 있어야 한다.

엑시비션 빌딩 트레일

방문한 날은 유독 바람이 심해서 애를 먹었다.

전망대에 서면 360도에 가까운 유문암(라임라이트) 계곡이 마치 파노라마처럼 펼쳐진다. 시선을 어디에 두든 천천만만의 '칼럼, 밸런스드 록, 피너클'로 가득한 장엄한 광경을 두 눈은 물론이고 가슴에 담을 수 있다. 계곡을 차고 넘칠 정도로 채운 유문암 바위들은 산에 둘러싸여 있다. 그 산 너머로 사막과 초원, 아득한 겹산들이 배경을 장식하고 있다.

여기서 목격한 장면은 여행이 끝난 이후에도 강한 인상을 남긴다. 이처럼 기묘한 바위들의 열병식을 경험하는 것만으로도 치리카후아 국가기념물을 방문한 가치는 충분하다. 흥미로운 것은 바위들의 열병식 너머 평원이 펼쳐져 있고 또 그 너머에 산들이 전개된다는 사실이다. '어쩌면 딱 이곳만 바위들이 밀집됐을까?'라는 의문이 자연스레 떠오른다.

얼마나 머무느냐에 따라서 선택지는 많다. 이곳에는 체력과 시간에 따라 선

치리카후아 국가기념물

택할 수 있는 다양한 트레일이 개발돼 있다. 대개의 트레일은 계곡을 곁에 두고 산허리를 따라 걸어야 한다. 평지를 걷는 것은 아니니 트레일에서 다소 두려움을 느낄 수도 있다. 그럼에도 다양한 바위와 절경을 가까운 거리에서 체험할 수 있다. 마사이 네이처 트레일은 전망대가 위치한 정상 주변을 도는 0.8km의 길이다. 뛰어난 경관을 자랑하는 곳이며 다양한 암석을 가까운 거리에서 볼 수 있다. 주차장에서 가까운 트레일이라 접근성이 뛰어나고 이동 거리가 짧다. 방문객이 가장 많이 선택하는 트레일이다. 이곳에서 충분한 시간을 보낼 수 있기를 바란다.

에코캐니언 루프

치리카후아 국립공원 내에는 방문자센터를 제외하면 주차장이 3곳에 마련돼 있다. 이미 마사이 포인트 주차장을 설명했는데, 가벼운 트레일보다 트레일다운 트레일을 체험하기 원하는 사람들이 선택하는 장소는 주차장이 마련돼 있는 2,066m의 에코캐니언(Echo Canyon)이다.

에코캐니언은 마사이 포인트 방문을 마치고 돌아가는 길에 불과 0.8km 거리에 있는 트레일 출발점이다. 이곳은 다양한 트레일의 출발지다. 이들을 하나로 연결하면 3시간 정도 걸리는 에코캐니언 루프(Echo Canyon Loop)를 따라 트레일을 즐길 수 있다. 에코캐니언 루프는 3개의 작은 트레일로 구성된다. 북쪽에 면한 2.6km의 에코캐니언 트레일, 남쪽에 면한 1.3km 헤일스톤 트레일, 동쪽에 면한 1.3km의 에드 리그 트레일이다. 삼각형처럼 이뤄진 루프를 따라서 처음 출발했던 주차장으로 되돌아오는 코스다.

에코캐니언 트레일(Echo Canyon Trail)에서는 작은 동굴 모습을 한 바위들로 이뤄진 에코캐니언 그로토(Eco Canyon Grotto)를 지나게 된다. 여기서 주목해야 할 점은 이 트레일이 국립공원 북쪽이라는 것이다. 로키산맥 생태계의 영향을 받는 지역이라서 추위에 강한 폰데로사소나무와 더글러스전나무가 빼곡히 자리 잡고 있다. 출발할 때의 해발고는 2,066m지만 에코캐니언 트레일이 끝날 무렵에는 1,929m로 낮아져 있다. 남쪽의 헤일스톤 트레일(Hailstone Trail)에는 덥고 건조한 사막 생태계에서 만날 수 있는 각종 선인장류가 있다.

마지막으로 야심찬 트레일을 원하는 사람들도 있을 것이다. 하루를 꼬박 투자하기를 원하는가. 최소 22km 이상, 최소 6시간 이상 투입할 각오가 되어 있다면 국립공원의 계곡을 따라 만들어진 루프를 걷는 캐니언 빅 루프(Canyon Big Loop)를 선택하면 된다. 출발지는 방문자센터가 될 수도 있고 캐니언 트레일이 될 수도 있다.

여러분이 방문자센터에서 출발하기를 원한다면 로어 리오라이트 트레일(2.4km) → 사라 데밍 트레일(2.6km) → 하트 오브 록스 루프(1.8km) → 빅 밸런스드 록 테일(1.6km) → 머시룸 록 트레일(1.9km) → 에드 리그 트레일(1.3km) → 에코캐니언 트레일(2.6km) → 어퍼 리오라이트 트레일(1.8km) → 로어 리오라이트 트레일(2.4km)을 거쳐 주차장으로 돌아올 수 있다. 국가기념물의 북쪽을 제외한 대부분의 계곡을 따라서 루프를 그리듯이 만들어진 트레일 코스다. 이 코스는 에코캐니언 주차장을 출발지로 하는 경우 다소 조정될 수 있고, 처음이자 마지막 트레일인 로어 리오라이트 트레일은 제외할 수도 있다.

이곳에 정통한 사람들이 최고로 꼽는 장소는 캐니언 빅 루프의 중심이자 어려운 코스로 통하는 하트 오브 록스 루프다. 난코스지만 이곳의 트레일은 잘 정비돼 있다. 마치 오리가 앉아 있는 듯한 덕 온 어 록(Duck on a Rock)이나 하단의 바위 위에 절묘하게 균형을 유지한 채 서 있는 피너클 밸런스드 록(Pinnacle Balanced Rock) 등과 같은 멋진 광경을 만날 수 있는 트레일이다.

여행자로서 이 같은 선택을 하기는 힘들다. 그러나 더 많은 것을 보고, 더 많은 것을 느끼고, 긴 트레일을 지탱할 만한 체력을 겸비한 사람이라면 치리카후아 국가기념물에 본래 자신이 예상했던 시간보다 더 많은 시간을 투입할 만한 가치가 있다. 잘 알려진 국립공원은 많은 사람이 몰려들어 한적함과 고적함이 선물하는 산행의 기쁨을 체험할 기회가 거의 없다. 이런 면에서 치리카후아 국가기념물은 애리조나의 숨겨진 보석이라는 찬사가 손색없다. 기억의 저장고에 오래 간직한 채 이따금 꺼내볼 수 있는 귀한 여행지다.

엘릭슨 가족, 초기 정착민

이곳을 방문하는 사람이라면 두 군데의 국가지정역사명소에 주목할 필요가 있다. 국가기념물 구역에 진입하자마자 만날 수 있는 두 건물은 물이 흐르는 보니타캐니언에 있다. 하나는 1880년 지어진 통나무집 스태퍼드 캐빈(Stafford Cabin)이다. 이 캐빈은 1880년이면 여전히 아파치족들이 활동하고 야생동물들의 위협이 끊이지를 않던 곳이었을 것이다. 이곳에 모르몬교도였던 자 후 스태퍼드(Ja hu Stafford)가 젊은 아내 폴린과 함께 통나무집을 짓고 농사를 지으면서 살았다. 아내는 여섯 번째 아이를 낳다 1894년 세상을 떠났고, 그는 1913년 유명을 달리했다. 글을 쓰는 동안 스태퍼드 대가족이 집을 배경으로 찍은 흑백 사진을 볼 기회가 있었다. 지금도 출생이란 어렵고 힘든 일이지만 당시 외딴곳에서의 출산은 얼마나 위험했을까?

이후 스웨덴에서 이민 온 네일 에릭슨(1859~1937)과 에마 엘리슨(1854~1950)이 스태퍼드가 자리 잡은 통나무집에서 서쪽에 정착한 해는 1888년이다. 이 젊은 부부는 이곳에서 3명의 자녀를 두었다. 네일 에릭슨은 1880년대 제레니모와 그 추종자들과 전투를 수행한 제4기병대에서 4년 동안 근무하기도 했고, 치리카후아 국유림의 최초 레인저로 활동하기도 했다. 이 집이 국가지정역사명소인 파러웨이 랜치(Faraway Ranch)다.

초기에 두 가족 외에 또 한 부류의 사람들이 이곳에 머물렀다. 아파치족의 전사 제레니모 체포 작전이 가열되면서 연방정부는 요지를 중심으로 1885년부터 1886년까지 캠프를 설치하고 군인을 주둔시켰다. 지금의 파러웨이 랜치 부근에 설치된 부대가 캠프 보니타(Camp Bonita)다. 아마 이곳에서 서북쪽으로 22km 거리에 있는 포트 보위의 지휘를 받는 부대였을 것이다.

맏딸인 릴리언 에릭슨과 사위 에드 릭스는 파러웨이 랜치를 게스트 하우스로 운영하면서 치리카후아의 아름다움을 주변 사람들에게 널리 알리는 데 힘을 더한다. 이 부부가 국가기념물로 지정되는 데 일정한 몫을 한 것이다. 아마도 이런 공을 인정해서 그런지 국가기념물의 다양한 트레일 코스 가운데 한곳에 그의 이름을 딴 '에드 릭스 트레일'이 있다.

입구에 주차한 다음 보니타 크리크 트레일(Bonita Creek Trail)을 따라가면 두 건물에 모두 들를 수 있다. 자연스럽게 이런 질문을 던지게 된다. "외딴곳에서 어떻게 먹고 살았을까?"

스태퍼드는 땅을 개간해 식량이나 채소를 키운 다음 포트 보위나 캠프 보니타, 주변의 개척민들에게 팔아서 돈을 구했다. 여기서 많은 군사가 오래 주둔한 포트 보위가 중요한 판매처 가운데 한곳이라는 사실을 알 수 있다. 에릭슨은 수확을 얻는 데 어려움을 겪었을 뿐 아니라 목장을 수리하는 데 필요한 돈을 구하려고 비스비에서 목수로 일하기도 했다. 탄광 관련 토목 공사가 많아 일감이 있었을 것이다. 네일 에릭슨의 생활이 경제적으로 안정을 찾는 시기는 그가 치리카후아 국유림의 레인저로 일하는 1903년 7월부터다. 어느 시대든 먹고 사는 문제는 난제 가운데 난제인 것은 분명하다.

치안이 확보되지 않은 시절에 서부 최전방에서 삶을 꾸렸던 사람들의 행적을 찾아보는 일은 편안한 시대를 살아가는 사람들에게 "삶이 본래 어떠해야 하는가?"라는 질문을 던지게 한다.

서부 개척기에 외진 곳에서 평범한 삶을 일구던 사람들의 흔적이 사라지지 않도록 하나로 모아서 국가지정역사명소로 보존하는 일도 인상적이다. 후세 사람들이 보고 느낄 수 있도록 하는 일에서 미국인들의 과거에 대한 특별한 존경심의 일부분을 확인할 수 있다.

포트 보위 국가역사유적지

국가기념물을 뒤로한 채 주간고속도로 10번을 타려고 윌콕스로 향한다. 가던 길에 잠시 짬을 내서 들를 수 있는 곳은 애리조나에서도 역사가 오래된 초기 군사기지인 포트 보위 국가역사유적지(Fort Bowie National Historic Site)다. 치리카후아 국가기념물에서 떨어진 거리는 35km.

포트 보위는 1862년 임시 군사기지로 건설되기 시작해 1864년에야 영구 시설로 자리 잡게 된다. 중요한 길인 아파치 패스와 아파치 스프링을 보호하고 제로니모 진압 작전의 용도로 30여 년 동안 쓰이다가 1894년 군사기지로서의 수명을 다했다. 아파치 패스와 아파치 스프링이 당시에 왜 중요했을까? 1849년 그곳은 '이민자의 도로'로 불릴 정도로 캘리포니아의 금광 붐에 편승해서 사람들이 지나가던 길목이었다. 다시 말하면 텍사스주 엘패소를 출발한 이민자들이 지나가는 이곳은 치리카후아와 높은 산인 도스 카베자스를 연결하는 사막의 중요한 통로였다. 이곳에는 물과 식물과 그늘이 있었다. 시원한 식수를 얻을 수 있는 아파치 스프링은 귀한 자원이었다. 이곳을 중심으로 반경 28km 이내에는 식수를 구할 수 없다.[78] 이런 전략적 중요성을 인정해 미국 의회는 1858년 버터필드오버랜드우편회사로 하여금 우편 마차 노선이 통과하도록 했다. 이 노선의 운영 기간은 1858~1861년이다. 이후 아파치족과의 긴장이 격화되면서 노선 운영은 중지되고 만다.

이곳을 장악하려는 미국과 아파치족과의 대결은 격렬했다. 10여 년 동안 계속된 기습과 전투 가운데 역사책에 또렷이 남아 있는 전투는 1861년 2월의 피비린내 나는 바스콤 어페어(Bascom Affair)다. 1862년 코치스 아파치족이 또 다른 공격을 감행함으로써 포트 보위가 설치된다. 1860년대를 통해서 포트 보위에 근무하는 기병대가 여행자, 우편집배원, 이동용 마차를 호위하는 일은 일상이었다. 1872년 아파치족이 보호구역 건설에 동의함으로써 잠시 평화가 찾아왔지만 1885년 제레니모가 140명의 추종자들과 함께 애리조나의 산칼로스 아파치 보호구역을 탈출해 미국에 맞섬으로써 또다시 전운이 감도는 장소로 바뀌게 된다. 1886년 9월 4일, 그가 항복한 이후에 포트 보위는 용도를 상실하고 1894년 폐쇄되고 만다.

어도비 양식의 기병대 막사를 포함한 군사 유적지, 묘지, 아파치 스프링, 버터필드 우편 노선 마차 정거장 유적지와 노선 위치 및 방향을 눈여겨봐야 한다.[79] 치리카후아 국가기념물 주변 지역은 험준한 지형 덕분에 19세기 말엽 미국 연방군에 저항하는 아파치족들에게 뛰어난 은신처 역할을 했던 것은 사실이다.

치리카후아 지역은 미군과 아파치족 전사 사이에 격렬한 충돌이 있었던 곳이다. 여행 작가 빌 브라이슨이 저서에 서술한 내용이다.

더 죽일 버펄로가 없자, 서부인들은 인디언을 죽이기 시작했다. 1850년부터 1890년까지 서부인들은 북미 인디언의 수를 200만 명에서 9만 명으로 줄여놓았다.[80]

작가가 글에 재미를 더하려고 다소 과장할 수는 있다. 그러나 사실을 왜곡해서는 안 된다. 우선 왜곡은 옳은 일이 아닐뿐더러 많은 사람에게 악영향을 끼친다.

미국 연방정부는 1850년까지 인구조사에서 아메리칸인디언 수를 별도로 조사하지 않았다.[81] 여덟 번째로 실시한 1860년의 인구센서스는 북미 인디언 수를 33만 9,421명이라고 밝힌다.[82] 이 숫자는 1870년과 1880년 각각 31만 3,712명과 30만 6,543명으로 줄어든다. 여기서 2만 5,709명~3만 2,878명 정도의 격차를 확인할 수 있다. 이 가운데 자연사를 제외하면 정확하게 어느 정도가 전쟁으로 사망했는지 알 수 없다. 빌 브라이슨의 거의 200만 명이 미군에 의해 죽임을 당했다는 주장은 단순히 웃고 넘어갈 수 없는 역사적 왜곡이다.

윌콕스

남부 애리조나의 마지막 행선지인 윌콕스(Willcox)는 포트 보위에서 50km 떨어져 있다. 3,500명 정도가 사는 이 마을은 1880년 서던퍼시픽철도가 통과함으로써 큰 변화를 경험했던 곳이다. 지금도 철로와 나란히 하는 첫 거리의 이름은 '레일로드 애브뉴'다. 레일로드 애브뉴를 중심으로 남아 있는 19세기 초의 건물들은 윌콕스의 과거를 말해주기에 손색없다. 윌콕스상업및농업회의소가 발간한 팸플릿에는 이런 이야기가 나온다.

> 철도는 윌콕스의 발전에 엄청난 영향을 끼쳤다. 사업지구를 중심으로 가게, 은행, 살롱 등이 기차역과 길 하나를 두고 문을 열었다. 철도 덕분에 윌콕스는 애리조나 남동부의 중요한 상업 중심지가 됐다. 인디언전쟁의 마지막 기간에는 애리조나의 군대와 소 목축업자들에게 물자를 공급하는 기능을 수행했다. 윌콕스 철도 역사는 1880년대부터 1930년대까지 미국 전역에서 소를 운반하는 중요한 지역이었다.[83]

그러나 기차가 주간고속도로로 대체됨으로써 목축업은 예전만 못하다. 지금은 농업 가운데서도 와인 산업이 활성화돼 있다. 20세기 초반만 하더라도 목축업이 유명했던 곳이라서 윌콕스 전성기의 옛 기억을 떠오르게 하는 건물에는 '미국의 목축업 수도(Cattle Capital of America)'라는 구호가 붙어 있다.[84] 한때 요크 랜치라 불리면서 목축업으로 명성을 날렸던 윌콕스 북쪽 27km까지는 사과 농장이나 피스타치오 농장으로 바뀌었다. 그럼에도 윌콕스 라이브스톡옥션

주식회사는 애리조나에서 역사가 가장 오래된 최대의 소 경매장이다.

애리조나를 여행하는 동안 '와이너리 1912(Winery 1912)'라는 애리조나산 와인을 처음 마신 적이 있다. 전문가들의 생각은 다를 수 있지만, 캘리포니아 와인과 애리조나 와인 사이에 품질의 차이보다는 마케팅의 차이가 더 크지 않을까 생각해본다. 애리조나 와인의 75%가 이곳에서 생산된다.[85] 이곳이 낳은 최고의 인물은 서부 영화 배우이자 가수로 활동했고 〈애리조나 카우보이〉의 주연을 맡았던 렉스 알렌을 들 수 있다. 철도역 곁에는 렉스알렌박물관(Rex Allen Cowboy Museum)이 자리 잡고 있다.

과거의 기차역은 현재 시청으로 쓰이는데, 이 건물은 로스앤젤레스와 시카고 사이에 존재했던 서던퍼시픽철도 역사 가운데서 가장 오래된 건물로 손꼽힌다. 철도역 주변에는 19세기 말엽과 20세기 초의 역사적인 건물들이 1~2블록 안에 밀집돼 있다. 히스토릭 다운타운 월콕스에 잠시라도 들를 수 있다면 좋았던 옛 시절, 그러나 결코 돌아갈 수 없는 그 시절을 떠올리게 될 것이다.

도회지와 달리 광활한 지역에 인구 밀도가 낮은 곳은 자신들에게 꼭 맞는 그런 시절이 가면 쓸쓸함이 뒤따르게 된다. 카우보이와 고전적인 컨트리 뮤직이 빛나던 시절이 가고 나면 아쉬움과 허전함이 찾아오기 마련이다. 호평 받은 〈론섬 월콕스(Lonesome Wilcox)〉는 카우보이 문화가 장식했던 마을의 변화를 담은 12분짜리 다큐멘터리 영화다. 그곳에서 함께했던 사람들이 하나둘 잊히는 애잔한 슬픔을 담아냈다.

멕시코 국경부터 월콕스까지 US 191 하이웨이를 따라 운전하다 보면 주변이 거대한 평원 같다. 평화롭기 그지없이 보인다. 그러나 다른 인간 세상과 마찬가지로 그곳에 사는 사람들도 심각한 생존 압박과 도전에 시달리고 있다. 거대한 평원을 개간하기 위해 기업화된 거대 규모의 농장들이 들어서고 이들을 중심으로 지하수를 과도하게 뽑아내는 일이 발생하고 있기 때문이다. 결과적으로 오랫동안 이곳에 거주했던 사람들은 식수를 구할 수 없을 정도로 지하수가 마르는 일이 발생하고 있다. 〈뉴욕 타임스〉는 이를 '애리조나의 물 전쟁'이라고 부른다.[86]

PART 2
애리조나 북부

유타주
네바다주
코코니노
COCONINO
모하비
MOHAVE
나바호
NAVAJO
아바파이
YAVAPAI
캘리포니아주
라파스
LA PAZ
마리코파
MARICOPA
힐라
GILA
유마
YUMA
피날
PINAL
그레이엄
GRAHAM
피마
PIMA
멕시코
산타 크루스
SANTA CRUZ
코치스
COCHISE
1
2
3
4
5
6
7
8
9
10
11
12
13
14
15
16
17
18
19
20
21
22

미국

뉴멕시코주

애리조나

애리조나 북부

7 페트리파이드 포레스트 국립공원

8 윈슬로

9 월넛캐니언 국가기념물

10 플래그스태프

11 선셋 크레이터 화산 국가기념물

12 우파키 국가기념물

13 그랜드캐니언 사우스림

코코니노

그랜드캐니언
사우스림
13

우파키
국가기념물
12

11 선셋 크레이터
화산
국가기념물

10
플래그
스태프

9

나바호

월넛캐니언
국가기념물

윈슬로
8

페트리파이드
포레스트
국립공원
7

07

페트리파이드 포레스트 국립공원:
화석림의 장관

미국을 다니다 보면 도로 표지판 문제로 애를 먹는 경우가 있다. 지도를 볼 때 몇 가지를 구분해두면 어려움을 피할 수 있다.

시간을 절약할 수 있고 가장 빨리 달릴 수 있는 장거리 고속도로는 주간고속도로로 주와 주를 연결하는 인터스테이트(Interstate) 고속도로다. I-40이나 I-10 등으로 표시된다. 그다음 등급의 도로는 하이웨이로 방패 모양에 도로 번호가 붙어 있다. 앞에서 봤던 것처럼 애리조나부터 캐나다 국경까지 연결된 US-191 등을 말한다. 줄여서 US 루트(Route) 191, 루트 191 또는 US 191번 하이웨이로 부른다. 이 도로는 주간고속도로에 비해 주변 도로와 연결이 많다. 동서 간을 연결하는 도로에는 주로 짝수, 남북 간을 연결하는 도로에는 주로 홀수가 붙는다. 그 밖에 해당 주가 관장하는 도로는 원 안에 도로 번호가 붙어 있다.

애리조나 스테이트 루트 181 또는 AZ-181 등으로 읽힌다. 여행길에는 꼭 필요할 때만 주간고속도로를 이용하는 게 좋다. 가능한 국도나 지방도로에서 많은 것을 건질 수 있으니 말이다.

페트리파이드 포레스트 국립공원(Petrified Forest National Park)은 시간을 충분히 투입해 찬찬히 둘러볼 만큼 훌륭한 곳이다. 무엇보다 전망대의 풍경 고도가 높지 않고 방문객들이 직접 체험할 수 있는 장소들이 많아서 가족 단위로 편안하게 둘러볼 수 있다. 군데군데 서 있는 안내문을 참조하면 지구 역사에 관한 견문을 크게 넓힐 수도 있다. 이번 여행길에서 뉴멕시코주를 둘러본 다음 주 경계에 위치한 갤럽이란 도시에서 애리조나를 진입하는 루트를 선택했다.

갤럽에서 115km 떨어져 있어 1시간~1시간 30분 정도면 도착할 수 있다. 그러나 대부분은 그랜드캐니언을 둘러보기 위한 여행길에서 페트리파이드 포레스트 국립공원을 선택할 것이다. 플래그스태프에서 페트리파이드 포레스트 국립공원은 185km 떨어져 있어 2시간 남짓 운전하면 도착할 수 있다.

이곳은 주간고속도로 40번이 통과하는 곳에 남북으로 길게 펼쳐져 있다. I-40번을 나오자마자 북쪽의 페인티드 사막 방문자센터를 쉽게 찾을 수 있다. 북쪽부터 관람을 시작하면 남쪽 42km 지점의 레인보우 포레스트 방문자센터를 만날 수 있다. 이곳의 자랑거리는 화석림(化石林) 즉, 페트리파이드 우드(Petrified Wood) 또는 규화목의 보고라는 점이다. 공원 이름을 우리말로 번역하면 화석림 국립공원이다.

규화목

화석림은 무엇인가? 나무인가, 아니면 돌인가? 어떻게 생겨났을까? 이곳은 특별히 어떤 의미가 있는 곳인가? 화석림은 살아 있는 상태와 거의 같은 형태로 모여 있는 나무 화석을 말한다. 겉모습은 나무와 엇비슷하지만 실제로는 돌로 변한 나무다.

이야기는 지금으로부터 2억 1600만 년 전으로 거슬러 올라간다. 이 엄청난

화석림

숫자에 기가 막힌 사람도 있겠지만 이 정도의 역사는 앞으로 방문하게 될 그랜드캐니언에 비하면 아무것도 아니다. 그랜드캐니언의 기초석에 해당하는 비시뉴 기반암은 18억 4000만~16억 8000만 년 전에 형성된 것이다. 그랜드캐니언에 쌓인 지층에서 가장 젊은 암석이 카이바브석회암인데 2억 5000만 년 전으로 추측되고 있다. 그랜드캐니언과 비교하면 가장 젊은 지층이 펼쳐진 곳이다.

지금은 고도 1,657m의 메마른 고원지대지만 옛날에 이곳은 큰 강물이 만든 충적 평야였다. 강 상류에는 대규모 침엽수림이 형성돼 있었고 강둑을 따라 각종 양치류와 소철 등 고대 식물들이 자라고 있었다. 지금은 화석으로만 관찰할 수 있는 어류와 양서류, 초기 공룡들이 살고 있었다. 이처럼 동식물의 복잡한 생태계가 조성돼 있었다.

어떤 이유에서든 죽거나 넘어진 나무들이 있었다. 이 나무들은 강물이 범람했을 때 물에 떠밀려 가까운 하구로 떠내려간다. 시간이 흘러 수심이 얕은 하구의 어딘가에 차곡차곡 쌓였을 것이다. 점토, 진흙, 모래, 화산재 등과 같은 침전물이 나무 위에 쌓여서 나무가 썩지 못하도록 단단히 밀봉을 해버린다. 이 지역에는 화산재가 굉장히 풍부했다. 화산재에 포함돼 있는 실리카(이산화규소)나 광물질이 포함된 지하수가 매몰된 통나무에 오랜 세월에 걸쳐 서서히 스며들어간다. 박테리아도 들어갈 수 없는 상태 즉, 부패가 중지된 상태에서 분해 과정이 천천히 진행된다. 이 과정은 변성 과정이 아니라 치환 과정에 가깝다. 많은 규화목에는 나무의 구조, 나이테, 세포 구조, 심지어 벌레 구멍까지도 그대로 보존되기 때문이다.

이때 나무를 덮고 있던 화산재에서 나온 규토(silica)가 나무의 유기질 속으로 천천히 스며들면서 석영(quartz crystal)이 만들어진다. 일부는 다른 광물들과 혼합해 벽옥, 마노, 자수정 등과 같은 결정을 만든다. 결국 토양을 구성하는 각종 미네랄이 흡수되면서 나무의 유기질은 점점 단단한 암석으로 바뀌게 된다. 이 과정을 페트리파이드 또는 규화 작용, 이렇게 형성된 암석을 규화목(珪化木)이라 부른다.[1] 규화목의 색은 아주 다양하다. 규토와 함께 나무 속으로 스며드는 물질에 따라 색이 달라진다. 철이 스며들면 진갈색, 오렌지색, 짙은 붉은색, 검은색 등을 띤다. 망간이 스며들면 푸른색, 보라색, 노란색, 검은색 등의 빛깔을 띤다.

규화목이 만들어진 시기는 트라이아스 말기로 추정된다. 이후 이 지역은 수심이 낮은 바다로 변하게 된다. 트라이아스기(2억 4500만~2억 1000만 년 전) 동안 지구의 대륙은 고대 대륙, 즉 판기아(Pangaea)로 대부분 덥고 건조했다. 이후 고대 대륙은 현재의 북아메리카와 분리되는데 날씨도 서늘해지게 된다. 이처럼 고대 대륙이 남쪽과 북쪽으로 나눠지면서 현재의 아메리카 대륙이 형성된다. 이때 지역 전체가 융기하는 일이 일어난다.

오늘날 로키산맥을 만든 대융기는 약 700만 년 전의 사건이다. 이 과정에서 국립공원 일대를 덮고 있는 부드러운 퇴적층은 침식 작용의 결과로 규화목이 지상에 그 모습을 드러내게 된다. 계속되는 풍화 작용으로 많은 규화목은 토막

공원을 관통하는 루트 66

으로 쪼개지기도 하고, 일부는 작은 조각들로 부서지기도 한다. 공원 내의 계곡에 몰려 있는 규화목은 산의 높은 곳에서 노출돼 있던 규화목이 굴러 내려온 것들이다. 이러한 침식 작용은 지금 이 순간에도 진행되고 있어 앞으로 더 많은 규화목이 지상에 그 모습을 드러낼 것이다. 공원 내에 약 90m 이상의 규화목 퇴적층이 형성돼 있다.

이곳에서 시간을 보내는 일은 유쾌하고 유익하다. 상대적으로 한산한 곳이기도 하지만, 관찰하는 지점과 대상 사이에 고도차가 크지 않아서 편안하고 안전하다. 방문자센터가 제공하는 지도를 따라 차근차근 확인하듯이 관람 겸 공부를 해나가면 된다. 주간고속도로 40번이 통과하는 지점을 중심으로 전반부(상부)와 후반부(하부)로 나눠서 구경하는 게 편리하다. I-40이 통과하는 곳까지 도착하는데 9군데의 전망 포인트(전망대)가 있다. 누구든지 9군데 모두에서 주차를 하고 관찰할 수 있다. 이곳은 방문해야 할 장소 사이의 거리가 짧고 밀집돼 있다.

I-40이 통과하는 지점을 지나면 10여 군데의 전망 포인트를 잊지 않고 더

둘러봐야 한다. 국립공원을 상징하는 규화목을 관찰할 수 있는 곳은 후반부이지만 전반부도 어느 곳 하나 놓치지 않아야 할 정도로 소중하다. 이곳처럼 국립공원 내에 주간고속도로와 대륙을 횡단하는 역사적 도로인 루트 66, 기찻길이 통과하는 곳은 없다. 이 길을 중심으로 국립공원이 상부와 하부로 나눠지니 말이다.

크리스털 포레스트

상부의 주인공은 페인티드 사막(Painted Desert)이다. 그야말로 형형색색의 사막이다. 화려한 색으로 채색된 사막의 아름다운 풍광을 이곳처럼 드러내는 곳이 있을까? 이름에 누가 되지 않을 정도로 눈이 사치를 누릴 수 있는 곳이다. 어쩌면 저렇게 지층마다 색이 다를까? 사막은 불타는 듯한 짙은 붉은색, 붉은색, 적갈색, 보라색, 아이보리색, 흰색 등의 조합으로 빛난다. 이곳은 페인티드 사막 가운데서도 아름다운 곳이다. 애리조나의 풍광을 떠올릴 때면 페인티드 사막

페인티드 사막

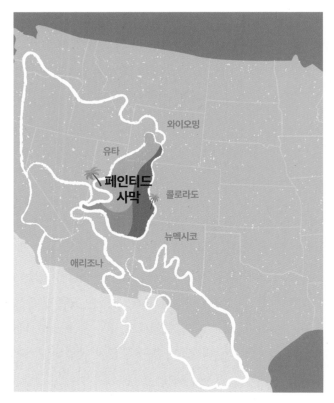

페인티드 사막 위치

이 한 부분을 차지하는 것은 어찌 보면 조금도 과장된 이야기는 아니다. 이곳
에 화산 폭발, 풍화, 침식, 범람, 지진 등 거의 모든 자연 활동이 흔적을 남겨놓
았다.

　　페인티드 사막은 그랜드캐니언의 동쪽부터 페트리파이드 국립공원의 북쪽
방문자센터와 인근 소도시 홀브룩까지 애리조나주 북동쪽 세로 190km와 가
로 97km의 크기를 가진 고원 사막지대다. 국립공원의 북쪽 방문자센터는 페인
티드 사막의 동남쪽 끝부분에 있다. 페인티드 사막이라 불리는 지역의 대부분
은 나바호 인디언 보호구역과 호피 인디언 보호구역이 차지하고 있다. 극도의
건조함과 사막 특유의 뜨거움이 사막과 어우러져서 다채로운 색으로 채색된
애리조나 특유의 풍광으로 빛난다.

페인티드 사막의 북쪽 경계 부분은 버밀리언 절벽(Vermilion Cliffs)이 자리 잡고 있는데 이곳도 애리조나의 대표적인 시닉 드라이브 코스로 꼽힌다. 이곳을 방문한 적이 있는 사람이라면 이따금 떠올리는 장면 가운데 하나가 버밀리언 절벽의 강렬한 주홍색일 것이다. 붉은색을 중심으로 컬러풀한 색의 조합과 뜨거움, 건조함이 오랫동안 기억에 남는다.

북쪽 방문자센터를 출발한 다음 티포니 포인트 → 타와 포인트 → 카치나 포인트 → 친더 포인트 → 핀타도 포인트 → 니조니 포인트 → 위플 포인트 → 라시 포인트 순으로 전망대에서 페인티드 사막을 감상하다 보면 공원을 통과하는 루트 66번 도로에 덩그러니 놓인 녹슨 승용차를 만나게 된다. 1930년대 출시한 스튜드베이커의 잔해다. 수많은 사람이 저마다의 꿈을 안고 서부로 향했을 이곳은 이제 이따금 오가는 방문자들의 발길만 있다. 한적함과 버려진 자동차, 흩날리는 겨울비가 어우러져 묘한 생각을 자아내게 한다.

어느 곳 하나 허투루 넘길 수 없는 전망 포인트이지만 타와 포인트(Tawa Point)와 카치나 포인트(Kachina Point), 두 곳을 연결하는 1.6km 트레일인 페인티드 사막 림 트레일(Painted Desert Rim Trail)을 권할 만하다. 공원 내에서 가장 높은 전망대인 핀타도 포인트(Pintado Point)는 사막을 한눈에 조망할 수 있다. 사막에서 가장 높은 고도 1,900m의 파일럿 록(Pilot Rock)과 동북쪽으로 유난히 검은색을 띠면서 화석이 풍부한 곳으로 알려진 블랙 포레스트가 눈길을 끈다.

공원을 가로지르는 주간고속도로를 지나면 남북을 가로지르는 도로를 따라 전망 포인트 10곳이 줄을 잇는다. 푸에르코 푸에블로 → 뉴스페이퍼 록 → 테피 → 블루 메사 → 아게이트 브리지 → 제스퍼 포레스트 → 크리스털 포레스트(Crystal Forest)를 따라서 남쪽 방문자센터에 도착하게 된다. 북쪽 지역의 주인공이 페인티드 사막이라면 남쪽 지역의 주인공은 단연코 규화목이다. 34m나 되는 규화목을 시멘트 받침대로 지탱하고 있는 아게이트 브리지(Agate Bridge)는 부서지기 이전의 규화목이 어떤 모습이었는지 상상하게 한다.

규화목이 생명을 유지하고 있었던 시점은 2억 1700만 년 전 일이다. 이 규화목을 떠받치는 받침대는 1917년에 만들어졌다. 규화목 아래로 우기가 되면

아게이트 브리지

흐르는 물길이 제법 깊다. 연강수량 250mm 가운데 절반 이상이 우기(7~9월)에 집중되기 때문에 일단 비가 내리면 물을 흡수할 나무나 숲이 없어 바로 물길을 내면서 힘차게 흐른다. 그런 흔적들을 사막 곳곳에서 확인할 수 있다. 누워 있는 규화목 너머 산 아래로 사막이 저만치 보인다. 아웅다웅하면서 살아가는 게 우리의 삶이지만 규화목에서 '삶은 찰나와 같은 것이다'라는 문장을 떠올린다. 아게이트 브리지를 이쪽에서 또는 저쪽에서 보다 보니 눈앞으로 날아가듯이 몇 마리의 사슴이 저만치 달아나고 있다.

크고 작은 계곡 사이로 무게를 이기지 못해 굴러 내린 규화목들이 빼곡하게 들어선 산 아래가 눈길을 끈다. 제스퍼 포레스트(Jesper Forest)는 엷은 토양과 짙은 규화목 토막들이 묘한 대조를 이룬다. 계곡에는 다양한 모습의 규화목들이 제각각 뒹구는 채로 몰려 있다. 남쪽 방문자센터에 도착하기 전에 가장

118

제스퍼 포레스트

높게 평가할 수 있는 곳은 단연코 자연 상태의 규화목이 널려 있는 크리스털 포레스트다. 1.3km의 루프를 걸으면서 한껏 규화목을 체험하고 관찰하고 느낄 수 있는 곳은 크리스털 포레스트 트레일이다. 남쪽 방문자센터에 도착하기 이전에 두 발로 걸으면서 가장 많은 시간을 보내도 후회가 없을 만큼 귀한 장소다. 수억 년의 시간이 여러분 앞에 펼쳐지는 경험을 하고 있다는 의미를 새기면서 걸어보라.

크리스털 포레스트

자이언트 로그 트레일

국립공원을 둘러본 총정리는 남쪽 방문자센터에서 할 수 있다. 이곳에서 안내 영화도 관람할 수 있다. 방문자센터에 붙어 있는 레인보우포레스트박물관 (Rainbow Forest Museum)을 둘러보면서 규화목에 또렷이 흔적을 남긴 공룡과 식물 화석을 만날 수 있다.

박물관에는 트라이아스기 후기에 처음 등장해 말기 전에 소멸한 악어와 비슷한 초기 공룡 피토사우어의 이빨 화석이 전시돼 있다. 공원 일대에서 발견된 양치류 화석들도 있다. 지질학에 관해 사전 지식이 없는 사람이라도 30여 분만 투자한다면 공원 설립의 이모저모는 물론이고 규화석의 생성 관련 지식과 정보를 듬뿍 얻을 수 있다. 아무래도 남쪽 방문자센터에서 관람을 시작한다면 김이 좀 빠질 수도 있다. 상세한 정보를 이미 제공하고 있기 때문이다. 개봉 박두의 영화를 보는 것처럼 큰 감흥을 원한다면 북쪽부터 공원을 둘러보고 남쪽 방문자센터에서 여행을 마무리하는 게 좋다.

레인보우포레스트박물관은 지질학에 관해 사전 지식이 없는 사람에게도 애리조나의 먼 과거와 국립공원과 관련해서 풍성한 지식을 제공한다. 이 공원은 후기 트라이아스기의 화석을 볼 수 있는 최상의 장소 가운데 하나다. 트라이아스기 동안의 애리조나는 오늘날과 전혀 다른 환경이었다. 양치류나 소철 같은 열대 식물로 가득 차 있었고 키 큰 침엽수림이 하늘을 뒤덮고 있었다. 이런 환경에 적합한 작은 공룡, 악어, 뱀, 물고기 등이 강을 메우고 있었다. 화석은 후기 트라이아스기를 '공룡 출현의 새벽'이라 부르기도 한다. 작은 공룡들은 악어 같은 파충류와 생존 투쟁을 벌였다. 이후 2억 년 동안 북미대륙의 환경은 급변했다. 북미대륙은 융기했고 기온은 급변했다. 이런 변화를 공원에서 출토되는 양치류 화석이 생생하게 증언해주고 있다.

방문자센터 뒤편으로는 국립공원 관람의 총결산이라 불러도 손색없는 야외 전시가 이어진다. 트레일을 따라 다양한 규화목이 전시돼 있다. 시간이 충분치 않은 사람이라면 남쪽의 방문자센터 문을 열고 나가자마자 펼쳐지는 왕복

0.6km의 자이언트 로그 트레일(Giant Log Trail)을 따라서 마음이 가는 규화목을 꼼꼼히 관찰하는 즐거움을 누리기를 바란다. 규화목의 모든 것이 야외에 있다는 생각을 갖게 만드는 곳이다. 트레일 끝자락에 위치한 올드 페이스풀(Old Faithful)이란 규화목은 지름 3.04m, 길이 10.67m, 무게 44톤에 이른다.

자연 그대로 보존돼 있는 규화목이 궁금하다면 박물관에서 조금 떨어져 있는 왕복 2.7km의 롱 로그 트레일(Long Logs Trail)을 선택하면 된다. 여행객으로서는 꽤 시간을 투입하는 결정임을 염두에 둬야 한다.

홀브룩

국립공원의 남쪽 방문자센터를 나오면 US 180번을 타고 홀브룩(Holbrook)을 경유해서 다음 행선지로 향한다. 홀브룩은 나바호 카운티의 중심 도시로 루트 66번이 통과하던 도시다. 홀브룩을 중심으로 좌측으로 요제프시티, 윈슬로 등은 루트 66번 도로를 따라 발전했던 도시다. 지금도 루트 66번이 잘 보존돼 있

홀브룩

다. 인구 5,000여 명이 사는 이곳은 페트리파이드 국립공원에서 가장 근접한 도시다. 도시 슬로건도 '페트리파이드 포레스트의 관문'이다.

US 180번을 따라 마을에 접근할 즈음 좌측으로 규화목이 야적된 장소를 만날 수 있을 것이다. '어떻게 저렇게 많은 규화목이 유통될 수 있을까?'라는 의문을 가질 법하다. 이곳은 합법적인 채굴 라이선스를 보유한 짐그레이페트리파이드우드회사(Jim Gray's Petrified Wood Co.)가 48년째 규화석의 원석, 가공품, 각종 광물, 각종 화석을 판매하는 곳이다.[2] 가게이지만 그 어떤 자연사박물관과 견줄 정도의 다양한 아이템을 보유하고 있다. 홀브룩을 방문하는 사람들이 즐겨 찾는 장소 가운데 하나다. 인근 지역에서 채굴된 귀한 화석들을 흔하게 볼 수 있고 구입할 수 있으니 시간을 내서 들러보라.

홀브룩은 1895년 나바호 카운티에서 생성될 때 중심 도시로 자리 잡게 됐으며 과거의 카운티 중심 건물인 코트하우스는 현재 나바호카운티역사박물관(Navajo County Historical Society)으로 활용되고 있다.[3] 과거의 코트하우스, 감옥, 역사 유물을 전시해놓은 일종의 작은 박물관이다.

위그암 모텔, 루트 66

시내 중심지에 독특한 모습의 모텔이 눈에 띈다. 시내 중심부 도로는 역사적인 도로 루트 66 구간에 속한다. 이곳은 1950년에 만들어져 2002년 5월 국가지정 역사명소로 지명된 위그암 모텔(Wigwam Motels) 또는 위그암 빌리지(Wigwam Villages)다.[4] 위그암은 북미 지방에 거주하는 인디언이 거주하던 원형의 오두막집이나 아파치 부족의 전통 가옥인 티피처럼 생긴 가옥이다. 이곳이 아메리칸 인디언의 주요 생활 근거지이니 이런 모텔을 운영했을 것으로 추정할 수 있지만 올바른 추론이 아니다.

1930년대와 1940년대에 걸쳐서 휴양지의 통나무집처럼 집과 집 사이에 일정한 공간을 두고 고깔모자 모양의 모텔을 만들었던 모텔 체인이 있었다. 당시 7곳에 생겼는데 현재 남아 있는 3곳 중 2곳이 루트 66이 통과하는 곳에서 영업 중이다. 다른 한곳은 리알토 샌 버나디노에 있는 모텔이다. 루트 66은 미국에서 최초로 주 사이를 연결하는 고속도로로 시카고에서 로스앤젤레스까지 2,400마일을 연결한 도로다. 존 스타인벡(John Steinbeck, 1902~1968)은 이 도로를 '마더 로드'라 부르기도 했다. 이 도로는 1926년에 시작돼 1950~1960년대 전성기를 누리지만 아이젠하워 대통령 시절부터 추진된 주간고속도로가 완공되면서 빛을 잃고 만다. 애리조나를 통과하는 주간고속도로 40번, 즉 캘리포니아주 바스토 → 노스캐롤라이나주 윌밍턴은 1984년에 완성되지만 홀브룩 구간은 1974년에 개통됐다.

홀브룩의 위그암 모텔에는 15채의 위그암이 있다. 이곳에서는 모텔 룸이나 티피 같은 용어를 쓰지 않는다. 각각의 위그암은 높이 9.8m, 지름 4.3m의 원통형 건물이다. 모텔 사무실은 옛 주유소를 개조해서 루트 66선상에 있는 모텔들의 전형적인 네온사인 간판을 높은 곳에 올려서 쓰고 있다. 약간 철이 지난 듯한 모습이지만 사람들은 복고적인 분위기에서 묘한 향수를 느낀다. 밤이면 초록색 네온사인이 걸린다. 'WIGWAM MOTEL' 네온사인이 지나가는 사람들의 눈길을 끌기에 충분하다. 사무실 앞에는 큼직한 마차 바퀴가 하나 서 있고 1960년대 유행했던 하늘색 자동차와 짙은 푸른색 자동차가 자리 잡고 있다. 위그암 앞에는 널찍한 주차장도 마련되어 있다. 그 주차장에는 여러 대의 1960년대 미국 차들이 주차하고 있다. 과거와 향수, 복고풍을 마케팅에 활용하는 데 성공한 곳이다.

위그암 모텔에서 여러 가지 생각을 했다. 호텔에는 일정한 형식이 있게 마련인데 그런 것에 구애받지 않고 어떻게 원통형 모텔을 지을 생각을 했을까? 이것이 미국적인 너무나 미국적인 특성을 말해준다. 어떤 것에 관해 틀에 박힌 모습이나 형식을 깨버릴 수 있는 용기, 이를 수용하는 사회다. 한마디로 실험 정신을 말한다. '그것은 당연히 이러저러해야 한다'는 어떤 성역을 넘어서는 일인데 지금도 미국적 특성의 중요한 부분을 차지한다. 오늘날 우리가 목격하는 아마존, 익스피디아 등의 사업 모델이 바로 그런 게 아니겠는가! 이 아이디어를 사업화할 용기가 있었던 인물은 프랭크 레드포드(Frank A. Redford)다. 그가 아이디어를 만들어내고 이를 사업화한 과정이다.

그는 아메리카 원주민 유물 컬렉션을 보관하고 판매하려고 지은 박물관 겸 상점
주변에 '티피' 모양의 원통형 건물을 더한 이후 위그암 모델에 대한 아이디어를 발
전시켰다. 1935년 12월 17일 건축물의 장식 디자인 특허를 출원했고, 1936년 2월
18일 설계 특허 98617번을 받았다.[5]

특허를 바탕으로 7개 장소에 모델을 지었다. 유독 애리조나에만 일정한 사
용료를 받고 사업가인 체스터 루이스(Chester E. Lewis)에게 디자인 사용권과 상
호 사용권을 허락했다.

홀브룩의 #6 위그암 빌리지는 1974년 홀브룩으로 주간고속도로 40번이 통
과하면서 명성을 잃고 문을 닫게 된다. 그러나 체스터 루이스 사후 2년(1986)이
지나서 자식들이 재단장해 1988년부터 운영하고 있다. 모델 사업이 어떤 상황
인지 정확히 알 수는 없다. 루트 66을 찾는 사람들이 늘고 있어 사업으로 괜찮
을 것이다. 중요한 점은 루트 66을 소개하는 서적에는 어김없이 홀브룩의 위그
암 모델이 빠지지 않는다는 사실이다.

우리 모두가 영원히 살 수는 없지만 자신이 만든 '그 무엇'을 통해 영원에 가
까운 생명을 얻기를 소망한다. 이런 점에서 보면 아이디어를 만들어서 실천한
프랭크 레드포드나 이를 홀브룩에서 사업으로 연결한 체스터 루이스는 멋진
인생 성적표를 만들어낸 사람들이다. 자신의 아이디어와 사업을 통해 영원성을
얻는 데 성공한 사람들이기 때문이다.

08

윈슬로:
추억이 살린 마을

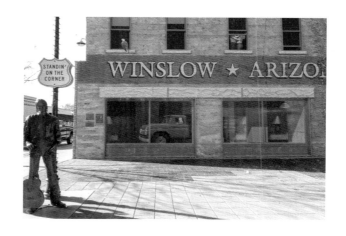

루트 66은 추억의 길이다. 가버린 세월에 대한 아쉬움과 그리움은 사람을 사람답게 만드는 감성 가운데 하나일 것이다.

홀브룩에서 서쪽 54km 거리에 소도시 윈슬로(Winslow)가 있다. 두 지역을 연결하는 루트 66은 비교적 보존 상태가 좋아 주간고속도로를 사용하지 않고 이 도로를 따라서 달릴 만하다. 시내를 통과하는 루트 66과 노스 킨슬레이 애브뉴가 만나는 코너는 노래 한 곡 때문에 수많은 사람이 방문하는 추억의 장소가 됐다.[6]

'스탠딩 온 더 코너 파크(Standin' on the Corner Park)'라는 간판 밑에는 간결한 설명이 달려 있다. 이곳을 유명하게 만든 사람들을 기념해 1999년 9월 11일 헌정된 곳이다.

스탠딩 온 더 코너

공원이란 이름이 붙어 있다고 보통의 공원을 연상해서는 안 된다. 한 젊은이가 기타를 오른손에 든 다음 카우보이 부츠 발등에 놓은 채, 거리 코너로 지나가는 붉은색 트럭에 탄 금발머리 여인을 바라본다. 공원이라고 해야 6피트짜리 젊은이 입상과 빨간색 포드 트럭이 주차돼 있을 뿐이다. 물론 몇 걸음 떨어진 곳에는 이글스의 멤버였던 글렌 프레이(Glenn Frey, 1948~2016)의 젊은 날 모습이 입상으로 자리 잡고 있다. 어떻게 보면 밋밋한 이곳을 수많은 사람이 찾는다. 연 10만 명 이상이 찾는 명소가 된 지 제법 시간이 흘렀다.

절대적인 시간 면에서 유구한 역사를 가진 나라에 비할 바는 아니지만 유독 미국인들은 자신들의 발자취를 역사로 만드는 특별한 재주와 취향이 있다. 그 역사는 주로 어떤 대상을 위대함으로 재단장하는 일이다. 작은 곳을 스토리로 장식하고 나면 그 작은 곳이 특별하고 위대한 곳으로 탈바꿈하게 된다. 이같은 재주는 관찰자 눈에는 참 창조적이고 놀랍다. 무엇이든 기념할 만한 게 조금이라도 있다면 이것을 훌륭하고 영웅적인 그 무엇으로 만드는 그들의 재주는 시간의 흐름에 대한 존경심에서 비롯된다고 본다. 과거의 일을 갖고 늘 분열된 모습을 보이는 것을 오랫동안 지켜봐온 사람으로서 부럽고 놀랍고 신기하기까지 한 일이다. 흘러가는 모든 것은 아름다움과 존경의 대상이 될 수 있다고 생각하는 것은 개인에게나 사회에게 무척 필요한 일이다. 사멸하는 모든 것은 한시성 그 자체만으로 귀하게 생각해야 할 가치가 있다.

〈테이크 잇 이지(Take It Easy)〉라는 노래가 있다. 록 역사를 빛낸 500대 영향력 있는 록 뮤직에 당당히 이름을 올린 곡이다.[7] 잭슨 브라운(Jackson Browne, 1948~)과 글렌 프레이가 작사하고 록밴드 이글스가 부른 이 노래는 1972년 선을 보였으며 지금도 나이 든 사람들에게 널리 애창되는 곡이다. 이 곡의 가사 일부다.

Well, I'm a standing on a corner In Winslow, Arizona

난 애리조나주 윈슬로의 구석에 서 있어요

And such a fine sight to see

아주 경치가 좋군요

It's a girl, my Lord, in a flatbed

평범함 포드 자동차를 탄 여인이, 나의 구주였어요

Ford slowin' down to take a look at me

이봐요, 속도를 늦추고 나를 쳐다봐요

그 가사가 전파를 탄 후의 스토리도 흥미롭다. 공동 작사했지만 더 큰 공이 있었던 글렌 프레이에게 작사와 관련된 재미있는 사연이 있다.[8] 그가 세도나를 향해가던 중 윈슬로에서 차가 고장 나 하루 종일 머물 수밖에 없었다. 바로 그곳에서 멋진 가사의 영감을 얻는다. 윈슬로를 널리 알리는 데 이보다 더한 광고는 없을 것이다. 1979년 주간고속도로 40번이 이곳을 통과하면서 윈슬로는 루트 66으로 번화했던 다른 많은 도시처럼 잊힌 곳이 돼버릴 운명에 처했다. 그러나 이 곡이 마을을 살린 셈이다.[9] 2016년 9월 24일, 이글스의 기타리스트 글렌 프레이를 기념하는 입상이 건립됐다.

철도 마을의 시작

인구 약 1만 명의 윈슬로는 도시의 부침과 관련해서 흥미로운 사례를 제공한다. 환경 변화에 적응하는 존재로서의 도시나 마을을 생각해볼 수 있다는 말이다. 윈슬로라는 도시 이름 자체가 산타페철도회사의 사장이던 에드워드 윈슬로(Edward F. Winslow)의 이름을 따서 지은 것이다. 1880년 윈슬로는 산타페철도의 분기점이라는 위치를 차지함으로써 1881년에는 기차 터미널이 자리 잡게 된다. 도시의 자치 기능을 확립한 시기는 1900년이다. 이곳에서도 어김없이 초기 기업가들의 눈부신 활동을 확인할 수 있다.[10]

"닥(Doc)"이라 불리던 초기 정착민 데머레스트(F. C. Demerest)는 천막을 치고 장사를 시작한다. 또 다른 정착민인 브리드(J. H. Breed)는 윈슬로에 처음 석조 건물을 짓고 사업을 시작한다. 윈슬로에 우체국이 설립된 시점은 1882년 1월 10일이다. 이런 일들이 진행되면서 윈슬로는 도시 설립에 큰 역할을 한 철도회사 사장 이름을 도시명으로 결정한다.[11]

이처럼 누군가의 이름을 붙여주는 것만큼 영광스런 일이 있을까? 그것은 그의 활동을 인정해주는 일이고 그의 이름이 사후에도 영원이 남을 수 있는 자격을 부여하는 일이다. 모든 인간의 내면에는 인정에 대한 욕구가 있음을 염두에 두면 이처럼 공공의 것에 누군가의 이름을 붙여주는 것은 이 사회가 가진 훌륭한 관습이다.

존 로렌조 허벨

1800년대 후반 윈슬로의 사업에 힘을 더한 또 한 명의 사업가가 등장한다. 캘리포니아에서 사업 기반을 잡은 존 로렌조 허벨(John Lorenzo Hubbell, 1853~1930)은 단 로렌츠로 불리기도 했다. 허벨은 나바호 인디언과 백인 정착민 사이에 교역을 주선함으로써 부를 축적할 수 있는 기회를 예리하게 포착한다.[12] 지금의 윈슬로 다운타운에 허벨홀세일스토어를 세우는데 이 가게는 윈슬로에 기차가 연결된 1882년부터 시작됐다. 그는 윈슬로에 가게 겸 창고를 완비하고 1952년까지 사업을 영위했다. 허벨홀세일스토어는 허벨과 가족이 운영했던 30개의 트레이딩포스트 가운데 한곳이며 홀세일 거래를 맡았던 또 다른 곳은 뉴멕시코의 갤럽에 소재하고 있다. 국가지정역사명소로 지정된 허벨트레이딩포스트는 현재 윈슬로 방문자센터로 사용되고 있다.[13]

창업자인 아버지는 사업을 잘 운영했지만 2명의 아들 대에 와서 어려움을 겪었다는 사실이 흥미롭다. 결국 1952년 윈슬로에 있던 가게는 다른 사람의 손에 넘어가고 1954년 허벨의 회사는 부도를 맞는다. 저명한 아메리칸인디언의 옷감 수집가이자 박물관 설립자였던 메리 크레인(Mary Crane)은 이런 기록을 남겼다.

윌리엄스, 플래그스태프, 윈슬로, 홀브룩

윈슬로를 방문했을 때 허벨트레이딩포스트에 들어가 봤다. 밀러 부부(부도 이후 법원에서 임명한 법정 관리인)가 허벨 가족의 부도 이래로 가게를 맡고 있었다. (허벨의 아들들은) 좋은 사람들이지만 사업을 잘 몰랐다.[14,15]

부모는 자식 세대를 위해 이것저것 좋은 것을 물려주지만 이를 유지하고 발전시키는 것은 또 다른 과업이다. 세대를 이어서 잘나가기가 여간 어렵지 않다. 부유한 집에서 태어나면 유산을 물려받을 수 있다. 반대로 절실함이나 절박함이란 심적 요소를 유산으로 물려받을 가능성이 낮다. 삶을 성장시키는 데는 물적 유산 못지않게 심적 유산이 중요하다. 물려받을 만한 게 없어서 힘들다고 툴툴대는 세상이지만 삶이 볼 수 있는 것만으로 결정되는 것은 아니다.

1930년대부터 1960년대에 걸쳐 증기기관차가 디젤기관차로 대체됐다. 이미 1930년대 초반 디젤라이제이션이 힘차게 추진되고 있었다. 증기기관차 시대에 윈슬로는 매우 중요한 장소였다. 산타페철도회사가 운영하는 기차에 물과 연료를 보급하는 장소여서 승객들은 윈슬로에 내려 식사를 할 수 있다. 1920년대에 많은 유명인이 서부의 할리우드로 여행을 떠날 때면 어김없이 윈슬로에서 내리곤 했다. 당시의 지방 신문들은 유명인의 방문 소식은 물론이고 그들을 위해 열린 퍼레이드 소식을 전하고 있다.

라 포사다 호텔

또 한 명의 호텔 사업가가 윈슬로의 발전에 힘을 더한다. 1870년대에 영국에서 이민을 온 프레드 하비(Fred Harvey, 1835~1901)는 철도 노선과 연계된 레스토랑 사업에 주목한다. 당시까지만 하더라도 미시시피를 기준으로 서부에서는 철도 안에 식당을 갖춘 경우가 없었다. 철도회사들은 주요 역에 정차했고 이때 승객들은 기차에서 내려 식사 문제를 해결했다.

프레드 하비는 짧은 시간 동안 빠르게 식사를 제공하는 효율적인 사업을 개발한다. 이런 시도가 주효하자 산타페철도회사와 제휴해 산타페, 앨버커키, 윈슬로 등에서 호텔 사업을 개시한다. 사업가로서 안목이 있었던 하비는 2개의 국립공원과 나바호 보호구역이란 지리적 이점이 호텔 사업을 성공으로 이끌 것이라 확신했다.

1930년 윈슬로에 지은 라 포사다 호텔(La Posada Hotel)은 여전히 영업 중이다. 건축가 메리 코터와 프레드하비사에 소속된 디자이너의 공동 작품이다.[16] 이 호텔에는 건축비가 어마어마하게 투입됐다. 1929년 기준 윈슬로 역사와 호텔 건축에 100만 달러, 호텔 장식에 200만 달러가 투입된 정도였다. 휴식을 취하는 궁전이라는 뜻의 이 호텔은 기차역과 연결돼 있는데 후한 평가를 받았다. 철도가 쇠퇴하면서 한때 소실될 위기를 겪기도 했지만 여전히 아름다운 호텔로 자리매김하고 있다. 스패니시 스타일과 아메리칸인디언 스타일을 적절히 조합한 이 호텔에 관해 사람들은 지금도 칭찬을 아끼지 않는다. 고객 가운데 호텔 자체의 아름다움에 반해서 재방문한다고 말하는 사람들도 적지 않다.

윈슬로는 증기기관차 시대가 저물고 디젤기관차 시대가 부상하면서 위기를 맞을 수도 있었다. 그러나 1926년부터 열린 루트 66의 시대는 윈슬로의 성장에 새로운 계기를 열어주었다. 윈슬로의 다운타운을 통과하는 루트 66은 많은 사람이 윈슬로에서 시간을 보낼 수밖에 없게 한다. 윈슬로의 다운타운을 통과하지 않고 서부나 동부로 갈 수 있는 다른 도로가 없는 까닭이다. 유동 인구가 꾸준히 증가한 윈슬로는 1960년대까지 애리조나 북부 지역에서 가장 큰 도시로 자리매김한다.

주간고속도로 개통의 충격

영광의 시대는 계속 되지 않았다. 주간고속도로 40번의 건설 공사 과정에서 윈슬로를 우회하는 노선이 완성된 시점은 1979년이다. 윈슬로 주민 가운데 1979년의 주간고속도로 완공을 기점으로 윈슬로에서 일어났던 충격적인 사건을 생생하게 증언해주는 사람들이 많다. 40년 동안 다운타운에서 레스토랑을 경영했던 피터 크레서데마스(Peter Kresedemas)는 당시를 이렇게 회상한다.[17]

> 저는 모든 것이 바뀐 1979년의 어느 날은 물론이고 시간까지도 말씀드릴 수 있습니다. 1979년 10월 9일 오후 4시였습니다. 갑자기 모든 게 없어지고 말았습니다. 마치 수도꼭지를 잠가버린 것처럼 말입니다.

모든 자동차가 주간고속도로를 이용한 결과, 도시의 사업이 타격을 입고 몰락의 길을 들어서게 됐다. I-40이 개통된 이후에도 인구는 약간 감소하는 것에 그쳤지만 로컬 비즈니스의 타격은 막대했다. 소매점은 1982년부터 1987년에 103개에서 66개, 1992년에 59개로 감소하게 된다. 1977년부터 1992년까지 호텔 수는 절반, 주유소는 10개에서 3개로 줄어든다.

1990년대 〈테이크 잇 이지〉의 향수가 사람을 불러 모으기 이전까지 20여 년 동안 윈슬로는 긴 잠에 들어가게 된다. 교통수단의 변화가 도시의 부침에 얼마나 큰 영향을 끼칠 수 있는지 보여주는 대목이다. 그러나 이런 붐을 일시적인 현상으로 보는 사람들도 있다. 윈슬로의 추억은 특정 세대의 감정적인 자산이니 새로운 세대가 나이 든 세대와 같은 열정을 유지할 수 있으리라는 것에 관해 회의적인 반응을 보인다.[18]

결국 살아 있는 모든 것은 변화 그 자체로부터 피할 수 있는 방법이 없다. 늘 안주하지 않고 스스로를 변화의 대상으로 삼을 때만이 침체와 몰락의 충격을 완화할 수 있다. 우리 모두가 '결코 안주하지 않는다(Never Settle)'를 삶의 토대로 받아들여야 할 이유다. 변화의 충격이란 관점에서 윈슬로라는 도시의 부침은 생생한 역사적 사례다.

09

월넛캐니언 국가기념물:
절벽에서의 삶

월넛캐니언 국가기념물(Walnut Canyon National Monument)은 플래그스태프의 동쪽으로부터 16km 떨어진 곳에 있다. 1100년부터 1220년까지 푸에블로 인디언의 절벽 주거지로 썼던 곳으로 지금으로부터 800여 년 전에 존재했던 주거지다. 최소 75명에서 최고 400명까지 거주했다.

긴 시간을 들이지 않더라도 인디언 부족의 절벽 주거지를 두 눈으로 확인할 수 있다는 점에서 방문할 가치가 있다. 이곳을 주거지로 했던 인디언은 푸에블로 인디언이라 하지만 정확히 말하면 시나구아라 불리는 오늘날 푸에블로 인디언의 조상이다.

시나구아 인디언

시나구아(Sinagua)라는 용어는 in(없다)과 agua(물)의 합성어다. 이곳을 처음 방문했던 스페인 사람들의 놀라움을 담은 용어다. 험준한 산악 지역에 사계절 동안 흐르는 강을 도저히 발견할 수 없었기 때문이다. 그들에게 익숙한 스페인을 염두에 두면 도저히 있을 수 없는 일이었을 것이다. 물이 없는 곳에 사람들이 살다니!

시나구아는 주로 서쪽으로는 리틀콜로라도강(Little Colorado River)에서 플래그스태프에 이르는 지역과 남쪽으로는 세도나와 베르데강에 이르는 애리조나 중부 지역에 6~15세기까지 살았던 사람들과 그 문화(pre-Columbian culture)를 말한다. 이들은 15세기 무렵 다른 지역으로 이주한 까닭에 15세기 이후 고고학적 유물이나 유적지는 발견되지 않는다.[19] 15세기를 전후해 주거지를 버리고 어디로 떠났는지 정확하게 밝혀진 바가 없다. 그러나 푸에블로 인디언의 구전에 따르면, 그들은 애리조나 동북부에 거주하는 호피 인디언이나 그보다 더 동쪽에 위치한 주니 인디언 지역으로 이동해 그들의 한 부분이 됐을 것으로 추정하고 있다.

월넛캐니언 국가기념물은 월넛캐니언에 남아 있는 절벽 주거지다. 월넛이란 명칭은 캐니언의 바닥을 따라 서식하는 애리조나월넛(호두나무)에서 유래했다. 월넛캐니언의 고도는 최고 2,100m, 최저 1,890m다.[20] 계곡의 길이는 약 32km다. 계곡의 노스림(North Rim, 북쪽 가장자리)과 사우스림(South Rim, 남쪽 가장자리) 사이의 평균 넓이는 402m, 깊이는 서쪽(상류)이 122m이고 동쪽(하류)이 76m다. 따라서 계곡 바닥의 월넛 크리크에는 물이 서쪽에서 동쪽으로 흐른다.

다른 곳의 절벽 주거지에 비해 월넛캐니언 국가기념물이 가진 가치는 북부 시나구아 문화 유적지로서 유일한 곳이라는 점이다. 지역 내 유적지의 분포는 상대적으로 밀집돼 있다. 플래그스태프의 다른 곳에 있는 유적지는 1m²당 40곳이 분포돼 있는 데 반해 이곳은 거의 100곳이 존재한다. 현재 약 300개 주거지가 월넛캐니언 내에 존재하지만 극히 일부만 일반인에게 공개하고 있다.

절벽 주거지

1880년대에 철도가 개설되자 인디언 유물들을 찾으려는 수집가들의 발길이 본격화된다. 파괴와 절도가 만연하기 이전인 1885년 이곳을 방문한 스미소니언박물관의 제임스 스티브슨(James Steveson)은 손상되기 이전의 상태를 짐작할 수 있는 기록을 남겼다.

> (절벽 주거지의) 문들은 들고 나는 사람들이 몸을 굽히지 않고도 충분히 오갈 수 있을 정도로 높게 뻗어 있었다. 방은 크고 벽은 61~122cm로 두꺼웠다. 높이 솟은 바위가 있는 방구석에는 벽난로가 있었고 연기는 겨우 문을 통해서만 빠져나갈 수 있었다. 주거지는 캐니언 드 셰이(Canyon de Chelly) 국가기념물에 있는 건물과 기꺼이 비교할 수 있을 정도였다. 흥미 있는 물건의 일부가 집 주변에서 발견됐다. 잠자리 재료, 샌들, 스핀들, 다양한 석기 등이 있었다.[21]

절벽 주거지

절벽 주거지 내부

　방문자센터에 도착한 사람들은 지상층과 지하층 사이의 큰 창문을 통해서 월넛캐니언의 남쪽을 바라볼 수 있다. 대부분의 절벽 주거지는 따뜻함을 유지하려고 주로 남향과 동향에 건설됐고 일부만 북향과 서향에 건설됐다. 후자는 여름처럼 더운 시기에만 주거지로 활용했다.

　시각적으로 캐니언을 구성하는 지층들이 제각각의 역사가 있음을 알아차리게 된다. 눈으로 보기만 해도 지층의 색과 단단함이 큰 차이가 있다. 맨 위 지층은 2억 5000만 년 전에 만들어진 카이바브층, 그 밑은 2억 7000만 년 전에 형성된 코코니노사암층이다. 회색의 코코니노사암층은 단단해 보인다. 주거지는 마치 선반처럼 툭 튀어나온 석회암 바위 아래로 우묵하게 들어간 공간에 만들었다. 석회암 조각을 구하고 진흙을 섞어서 방에 단단하게 접착했는데 드나드는 문에는 나무틀을 쓰기도 했다. 연구에 의하면, 주거지는 주로 여성들이 힘을 모아서 만든 것이라고 한다.

림 트레일

2개의 트레일이 제공되는데 하나는 평지를 걷는 왕복 1.12km의 림 트레일(Rim Trail)이다. 여기서 림은 계곡 상단의 편편한 가장자리, 즉 테두리를 말한다. 방문자센터가 있는 곳에서 캐니언 건너편을 바라볼 수 있고 몇 개의 주거지를 먼발치에서 관찰할 수 있는 트레일이다. 산책하는 기분으로 걸으면서 계곡의 가장자리를 따라 건너편의 절벽 주거지를 먼발치에서 볼 수 있다. 가까이에서 보는 것에 비할 바는 아니지만 절벽 주거지를 보는 일에는 문제가 없다. 소형 망원경을 갖고 있다면 더 자세히 볼 수 있다.

림 트레일의 또 다른 장점은 푸에블로 인디언의 움집(pit-house) 유적지를 볼 수 있다는 것이다. 계곡 상층부에서 자라는 식물도 볼 수 있다. 림 트레일을 걷다 보면 시나구아가 경작했을 것으로 추정되는 농작물이나 식물에 관한 상세한 설명을 담은 안내판들을 발견할 수 있다. 시나구아에게 중요한 경작지 역할

림 트레일

을 했던 곳은 계곡 상층부의 평평한 땅이다. 토지가 기름져서 농작물을 경작하기에 좋았다.

아일랜드 트레일

방문자센터에서 시작되는 또 하나의 트레일은 왕복 1.6km의 아일랜드 트레일(Island Trail)이다. 아일랜드 트레일은 트레일 코스가 아일랜드처럼 생긴 탓도 있지만 절벽 주거지가 모여 있는 정상부에 아일랜드 록이 있기 때문이다. 가장 선호하는 트레일이다. 트레일 도중에 80개가 넘는 절벽 주거지를 직접 확인할 수 있다. 56m 즉, 273계단을 내려갔다가 다시 올라가야 하는 단점이 있다. 게다가 고소공포증이 있는 사람이라면 좁은 트레일을 따라 고도가 높아지는 곳으로 올라가면서 심리적 불안감을 느낄 수 있다.

실제로 방문자센터의 해발고가 2,039m이고 캐니언의 바닥이 1,932m다. 이

아일랜드 트레일

트레일은 방문자센터에서 56m만큼 내려갔다가 다시 올라가는 코스라서 그만큼 힘이 든다. 이런 수고에도 보상은 있다. 고도가 다양하니 계곡에 서식하는 식물군이 달라지는 모습을 관찰할 수 있다.

　방문자센터로 가는 정문으로 진입하기 전부터 폰데로사소나무와 감벨참나무(gambel oak, Quercus gambelii) 등이 울창한 숲을 이룬다. 고지대의 추운 지방에서 자라는 식물이다. 방문자센터 주변에는 피논소나무(pinon pine), 노간주나무 삼림 지대가 펼쳐진다. 트레일을 따라서 걷다 보면 캐니언 남쪽 면의 햇빛을 많이 받는 곳에는 유타향나무(Utah juniper), 프리클리페어선인장처럼 소노라 사막 상부에서나 서식하는 식물군을 목격할 수 있다. 캐니언 바닥에 접근할수록 강변 식물을 목격할 수 있다. 애리조나 블랙월넛이나 네군도단풍나무(Acer negundo)이다. 월넛캐니언에는 5개 구역 각각에 고유 식물군이 포진돼 있다. 월넛캐니언의 32km나 되는 계곡을 따라 방문자센터를 중심으로 16km 내에는 절벽 주거지가 많이 남아 있지만 일반인에게 공개하지 않고 있다.

농사, 채집, 교역

그들이 식량 문제를 어떤 방식으로 해결했는지에 관심이 쏠리게 됐다. 이곳에 살던 사람들은 대부분의 원시 부족과 마찬가지로 수렵과 채집은 물론이고 농사와 교역을 병행하지 않으면 먹는 문제를 해결할 수 없었다. 오늘날도 그렇지만 그 시대에도 식량을 구하는 방법이 다양해야 타격을 입었을 때 위험에 빠지는 일을 피할 수 있다.

　림 트레일을 걷다 보면 제법 큰 움집 유적지를 발견할 수 있다. 이 유적지는 시나구아가 가뭄에 강한 옥수수와 콩 등을 재배했을 뿐 아니라 물을 비축하는 기술을 보유하고 있었음을 말해준다. 경작을 하고 힘을 모아 사냥을 하려면 협업을 가능하게 하는 정교한 사회 구조가 있었을 것이다. 부족장이 있고 원로들을 중심으로 의사 결정을 내리며 명령과 지시를 내릴 수 있는 사회 구조가 말이다.

여기서 우리는 그들이 교역을 했다는 점에 고개를 갸우뚱할 수밖에 없다. 어떻게 당시 사람들이 교역을 할 수 있었을까? 그들의 삶은 오늘날의 농부들처럼 특정 지역에 고정된 삶이 아니었다. 고고학자들의 연구에 의하면, 월넛캐니언에 살던 최초의 사람들은 시나구아가 아니라 그 이전에 북미대륙의 남서쪽에서 식량을 찾아 주거지를 이동하면서 살던 고대인들이었다. 이들은 계절마다 적합한 주거지를 정해놓고 옮겨 다니면서 살았을 것으로 보인다. 시나구아가 월넛캐니언에 도착하기 오래전에 고대인들은 월넛캐니언을 떠났지만 고대인들의 삶이 '이동하는 사람들(normad)'이라는 사실에 주목할 필요가 있다.

마찬가지로 시나구아는 어떤 이유에서든 속해 있던 부족을 떠나 새로운 장소에서 새로운 생활을 개척한 사람들이었다. 그들을 월넛캐니언으로 이끈 이유는 수렵과 채집은 물론이고 농사에 유리한 환경이 조성돼 있는 덕분이다. 그들은 다른 장소에 사는 시나구아와 접촉했을 것이다. 여기서 서로가 없는 물건을 교환하는 물물교환이 이뤄졌음을 알 수 있다.

시나구아가 초기 단계의 교역을 했을 것으로 추정케 하는 내용은 16세기 무렵 푸에블로 인디언과 접촉했던 스페인 사람들의 기록에 남아 있다. 《호피 사회 역사》라는 연구물에 언급된 내용이다.

1250년과 1500년, 서부 푸에블로 인디언은 애리조나와 중서부 뉴멕시코의 대부분을 점유했다. 1540년 스페인 사람들은 거주민 14명만 확인한 반면 100개의 대규모 마을이 콜로라도고원에 퍼져 있었다. 이 가운데 일부는 규모가 커서 수천 명 또는 그 이상으로 구성돼 있었다. 다른 마을은 이보다 훨씬 규모가 작았다. 그러나 정교한 교역 관계로 연결돼 있었으며, 서로가 가진 상품을 교환하는 관계를 맺고 있었다. 오늘날 고고학자들은 이런 교역 관계를 남서부 푸에블로 인디언의 화려하게 장식된 도기들을 분석함으로써 재건하고 있다.[22]

100년 이상이나 거주하던 지역을 버리고 다른 곳으로 이동한 이유는 확실치 않다. 무엇보다 더는 생존에 적합하지 않은 환경이라서 주거지를 버렸을 것으로 보인다. 월넛캐니언 방문자센터가 제공하는 자료를 보자.

시나구아는 1250년을 전후해서 시나구아를 떠나 남쪽을 향해 이동했으며, 1400년 무렵 호피 문화에 포함됐을 것이다.[23]

앞으로 여러 차례 애리조나에 있는 시나구아의 유적지를 둘러볼 예정이다. 여기서 후손들인 푸에블로 인디언을 잠시 살펴보자.[24] 푸에블로의 어원은 부락 (village)이다. 어원부터 '부락을 이루고 사는'이란 의미의 푸에블로는 주로 뉴멕시코주와 그 밖의 애리조나주, 텍사스주에 살고 있다. 여러 인디언 부족 가운데서도 푸에블로는 한곳에 정주하는 특성이 있었던 종족이다. 현재 21개 부족이 있으며 19개 부족이 뉴멕시코주 리오그란데강 주변에서 살고 있다.

애리조나에는 잘 알려진 호피 푸에블로 인디언이 나바호 자치국의 중앙에 마련된 별도의 보호구역에 살고 있다. 애리조나주 내에 고대 푸에블로 선조 (Ancestral Puebloan)의 주거지 유적지는 알려진 것만 하더라도 41군데나 된다. 과거에는 애리조나에 지금과 비교할 수 없을 정도로 많은 푸에블로 인디언이 거주하고 있었음을 알 수 있다.

10

플래그스태프:
그랜드캐니언의 관문

플래그스태프(Flagstaff)에는 늘 사람이 차고 넘친다. 인구 7만 명의 도시에다 인근 지역까지 합치면 14만 명 정도가 사는 애리조나 북부 최대 도시이기는 하지만 매년 500만 가까운 관광객이 이곳을 방문해서 그렇다. 단연코 방문 이유는 플래그스태프에서 북쪽 121km에 위치한 그랜드캐니언 국립공원 때문이다. 하지만 그것이 전부는 아니다. 주변에 하루 일정으로 둘러볼 만한 곳들이 많다.

플래그스태프 서쪽은 미국에서 가장 넓은 폰데로사소나무 숲이 있어 일찍부터 벌목 사업이 성행했던 곳이다. 잘라진 소나무는 플래그스태프의 랜드마크다. 지금도 이 도시의 실(seal)에서는 성조기가 펄럭이는 국기 게양대를 찾아볼 수 있다. 플래그스태프의 도시 명칭과 관련해서는 눈여겨볼 만한 일화가 전해져 내려온다. 보스턴에서 일군의 이민자들이 리틀콜로라도강의 윈슬로 주변에 정착하려고 출발한 시기는 1876년 2월과 5월이다.

세컨드 보스턴 파티

이 이민자들을 각각 퍼스트 보스턴 파티와 세컨드 보스턴 파티라 부른다. 이미 그곳이 유타주에서 내려온 모르몬교 초기 개척자들의 차지가 돼 있음을 발견하고 세컨드 보스턴 파티는 서쪽의 샌프란시스코봉(峯)과 프레스캇 방향으로 목적지를 돌린다.

유타의 모르몬교도들이 애리조나의 리틀콜로라도강 주변에 주거지를 개척하려고 개척자들을 파견한 시점이 1876년 초반이다. 이를 염두에 두면 보스턴 출신의 이민자들은 간발의 차이로 윈슬로에 정착할 수 있는 기회를 놓친 셈이다. 1876년 7월 4일, 보스턴을 출발한 이민자들이 도착한 곳은 지금의 플래그스태프의 작은 우물 근처다. 이곳에서 이민자들 가운데 한 사람이 독립 100주년을 기념해 폰데로사소나무를 벌채해 껍질과 잔가지들을 제거한 다음 국기를 게양한다. 당시만 하더라도 미국의 주는 37개여서 위부터 아래까지 5개 칼럼에 별을 8-7-7-7-8로 그려넣은 성조기였다.

원래의 플래그스태프는 사라진 지 오래됐지만 애초에 세워졌던 장소 부근인 플래그스태프 공원(Flagstaff Park)에 가까운 노스 소프 로드(North Thorpe Road)에 복제품이 지금도 서 있다.[25] 원래의 플래스스태프가 궁금한 사람은 웨스트 히스토릭 루트 66에서 한 블록 떨어진 곳을 방문하는 일도 어렵지 않다.[26] 다음은 표지석에 새겨진 내용이다.

플래그스태프는 일군의 이민자들이 소나무의 가지를 제거하고 껍질을 벗긴 다음 1876년 7월 4일 애국적인 날을 기념하기 위한 국기 게양대로 사용한 것에 이름을 붙인 것이다. 가까운 곳에 있는 앤티로프(Antelope)와 올드타운 스프링은 식수를 공급했다. 따라서 애틀랜틱퍼시픽철도가 서부를 향해가던 1882년 이곳에 철도 건설기지가 세워지도록 이끌었다.

일반적으로 높은 국기 게양대를 플래그 폴이라 부르고 보통은 플래그 스태프라 한다.

빌스 웨건 로드

플래그스태프의 초기 역사는 의회가 파견한 야심만만한 한 개척자로부터 시작됐다. 1848년 애리조나가 미국 영토로 인정되자 미국 의회는 북부 애리조나의 자원 발굴과 지도 작성, 북부 애리조나를 관통하는 도로 건설을 위해 은퇴한 해군 중위 에드워드 빌스(Edward Beals, 1822~1893)를 파견한다. 그는 1846년 멕시코-미국전쟁 영웅이며, 1948년 캘리포니아에서 채굴한 금 샘플을 동부에 가져온 최초의 인물로서 캘리포니아의 골드러시에 불을 지폈다.

1857년 10월, 파견된 탐험대가 의회에 보낸 보고서에 따르면 "이곳은 목초지, 목재, 물이 아주 풍부합니다"였다. 그는 미국 의회의 제안으로 서부로 진출할 수 있는 1,600km에 달하는 도로인 빌스 웨건 로드를 조사하고 건설한 중심인물이다.

이 도로는 알칸소주 포트 스미스를 출발해 위도 35도를 중심으로 캘리포니아의 접경 지역인 콜로라도 강가를 연결하며, 1859년 완공됐다. 캘리포니아와 애리조나 접경지에 도착한 후부터 다양한 다른 길로 나눠져 캘리포니아의 목적지로 향할 수 있다. 이 도로의 중간 지점이 우리가 지나온 홀브룩이다.

빌스 웨건 로드(Beals Wagon Road)는 1860년대와 1870년대 서부로 가는 사람들이 선택할 수 있는 3가지 도로 가운데 즐겨 사용하는 도로가 됐다. 이 도로에 이어 미국의 동서를 관통하는 도로가 일정한 시간을 두고 더해진다. 1882년 산타페철도에 의한 대륙횡단철도, 1926년 히스토릭 루트 66번, 1978년 주간고속도로 40번이다. 과거의 길을 기초로 새로운 길이 더해지고, 또 그 길을 기초로 더 나은 길이 더해지는 식의 도로 발전이 이어진 것이다.

당대 사람들에게 에드워드 빌스는 단연코 아메리칸드림을 실현한 인물로 손꼽혔다. 작가 제럴드 톰슨의 평가다.

빌스는 모험, 지위, 재산이라는 개인적인 엘도라도를 성공적으로 추구한 인물이다. 그런 일을 추구함에 있어 당대의 많은 미국인에게 헤아릴 수 없는 꿈을 심어주기도 했다.[27]

빌스 웨건 로드는 플래그스태프를 통과하는 루트 66번과 그 밖의 여러 도로와 겹치는데, 미국 여행의 매력 가운데 하나는 이처럼 길을 개척한 사람들과의 만남이다. 남들이 가지 않았던 곳을 개척하는 일은 항상 가슴을 뛰게 한다. 유독 그런 이야기들을 미국 여행에서 자주 만나게 된다. 개척 정신이 면면히 살아 숨쉬는 곳이 미국의 서부다. 이런 이야기가 어디 과거에만 해당할까? 인터넷을 기반으로 거대한 사이버 세계를 개척한 것이나 그 후속 사업 모델들인 아마존이나 페이스북 등도 또 다른 차원의 서부 개척에 비유할 수 있다.

빌스 웨건 로드는 플래그스태프의 다운타운을 통과하지 않는다. 플래그스태프와 윌리엄스의 북쪽을 우회해 통과하는데 플래그스태프에서 그 길의 흔적을 찾으려는 사람은 다운타운에서 북서쪽에 위치한 버펄로 공원(Buffalo Park) 입구에서 빌스 웨건 로드가 통과했음을 알리는 안내판을 만날 수 있다.[28]

빌스 웨건 로드 1857~1882: 1860~1887년 에드워드 빌스와 100여 명이 알칸소주 포트 스미스에서 캘리포니아주 로스앤젤레스까지 20만 달러를 들여서 완공한 도로다. 이 도로는 미국 남서부 지역에 건설된 최초의 연방 하이웨이이다. 이 웨건 도로는 캘리포니아로 가는 개척민들이 광범위하게 사용했으며, 1882년까지 소 떼와 양 떼를 서부로 몰고 가는 길이기도 했다.

윌리엄스에서 빌스 웨건 로드의 유적지를 찾는다면 다운타운에서 북쪽에 위치한 로스 스프링이 적합한 장소다.[29]

그가 길을 개척하는 과정에서 발휘한 기업가 정신도 흥미롭다. 그는 중동에서 수입한 낙타 22마리를 이용해 탐험 여행에 필요한 짐을 옮기도록 했다. 오랫동안 물을 마시지 않아도 되고 많은 짐을 실을 수 있다는 점에서 낙타는 당나귀보다 우수하다는 판단 때문이다. 그러나 심한 악취와 고약한 성미 탓에 그와 함께했던 병사 50명은 낙타를 싫어했다. 1857년 9월 21일, 빌스가 남긴 글을 살펴보자.

> 매일 저는 낙타에게 존경심이 생깁니다. … 뜨거운 태양 아래 걸어야 하는 사람들이 마셔야 할 물을 운반하는 낙타는 자신을 위해 물 한 방울도 마시지 않습니다. … 대륙을 횡단하는 모든 우편 노선에서 이처럼 경제적인 동물이 도입돼 우리를 위해 일하기를 기대합니다.[30]

그들이 개척한 길이 이후의 또 다른 사람들이 개척하는 길에 초석이 된다. 그다음 사람들이 그 길에 또 다른 새로운 길을 만들어가는 모습이 반복돼왔음을 알 수 있다. 이처럼 모든 문명은 축적의 결과물이다. 우리가 자신의 시대에 지나친 자만심을 갖지 않고 과거에 관해 겸허한 마음을 가져야 하는 이유다.

플래그스태프 철도역

플래그스태프의 첫인상은 활력이 넘치는 도시라는 것이다. 이곳에는 애리조나 3대 주립대학 가운데 하나인 노던애리조나주립대학이 있다. 덕분에 24세 인구 이하의 비중이 46%나 될 정도로 도시가 젊다. 철도가 놓이면서 이 도시는 크게 번성하는 기회를 맞이한다. 뉴멕시코주의 최대 도시 앨버커키부터 캘리포니아로 가는 대륙횡단철도가 이곳을 통과하는 시점은 1882년 8월 1일이다. 이 철도는 1866년 애틀랜틱퍼시픽철도회사가 미주리주 스프링필드부터 캘리포니아까지 연결하기 위한 공사에 돌입하면서 시작된다. 거리는 무려 3,200km. 결국 1882년 여름과 가을 사이에 플래그스태프에 횡단철도가 통과하게 된다. 1982년 10월 2일, 철도 역사 앞에는 철도 연결 100주년을 기념하는 작은 명패를 붙여놓았다.

플래그스태프라는 도시의 성장사는 대륙횡단철도가 통과하는 시점의 전과

플래그스태프 철도역

후로 크게 나눠진다. 통과 이전에 고립된 도시였다면 이후에는 교통의 허브 역할을 하는 곳으로 탈바꿈한다. 플래그스태프 여행의 시작은 플래그스태프 히스토릭 디스트릭트(Historic District)부터 시작한다. 도착한 날에 비가 추적추적 내렸지만, 관광객들이 늘 몰려드는 곳이라서 다소 쌀쌀한 날씨면 으레 찾아오게 마련인 을씨년스러움이 느껴지지 않았다. 도심지의 뒷골목에 들어서면 오래된 건물의 여백에 과거의 영광스러웠던 날을 주제로 삼아 그려놓은 벽화가 또다른 멋과 추억을 더한다. 이처럼 아름다움이란 큰돈을 들이지 않더라도 관심을 가지면 만들어낼 수 있다는 생각을 하게 된다.

플래그스태프를 오랫동안 기억하게 하는 것은 고풍스런 방문자센터일 것이다. 1926년 지어진 산타페철도회사의 역사(Railroad Depot)는 예전에 철도가 얼마나 유명했는지 여실히 말해준다. 오가는 여행객으로 가득 찼을 대합실 자리

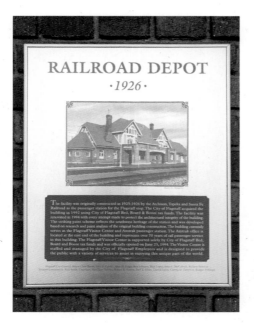

RAILROAD DEPOT
·1926·

The facility was originally constructed in 1925-1926 by the Atchison, Topeka and Santa Fe Railroad as the passenger station for the Flagstaff stop. The City of Flagstaff acquired the building in 1992 using City of Flagstaff Bed, Board & Booze tax funds. The facility was renovated in 1994 with every attempt made to protect the architectural integrity of the building. The striking paint scheme reflects the southwest heritage of the station and was developed based on research and paint analysis of the original building construction. The building currently serves as the Flagstaff Visitor Center and Amtrak passenger station. The Amtrak office is located at the east end of the building and represents over 70 years of rail passenger service in this building. The Flagstaff Visitor Center is supported solely by City of Flagstaff Bed, Board and Booze tax funds and was officially opened on June 23, 1994. The Visitor Center is staffed and managed by the City of Flagstaff Employees and is designed to provide the public with a variety of services to assist in enjoying this unique part of the world.

Flagstaff City Council: Mayor Chris Bavasi, Gary L. Cordel, Mary H. Singer, Russ Johnson, Dick Toppin, John L. Del Collo, Nardana Schuiver Gardner. Construction: Alex Smith, Chairman, Marl Troy, Yandeta, Robert E. Scotten, Paul E. Littler, David Larsen, Gloria de Villeroy de Wedigar Demringer.

1926년의 어느 날

에는 이제 방문자센터가 들어섰다. 어쩌면 이 사람들은 공공건물 하나를 짓더라도 오래갈 수 있도록 긴 시각을 갖고 정성을 들일까? 이런 생각이 늘 머릿속을 떠나지 않는다. 방문자센터의 복도는 대륙횡단철도의 대합실로 연결된다. 기차는 하루에 2번 정차한다. 한 번은 동쪽 행 열차, 또 한 번은 서쪽 행 열차가 정차한다. 암트랙(Amtrak)의 매표소와 대합실도 고풍스럽다.

튼튼한 목재로 만든 기다란 대합실 의자가 우리를 맨 먼저 반긴다. 수십 년은 족히 됐을 것으로 추정되지만 또 다른 수백 년을 버티고도 남을 튼튼한 의자가 놓여 있다. 기차 이용객들이 제법 많은지 대합실 면적이 좁지 않다. 물론 예전에 비할 바는 아니지만. 터미널 3번에는 동부로 가는 열차가 새벽 5시 9분에 도착해서 5시 15분에 떠난다. 서부로 가는 열차는 아침 9시 32분에 도착해 9시 38분에 떠난다. 그럼에도 대합실에는 1주일 내내 24시간 개방한다고 쓰여 있다. 이 정도로 뜸하게 기차가 오간다면 임박해서 문을 열어도 될 텐데 아마 여행객을 배려하기 때문이라 생각한다.

어떤 도시를 방문하든 그 도시의 첫인상은 방문자센터에서 결정된다 해도 과언이 아니다. 이 도시는 풍성한 역사를 갖고 있는 동시에 활력이 넘치는 곳임을 알 수 있다. 어느 곳을 방문하든 젊은 사람들이 물결치는 곳에서는 방문객들도 기운을 받게 마련이다. 사람이 늘어나는 것, 특히 젊은이의 유입이 많다는 것은 나라든 지역 사회든 큰 자산이 있음을 뜻한다. 젊은이가 몰려드는 곳은 그만큼 성장과 매력이 함께할 때 가능한 일이다. 성장과 매력이 있는 곳을 만들려고 도시 사이에 치열한 경쟁을 하는 곳이 바로 미국이다.

플래그스태프의 루트 66

플래그스태프의 방문자센터 앞을 통과하는 큰 도로가 히스토릭 루트 66이다. 이 도로 건너편의 좌우, 앞뒤 2~3블록 내에 대부분의 역사적인 가치가 있는 건물이 밀집돼 있다. 1926년 지은 호텔 몬테 비스타(Hotel Monte Vista)는 높은 입간판만으로 쉽게 찾을 수 있다. 존 웨인(John Wayne)을 비롯한 유명인이 즐겨 찾았던 곳이다. 바로 그 앞 건물이 다음에 소개할 배빗 형제들이 운영했던 1888년 지은 배빗브라더스트레이딩회사(Babbitt Brothers Trading Company) 건물이다. 1894년 건축된 코코니노 카운티 코트하우스(Coconino County Courthouse)는 1956년부터 1979년까지 대규모 증축 공사를 진행했지만 현존하는 건물 가운데 오래된 것에 속한다.

플래그스태프의 상징적인 건물인 웨더포드 호텔(Weatherford Hotel)은 '플래그스태프의 심장에 머문다'는 슬로건을 내세우고 있다. 1898년 지은 건물이지만 1900년 3층 벽돌집으로 재건축돼 그해 첫날 문을 열었다. 이처럼 플래그스태프에 유독 오래된 벽돌집이 많은 이유는 1897년 다운타운을 잿더미로 만든 화재 사건에서 비롯됐다. 화재 사건 이후에 시 조례에 반드시 건축 시 벽돌이나

배빗브라더스트레이딩회사   호텔 몬테 비스타

모텔 뒤 보

석조 또는 강철로 짓도록 규정했다. 1929년 지은 모텔 뒤 보(Motel Du Beau)는 철길을 두고 방문자센터 뒤쪽에 있다. 루트 66번을 오가는 고객을 유인하는 입간판이 어디서든 볼 수 있을 정도로 높다.

로웰천문대, 1883년 조선사절단

삶이 그러하듯 여행에서도 뜻하지 않은 만남이 이뤄지는 경우가 있다. 호텔에서 체크인을 하는 동안 한 권의 사진첩이 눈길을 끌었다. 방에 도착한 다음에도 눈에 아른거려 일부러 짬을 내서 로비에 들렀다.

이곳에서 발견한 책은 애리조나 데일리 선지가 발행한《플래그스태프의 추억들(Flagstaff Memories The Early Years)》이란 제목의 흑백 사진첩이다. 초창기

로웰과 보빙사절단

플래그스태프가 벌목업으로 크게 번성했던 곳임을 알 수 있게 해주는 책이다. 그런데 책을 넘기는 과정에 뜻하지 않은 사진이 눈길을 사로잡았다. 한국인에게는 생경하지 않은 사진이지만 이 책에 등장한 이유가 궁금할 수밖에 없었다.

1883년 9월, 미국에 파견된 조선의 보빙사절단원과 함께한 미국인의 이름은 퍼시벌 로웰(Percival Lowell, 1855~1916)이다. 부사 홍영식, 정사 민영익, 종사관 서광범 외

《로웰의 조선 방문기》(하버드대학교출판부, 1885)

에 유길준, 변수 등이 함께한 흑백 사진도 실렸다. 사진 옆에는 이런 설명이 있었다.

1880년대 로웰은 다양한 극동 국가를 방문했다. 그는 당시 미국 국무부의 관리이자 영사로서 미국을 방문한 한국 외교사절단을 담당하고 있었다.

로웰은 조선 정부가 채용한 젊은이다. 주한미국공사인 푸트(Lucius Harwood Foote, 1826~?)가 최초의 조선 외교 사절이 어려움을 겪을 것을 걱정해 주일미국공사인 빙햄(John A. Bingham)에게 추천을 의뢰해 어렵게 구한 유능한 사람이다.

하버드대학을 졸업하고 3개월에 가까운 일본 체류 기간을 보내고 있던 그는 조선 정부의 요청을 받고 2일 동안 사양하다가 수락했다. 미국 국무부 관리가 아니라 조선 정부로부터 직함을 받았다. 직책은 전반적인 외교 업무를 관장하는 참찬관 서기관(Foreign Secretary and General Counsellor)이다.[31]

플래그스태프에 있는 로웰천문대(Lowell Observatory)는 미국 내에서도 민간이 세운 천문대 가운데 손에 꼽힌다. 로웰은 보스턴의 방적공장 부호이자 명문가 출신으로 형은 24년 동안 하버드대학 총장을 지냈고, 여동생 에이미 로웰(Amy Lowell, 1874~1925)은 퓰리처상을 받은 시인이기도 하다. 퍼시벌 로웰은 화성에 생명이 살고 있는 여부를 탐구하려고 천문학자로 뛰어들기 이전에 극동 지역에 관심이 있었다. 1894년 플래그스태프 인근 해발 2,210m에 천문대를 지어서 활동했으며, 우주가 팽창하고 있다는 증거와 명왕성을 발견하는 업적을 남겼다. 그에 대한 추가적인 조사는 그와 조선의 인연에 관해 몇 가지를 뚜렷하게 정리하도록 도와주었다.

하버드대학을 졸업한 로웰은 1883년 5월 일본을 방문해서 지내고 있었다. 이곳에서 미국으로 향하던 조선사절단을 만나게 된다. 주일미국공사는 로웰에게 사절단을 미국으로 인도하는 임무를 맡아달라고 요구한다. 당시 28세였던 로웰은 1883년 8월 18일 샌프란시스코를 향한 조선사절단이 대륙을 횡단해 워싱턴D.C.에서 대통령을 만난 다음 11월 14일 일본으로 돌아올 때까지 함께하면서 국서 번역, 보좌 업무, 통역관 역할을 수행했다. 보빙사 일행은 로웰의 고향인 보스턴을 방문하기도 했다.

젊은 엘리트는 조선사절단을 성심성의껏 도왔다. 귀국한 관리들의 보고에 따라 그의 도움에 크게 감사한 고종은 퍼시벌 로웰을 초청하라는 명령을 내린다. 그래서 1883년 12월 20일, 로웰은 조선을 방문해 3개월을 체류하면서 《고요한 아침의 나라 조선》(1885)이라는 책을 남겼다.[32] 이 책에는 고종의 어진을 포함한 직접 찍은 사진 25매가 포함돼 있다. 구한말에 한국을 도왔던 미국인 가운데 한 명이다.

이윤섭의 《조선인의 세계 일주》는 미국 정부와 미국인들이 보빙사 일행을 얼마나 환대했는지 생생하게 증언하고 있다. 미국은 가능한 많은 것을 보빙사 일행에게 제공했다. 시카고 시내 구경, 뉴욕 관광, 뉴욕시 상공인 회담, 브로드웨이 관람, 박람회 참관, 미 육군사관학교 방문 등이 주를 이뤘다. 로웰은 고향 보스턴과 가족의 사업장을 방문할 수 있는 기회를 제공한다. 다음은 책에 언급한 내용이다.

> 9월 22일, 조선사절단은 보스턴 북쪽 40km에 위치한 공업 도시 로웰을 방문했다. 철도편으로 오전 11시 30분 로웰에 도착한 조선사절단은 4개 방적공장을 시찰하며 양탄자, 내의와 양말 등의 직조 과정을 시찰했다. 조선사절단은 매사추세츠주 청사와 보스턴 시청도 방문했다. 이어 보스턴 시내의 공립학교를 시찰하고 보스턴의 명문가 로웰 가문의 저택을 방문했다. 조선사절단은 로웰가로부터 푸짐한 향응을 받으며 1박하고 23일 늦게 뉴욕으로 돌아왔다.[33]

미국은 국교 수립 초기부터 한국에 대한 영토적 야심이 없었고, 그들의 삶의 방식대로 동등하게 개방적인 자세로 한국인들을 대했다. 미국인들은 대체로 개방적이고 호혜적인 특성을 갖고 있다. 조선사절단을 환대하는 모습에도 미국인다운 특성이 고스란히 담겨 있음을 확인할 수 있다. 한미와 한중 관계를 만들어감에 있어 한국인들이 이런 역사적 경험과 양국의 특성을 잊지 않아야 할 것이다.

윌리엄스

윌리엄스(Williams)라는 또 다른 그랜드캐니언의 관문 도시가 있다. 그랜드캐니언의 남문을 통해 남쪽으로 직진하면 94km 거리에 있는 작은 도시가 윌리엄스다. 윌리엄스의 북쪽에는 유명한 산악인이자 개척자이며 사냥꾼이던 '올드 빌' 윌리엄스(Bill Williams, 1787~1849)의 이름을 딴 고도 4,079m의 빌윌리엄스산(山)이 자리 잡고 있다. 그 남쪽으로 그의 이름을 딴 마을 윌리엄스가 있다.[34] 이곳은 그랜드캐니언을 관광 목적으로 온 사람들이 묵으면서 그랜드캐니언 열차를 타고 당일 코스로 사우스림을 구경하는 중요한 배후 도시로 오랫동안 명성을 누려왔다.

그랜드캐니언 철도의 성장과 부침의 역사도 우리에게 많은 것을 가르쳐준다. 1897년부터 철도가 윌리엄스에서 그랜드캐니언의 남문에서 24km 떨어진 구리광산 타운인 애니타(Anita) 구리광산까지 운행됐다.[35] 운영난에 빠진 철도 회사를 산타페철도가 1900년 매입하고 나머지 구간에 철길을 놓은 1901년 9월부터 오늘날 같은 그랜드캐니언 철도의 출범이 가능했다.

철도로 연결되기 이전까지만 하더라도 그랜드캐니언 사우스림의 숙박 시설은 임시 천막보다는 편리하지만 통나무 캐빈 수준이었다. 오늘날 같은 호텔 개념과는 거리가 멀었다. 철도가 연결되고 나서야 사우스림의 그랜드 빌리지에는 현대적 의미의 숙박 시설이 들어서기 시작한다. 최초로 현대적 의미의 호텔은 '미국 서비스 산업의 아버지'이자 '미국 최초의 프랜차이즈 레스토랑의 창업자'인 프레드 하비가 1903년 지은 엘 토바(El Tovar) 호텔이다. 지금도 명성을 날리고 있는 호텔이다.[36] 그러나 이 호텔에는 부유하거나 유명한 사람들만 머물 수 있었다.

일반 여행객의 수요를 어떻게 충족시킬 것인가? 다른 대안이 있어야 하는데 이런 역할을 충실히 수행한 곳이 윌리엄스다. 윌리엄스에서 숙박하며 사우스림을 구경하는 게 대부분의 관광객이 선택할 수 있는 대안이다. 그러나 사우스림까지 철도가 연결되자 그동안 소규모 운송 및 여관업에 종사해오던 사람들에게는 엄청난 충격을 일으켰다.

　우선 수십 년 동안 플래그스태프와 윌리엄스를 연결해왔던 마차 사업이 문을 닫게 된다. 그다음 소규모 숙박업을 해오던 사람들도 사업을 접게 된다. 이 가운데는 그랜드캐니언의 초창기 개척자의 생업이 포함된다. 그랜드뷰 포인트에서 그랜드뷰 호텔을 운영해오던 피터 배리(Peter D. Berry), 관광객을 콜로라도 강(Colorado River)까지 안내해왔던 존 핸스, 캐니언의 서쪽에서 소규모 숙박 및 안내업을 하던 윌리엄 월러스 배스(William Wallace Bass) 등은 사업을 접을 수밖에 없었다.

　철도의 전성시대가 영원할 것처럼 보였지만 이 또한 끝이 있었다. 1920년대 들어 자동차가 등장하면서 철도의 독점적 지위가 흔들린다. 자동차가 대중화되면서 그랜드캐니언 철도는 극심한 경영난에 시달리다 결국 1968년 사업을 접게 된다.

　1988년 한 투자가가 인수해 그랜드캐니언 철도를 복원시키면서 사업이 되살아나게 된다. 현재는 1년에 왕복 20만 명 정도가 이용하고 있다. 편도로 약 2시간 30분이 걸리는 그랜드캐니언 열차는 아침 9시 30분에 윌리엄스에서 출발한다. 그랜드캐니언 철도역(Grand Canyon Depot)에서는 오후 3시 30분에 윌리엄스를 향해 떠난다. 그랜드캐니언 철도역은 통나무로 지은 미국 내 14개 정거장 가운데 하나다. 지금은 3개가 남아 있다. 통나무를 건축의 주자재로 쓴 유일한 건물이다.

　인구 약 3,000명의 작은 관광지인 윌리엄스의 첫 방문지는 방문자센터다. 시내로 들어서면 큼직한 주차장에 인접한 1층 건물에 방문자센터가 들어서 있다. 현재 사용하고 있는 그랜드캐니언 철도역과 구분해야 한다는 사실을 염두에 두자.[37] 두 번째 방문지는 철도역이다. 1908년 문을 연 철도역은 프레드하비 사가 운영하는 프레이 마르코스 호텔과 함께 있었지만 지금은 철도역(Williams Depot)과 방문자센터로 쓰이고 있다.

　철도역 맞은편에 시내를 통과하는 루트 66을 따라서 대부분의 주요 건물이 배치돼 있다. 20세기 초의 건물이다. 윌리엄스 히스토릭 비즈니스 디스트릭트라고 부른다. 1901년, 1903년, 1908년의 화재로 말미암아 목조 건물들은 거의 전소됐고 대부분 건물이 그 이후에 지어졌다. 화재를 버텨낸 건물 가운데 1897년 독일계 이민자가 술집 및 위락 시설로 세운 테츨라프(Tetzlaff)빌딩을 눈여겨볼 필요가 있다.[38] 1층에는 술집과 포커 게임을 즐길 수 있는 공간이 있고 2층에는 8개의 방으로 나눠진 다른 위락 시설이 있다. 그 시절에 윌리엄스는 서부에 자리 잡고 있던 다른 변경 마을처럼 매우 거친 곳이었음을 일깨워준다. 한마디로 윌리엄스는 루트 66의 추억이 담긴 정겨운 마을이다.

11

선셋 크레이터 화산 국가기념물: 화산 폭발의 현장

플래그스태프에서 30km 떨어져 있는 선셋 크레이터 화산 국가기념물(Sunset Crater Volcano National Monument)은 화산 폭발과 관련된 지질 변화에 관해 시야를 크게 넓힐 수 있는 곳이다. 더욱이 여러 지질 현상을 짧은 시간 안에 둘러볼 수 있을 만큼 접근성도 뛰어나고 입지 조건도 좋다. 선셋 국가기념물은 그랜드캐니언을 보러 가는 길에 방문할 수 있다. 방문자센터가 문을 여는 아침 9시에 맞춰서 방문한 덕분에 한가한 주변을 전세 놓은 것처럼 한껏 감상할 수 있었다. 이곳은 다른 지역과 달리 화산에 대한 기본 지식을 갖고 방문하면 더 만끽할 수 있다.

선셋 화산

선셋 화산 국가기념물은 화산 분화구와 그 주변 지역을 포함한다. 최초의 화산 폭발은 1040년부터 1100년까지 이뤄진 것으로 추정된다. 고사목의 나이테를 조사한 연구에 의하면, 최초의 화산 폭발은 1064년 봄과 1065년 봄 또는 겨울로 추정된다.[39] 바로 이때가 지질학에서 이야기하는 '불의 커튼(Curtain of Fire)'에 해당하는 시점이다. 마그마가 분출되면서 시뻘건 불기둥이 둘러쳐진 듯한 장관이 펼쳐지는 시점을 말한다. 이후 150여 년 동안 화산 폭발이 간헐적으로 계속 됐다.

플래그스태프 부근의 화산은 거의 600만 년에 걸쳐서 활발하게 활동했다. 선셋 화산을 포함해서 이 주변 지역은 샌프란시스코 화산지대라 불리는데, 화

샌프란시스코 화산지대와 험프리봉

산 활동으로 말미암아 600개 이상의 언덕과 산이 형성돼 있다. 이 화산지대는 플래그스태프의 왼편에 위치한 윌리엄스의 서쪽부터 시작해 선셋 화산의 오른쪽까지 넓게 펼쳐져 있으며, 총면적은 4,700km²이다. 콜로라도고원의 남쪽 경계선을 차지하고 있다. 화산 활동은 화산지대 왼쪽에서 활발하게 진행되다가 점점 오른쪽으로 옮겨오는 과정을 밟고 선셋 화산에서 마무리된다. 쉽게 말하면 선셋 화산은 600개 이상의 화산 가운데 맨 마지막에 분화한 가장 젊은 화산이다.

선셋 화산 국가기념물의 특별한 점 가운데 하나는 선셋 화산을 중심으로 3종의 화산이 인근에 포진해 있다는 것이다.

---

① 선셋 화산처럼 대부분의 화산은 원추형이며 꼭대기에 사발 모양의 분화구가 있는 분석구(cinder cone) 화산이다. 이들은 크지 않지만 강력한 분화를 통해 단 1개의 틈에서 방출되는 용암덩이에서 만들어진다.

② 샌프란시스코 화산지대에서 가장 높은 샌프란시스코봉(San Francisco Peak) 같은 복합(composite) 화산이다. 한 화구가 여러 번 분화해 용암과 화산 분출물이 교대로 쌓여 이뤄진 것으로 여러 화산이 뭉쳐서 생긴 화산의 형태다.[40]

③ 선셋 화산에 이웃한 오리어리산(O'Leary Mountain), 달튼 돔(Darton Dome), 엘든산(Elden Mountain)은 돔 화산이다. 화산체가 둥근 그릇을 엎어놓은 듯하기도 하고 종처럼 생겼다고 해서 종상화산용암 돔이라 부르기도 한다.

선셋 화산은 현재 어떤 모습일까? 선셋 화산의 고도는 2,450m이지만 높아 보이지 않는다. 방문자센터의 해발고가 2,121m나 되기 때문이다. 방문자센터와 전망대에서 바라보는 선셋 화산의 모습은 우리가 주변에서 드물지 않게 만날 수 있는 등산하기에 적당하고 험하지 않은 산을 떠올리게 한다. 선셋 화산의 정상에서 인근의 높은 지형까지 내려가기 위한 최소 높이를 말하는 돌출(Prominence)은 304m에 지나지 않는다. 쉽게 말해서 선셋 화산을 방문한 사람이 주변에 주차를 하고 산꼭대기를 바라보면 300m 정도의 산을 바라보게 된다.

선셋 화산의 전체 모습은 지름 1.6km, 높이 300m의 원추 모습이다. 정상에 있는 분화구에는 지름 120m의 오목하게 패인 구덩이가 있다. 아쉽게도 선셋

선셋 화산

선셋 크레이터 화산 국가기념물 방문자센터, 아침 시간의 국기 게양

분화구에 트레일을 통해 접근하는 것은 허락되지 않는다. 1973년부터 분화구에 접근하는 일이 금지됐다. 분화구에 남겨진 사람의 흔적은 30년 이상이 돼도 남아 있을 정도로 제거하기가 힘들어서 그렇다. 국립공원이 전면 출입 금지를 선언한 이유다. 분화구를 직접 관찰할 수 없는 아쉬움을 위한 다른 기회들이 있다. 시간이 충분하다면 선셋 화산 왼쪽에 위치한 2,208m의 레녹스 크레이터(Lenox Crater)의 정상으로 가는 길인 레녹스 크레이터 트레일을 사용해서 분화구를 간접적으로 체험할 수 있다. 선셋 화산의 북쪽에 위치한 2,719m의 오리어리봉(O'Leary Peak)으로 인도하는 오리어리봉 트레일로 정상에 오른 다음 남쪽에 위치한 선셋 화산을 내려다볼 수 있다.

보니토 용암류, 카나아 용암류

선셋 화산은 어떤 과정을 거쳐서 생겨났을까? 화산은 지각의 벌어진 틈을 통해 마그마가 지표 밖으로 분출한 용암이나 화산 쇄설물로 만들어진 지형을 말한다. 지구는 지각, 맨틀, 핵의 세 층으로 구성돼 있다. 지구 표면인 지각은 물과 토양, 암석으로 구성돼 있다. 지표에서 30~2,900km에 위치한 맨틀은 지구의 가장 두꺼운 층을 이루며, 마그마로 구성돼 있다. 맨틀은 바깥의 액체층과 내부의 고체로 구성돼 있지만 거의 전부가 고체다. 마그마 덩어리가 간혹 박혀 있을 정도다.

지각은 여러 개의 떠서 움직이는 단단한 암석 판을 갖고 있으며 암석 판은 20개 미만으로 추정된다. 지구의 핵이 열에너지에 의해 생긴 흐름을 가지고 압력을 만들었을 때 단단한 판이 움직인다.[41] 그 압력이 세졌을 때 판은 마주한 방향으로 또는 반대 방향으로 수평 이동하게 된다. 이때 두 판의 충돌이 지각의 충돌을 일으킨다.[42] 이 충돌로 말미암아 압력이 줄어들고 기반암의 일부인 5~15% 정도를 녹게 만드는데 이를 부분 용융(partial melting)이라 부른다. 이렇게 녹은 액체 성분이 광물 사이사이를 따라 고이다가 흐르고 뭉치는데, 이렇게 뭉친 덩어리를 마그마굄(magma chamber)이라 부른다. 마그마 온도는 섭씨

$1,000 \sim 1,400°$ 정도다.

마그마는 주변의 고체에 비해 밀도가 높기 때문에 부력을 받아서 위로 올라가게 된다. 이것이 마그마 상승이다. 마그마는 상승하다가 식어 고체가 되기도 하지만, 일부는 지표에 도달해 분출하게 된다. 이를 화산 활동이라고 한다. 마그마가 지표로 분출할 때 용암(lava)이라고 부른다. 용암은 두껍고 서서히 움직이거나 얇고 빠르게 움직인다.

용암은 분화구가 만들어지는 초기 단계 동안 수백 피트 높이로 대기 중으로 분출되는데 이런 활동을 하는 동안에는 몇 마일 바깥에서도 볼 수 있을 정도다. 분출된 용암이 식으면서 굳고 열수구(vent) 주변과 산꼭대기부터 산허리까지 화산 분쇄물이 쌓이게 된다. 화산 분출은 큰 구덩이인 분석구를 만들기도 하고 화산재가 쌓인 언덕을 형성하기도 한다.

화산 폭발은 한 번으로 그치지 않고 계속 되는데, 이처럼 계속된 화산 폭발로 말미암아 용암이 화구에서 흘러내린 3개의 용암류(Lava flow)가 생긴다. 이것이 보니토 용암류(Bonito flow), 카나아 용암류(Kana-a flow), 라바 용암류(Lava flow)다. 얼마 동안 화산 분출이 계속됐을까? 과학자들 사이에 의견이 분분하지만 150여 년 동안 계속 됐다는 견해가 있다. 최근 연구 가운데 그 기간을 10년 이하로 짧게 보기도 한다. 이 정도의 오랜 기간에 걸쳐 화산 활동이 계속 됐다면, 주변에 끼친 영향이 심각했을 것이다. 화산 활동으로 말미암아 기후 및 생태계의 변화가 생겨 인구가 이동하는 일들이 있어났을 것이다.

어떻게 선셋 화산 국가기념물에 갈 수 있을까? 플래그스태프에서 그랜드캐니언에 접근할 수 있는 방법은 서쪽에 있는 윌리엄스를 거쳐서 64번 도로를 이용해 그랜드캐니언의 남문을 향해 직진하듯이 올라가는 방법이 있다. 다른 방법은 선셋 국가기념물 등을 둘러보면서 갈 수 있는 도로로 북서 방향에 놓인 89번 도로를 이용하는 방법이 있다. 이 길을 선택해야 하는 이유는 가는 길에 여러 활동을 동시에 체험할 수 있기 때문이다.

선셋 국가기념물은 89번 도로를 타고 26km 정도 북서쪽을 달리다가 우측으로 빠져서 4.3km를 달리면 도착할 수 있다.[43] 89번 도로를 벗어서 2차선인

395번, 즉 선셋 크레이터 우파키 루트를 타고 달리다 보면 우측으로 넓은 평원이 펼쳐진다. 평원 너머로 침엽수림이 있고 그 너머 우뚝 서 있는 산이 선셋 화산이다. 지나치게 높지 않으면서 산꼭대기의 양쪽이 높고 중간이 약간 들어간 선셋 화산이 한눈에 들어온다. 길가에 차를 세울 수 있는 공간에 서면 '지질학적 유아'라는 제목의 안내판을 만나게 된다.

주 열수구를 통해 현무암 마그마가 지표면 바깥으로 바로 분출했을 때 현재와 같은 305m의 분석구 화산이 형성됐다. 화산 가스의 압력으로 용암 분수는 260m 정도 치솟았을 것으로 추정된다. 압력은 식은 용암을 조각조각 냈으며 오늘날과 같은 종 모양의 언덕을 형성했다. … 1885년 샌프란시스코 화산지대를 탐험하던 탐험가 존 파웰(John Powell, 1834~1902)은 밝은색의 화산에 깊은 인상을 받은 나머지 "색의 대조가 아주 강해 먼 거리에서 그 산을 바라보는 일은 마치 붉은 화산이 불에 타는 것처럼 보인다"는 기록을 남겼다. 파웰이 '선셋 마운틴'이라고 이름을 붙인 후에 공식적으로 '선셋 크레이터'로 불리기 시작했다.

방문자센터에 마련된 작은 박물관의 자료를 들여다보면 용암 분수는 260m, 화산재 구름은 4km 높이까지 솟았다고 한다. 화산재, 화산진, 화산력, 화산암괴 같은 화산 쇄설물뿐 아니라 화산 가스와 수증기 등이 주변의 자연환경에 대단한 충격을 준 것이다.

보니토 용암류

선셋 화산 국가기념물을 방문했을 때 놓치지 않아야 할 장소와 광경은 세 곳이다. 이 장소들은 화산 활동과 관련 변화를 체험하는 데 매우 의미 있는 곳이다. 가장 중요한 장소는 방문자센터에서 멀지 않은 보니토 라바 플로 즉, 보니토 용암류다.

이곳은 면적이 5km²에다 두께 30m나 되는 용암으로 만들어진 호수다.

보니토 용암류

1064~1065년 최초의 화산 폭발로 오늘날 우리가 보는 선셋 화산의 분석구가 만들어졌다. 그로부터 115여 년이 지난 1180년 선셋 화산의 서쪽 바닥 부근의 틈을 통해 용암이 분출된다. 흘러나온 용암의 온도는 섭씨 1,200도(화씨 2,200도)가량이었으며 서쪽 분지로 흘러갔다. 이미 선셋 화산 폭발 때 그곳을 차지하고 있던 오래된 화산 쇄설물 위를 뒤덮었다. 용암의 흐름이 멈췄을 때 이곳에는 새로운 화산암인 현무암이 거의 5km²를 뒤덮게 된다. 건조한 지역이어서 화산 폭발 이후로 오랜 세월이 흘렀음에도 식물들이 뿌리를 내리기가 쉽지 않았다. 화산 폭발이 일어났을 때의 상태를 추측할 수 있는 모습을 유지하고 있다.

따라서 보니토 용암류는 선셋 화산 국가기념물에서도 가장 젊은 화산에 속한다. 주로 검은색이지만 때로는 진갈색과 회색 등이 적절히 섞인 기공이 많이 뚫린 암석을 무수히 만날 수 있다. 이 작은 암석은 화산 폭발 시 화산재를 기초로 만들어진 것인데 스코리아(scoria)라 부른다. 기공이 많은 현무암이 대표적이며 모양이나 색은 제각각이지만 공통점이 하나 있다. 모두 지표에서 40km나 떨어진 맨틀에서 올라온 마그마 출신이란 사실이다.

선셋 화산을 돌아볼 때 2가지 점에 주목할 필요가 있다. 대부분이 검은색에 기공이 많은 암석이 주를 이룬다는 것이다. 대부분이 현무암(basalt)이다. 현무암이 검은색을 띠는 이유는 철과 마그네슘이 많이 포함돼 있기 때문이다. 그럼에도 현무암에서 가장 큰 비중인 40~50%를 차지하는 성분은 유리를 만드는 데 쓰이는 이산화규소(silica)다. 현무암에 크고 작은 기공이 많은 이유도 알아둘 필요가 있다. 용암이 식을 때 충분한 시간이 주어지지 않아 빠져나가지 못한 가스가 그대로 냉각돼서 그렇다. 그런데 구멍이라고 하기에 지나치게 큰 메가 베시클(mega-vesicle)을 보니토 트레일에서 만날 수 있다.

보니토 용암류는 안내 지도에 확연하게 존재감을 드러낼 정도로 면적이 넓다. 이유를 알면 고개를 끄덕이게 된다. 선셋 화산 폭발로 지표에 쏟아진 마그마의 양은 0.3km³나 된다.[44] 이 가운데 75%가 화산재로 대기 중에 분출되는데 절반은 화산구에 쌓여서 오늘날과 같은 화산 분석구를 만들어냈다. 나머지 절반은 화산재나 화산암괴 등의 형태로 주변에 쌓인다. 그런데 선셋 화산 폭발이 쏟아낸 마그마 가운데 25%가 용암류의 형태를 띠게 되는데 75%가 보니토 용암류를 형성한다. 방문자센터를 출발하자마자 길 왼쪽으로 흘러내린 용암의 모습이 점점 확연하게 드러나기 시작한다. "와, 대단하다"라는 탄성을 지를 때즈음이면 바로 그곳이 대표 트레일이 시작되는 라바 플로 트레일 파킹 에어리어(Lava Flow Trail Parking Area)다.

보니토 비스타 트레일

선셋 국가기념물에서 어떤 트레일을 선택하는 게 좋을까?

■ **보니토 비스타 트레일**(Bonito Vista Trail, 왕복 0.5km) 대표 트레일인 보

보니토 비스타 트레일

니토 비스타 트레일을 가장 먼저 추천한다. 주차를 하자마자 바로 시작할 수 있는 트레일로 시간이 충분하지 않은 사람에게 안성맞춤이다. 이곳의 강점은 아주 가까운 곳에서 용암의 흐름과 용암이 빚어낸 자연의 변화를 관찰할 수 있다는 것이다. 이곳에서는 넓게 펼쳐진 용암의 호수 너머로 선셋 크레이터의 서쪽에 위치한 레녹스 크레이터와 북쪽에 위치한 오리어리봉 등을 관찰할 수 있다. 두텁게 쌓였던 화산재가 수백 년에 걸쳐 조금씩 걷히면서 식물이 자리 잡는 지역과 여전히 검은색 화산재가 압도적인 산자락이 마치 흑과 백처럼 뚜렷한 경계선을 유지하고 있는 모습이 인상적이다. 화산재가 두터운 지역은 여전히 그 어떤 식물도 허락하지 않는다.

1,000년의 세월이 흘렀지만 용암이 굳건히 자리를 잡은 곳에서는 나무가 자랄 엄두를 내지 못하고 있다. 지도를 보면 보니토 용암류가 넓게 퍼지지 않고

선셋 화산의 서쪽 지역에 밀집된 이유를 알 수 있다. 용암이 흘러갈 수 없을 정도로 사방의 지대가 높다. 사방이 2,133m가 넘는 고도를 유지하지만 유독 보니토 용암류 지역만 2,103m를 유지하고 있다. 보니토 용암류는 용암이 낮은 지대를 모두 채운 모습을 하고 있다.

■ **라바 플로 트레일**(Lava Flow Trail, 왕복 1.6km) 이 트레일은 보니토 비스타 트레일에 이어서 선택할 수 있는 트레일이다. 이 트레일의 출발점에서 바라본 선셋 화산은 유난히 붉은빛과 노란빛이 섞여서 특별한 모습으로 다가올 것이다.[45] 석양 무렵의 선셋 화산은 찬란하다. 어떻게 붉은빛과 노란빛이 섞인 것처럼 보일까? 현무암의 주성분인 철이나 마그네슘이 검은색을 띤다는 점을 염두에 두면 붉은빛과 노란빛의 조합은 예상하기 어렵다. 선셋 화산의 바닥 부분이 검은색이 강한 반면 정상과 언덕 부분은 짙은 붉은색과 노란색이 조합돼 뚜렷하게 대조를 이룬다. 이유가 무엇일까? 화산 폭발 과정에 비밀이 숨어 있다. 화산이 폭발할 때 분화구에서는 뜨거운 화산 가스가 분출되는데, 화산 수증기가 분화구를 가득 채우게 된다. 이때 수증기와 암석이 화학 반응을 일으키면서 산화철, 함황화합물, 석고 등이 만들어지는데 그 결과 붉은색, 노란색, 보라색, 초록색을 띤 현무암이 선셋 화산을 장식하게 된다.

■ **아아 트레일**(A'a Trail, 0.3km) 앞의 두 트레일을 시작하기 전의 출발지에 해당하는 루프 트레일이다. 'A'a'는 하와이 원주민 방언으로 '거친 표면의 돌투성이 또는 불타버린 곳(stony rough lava)'을 뜻한다. 점성이 강한 용암이 천천히 흐르면서 급랭된 까닭에 현무암의 표면이 거칠고 뾰족하며 파편화돼 있다. 트레일을 하려면 튼튼한 신발을 신고 걸어야 한다.[46]

신더 힐스 오버룩

선셋 화산을 비교적 가까운 거리에서 올려다볼 수 있는 곳은 해발고 2,133m에

신더 힐스 오버룩

있는 신더 힐스 오버룩(Cinder Hills Overlook)이다. 잠시 멈춰 선셋 화산의 정상과 완만한 언덕을 북동쪽에서 바라볼 수 있다. 검은색의 화산재, 숲, 붉고 노란 정상을 볼 수 있다. 고지대라서 샌프란시스코산(山)을 비롯한 주변의 여러 화산을 조망할 수 있다.

무엇보다 눈여겨봐야 할 곳은 최초의 화산 폭발이 일어날 때 선셋 화산의 바닥에서 분출한 카나아 용암류다. 분출된 시점은 1064년으로 비중 있게 다뤘던 보니토 용암류보다 115년 전에 분출된 용암이다. 이 용암은 우파키 국가기념물로 가는 길을 따라가면서도 목격할 수 있는데, 분출된 곳에서 북동쪽으로 흘러간다. 고도를 보면 왜 용암이 도로를 따라 북동쪽으로 흘러갔는지 이해할 수 있다. 카나아 용암류의 고도는 1,857m인데 도로를 따라가다 보면 방문자센터는 1,493m까지 고도가 떨어진다. 용암이 높은 곳에서 낮은 곳으로 자연스럽

카나아 용암류

게 흘러갔음을 짐작할 수 있다.

　보니토 용암류가 분출된 곳을 중심으로 넓게 퍼지는 모습이라면 카나아 용암류는 북동쪽으로, 즉 낮은 쪽으로 길게 흘러가는 듯 분포돼 있다. 카나아 용암류는 동북쪽으로 6.4km나 떨어져 있는 카나아 워시(Kana-a Wash)까지 흘러가다가 다시 두 갈래로 나눠진다. 하나는 카나아 워시를 따라서 1.6km까지, 나머지 하나는 또 다른 워시를 따라 3.2km까지 흘러간다.[47] 멀리는 리틀콜로라도 강과 나바호 보호지역까지 닿아 있다. 여기서 워시는 비가 올 때만 물이 흐르고 평소에는 마른 하천을 말한다.

　흥미로운 점은 보니토 용암류는 '거친 표면의 돌투성이 또는 불타버린 곳'이라는 뜻의 아아 용암(A'a-lava)이 대종을 이룬다. 하지만 카나아 용암류는 대부분이 파호이호이 용암(Pahoehoe lava)이 주를 차지한다. 파호이호이 용암은 하와

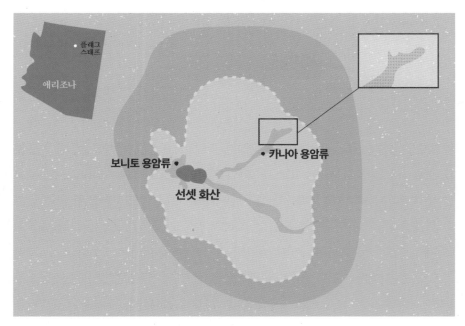

선셋 화산 주변 용암류

이 원주민 방언으로 '표면이 매끄럽고 깨지지 않는 용암'을 뜻한다. 일반적으로 점성이 낮고 유동성이 큰 용암을 가리킨다. 이 용암은 수십 센티미터~3미터 내외의 뜨거운 용암류가 중첩된 모양을 하고 있으며 표면은 편평하고 매끄럽다.

마지막으로 페인티드 사막 비스타(Painted Desert Vista)에도 잠시 들를 수 있다. '내셔널 포레스트 레크레이션 에어리어(National Forrest Recreation Area)'라는 큼직한 간판을 보고 왼쪽으로 들어서면 널찍한 주차 공간과 함께 주변의 크고 작은 화산을 볼 수 있다. 오른쪽으로 저 멀리 펼쳐진 밝은 빛의 페인티드 사막을 볼 수 있을 것이다. 이미 우리는 페인티드 사막을 가장 잘 볼 수 있는 곳을 살펴본 바가 있다. 페트리파이드 국립공원을 말한다.

12

우파키 국가기념물:
푸에블로 인디언의 영광

우파키 국가기념물(Wupatki National Monument)로 가는 길은 색다른 풍광이 펼쳐진다. 우선 신더 힐스 오버룩과 우파키 국가기념물 방문자센터 사이에는 약 100m의 고도차가 있다. 신더 힐스 오버룩을 출발한 자동차는 화산지대와 전혀 다른 풍경을 향해 내리막길을 달리게 된다. 두 곳 사이의 거리는 21km에 불과하지만 지질학적 특성이나 분위기는 전혀 딴판이다. 한곳은 용암이 흘러내리고 화산 쇄설물이 차곡차곡 쌓인 검은색 토양이 주를 이루는 화산 지역의 특징을 갖고 있다면, 다른 곳은 불타는 듯한 눈부신 빛깔의 토양이 끝없이 펼쳐져 있다. 800여 년 전까지 푸에블로 인디언의 든든한 주거지 역할을 했던 우파키 국가기념물의 방문자센터를 찾아가는 길에 떠올리게 되는 의문은 멀리 떨어져 있지 않은 두 곳이 왜 이처럼 풍경이 다른가다.

모엔코피층

우파키 국가기념물 주변에서 관찰할 수 있는 암석은 붉은빛을 띠는 다채로운 갈색이 주를 이룬다. 선셋 화산의 지표를 구성하는 구멍이 숭숭 뚫린 검은색 화산석과 비교할 수 없을 정도로 역사가 오래된 것이다. 선셋 화산의 화산 폭발은 지금으로부터 약 1,000년 전(1064/1065~1180)의 일이며, 선셋 화산을 포함하는 샌프란시스코 화산지대는 약 600만 년(600만~1000)의 역사를 갖고 있을 뿐이다.

지질학의 분류에 따르면, 우파키 국가기념물 주변의 암석들은 중생대 트라이아스기(삼첩기)와 고생대 페름기(이첩기) 암석이 주를 이룬다. 당시 북미대륙은 지금보다 훨씬 남쪽에 있었고 열대 기후였다. 위치도 바다 아래나 바닷물이 들어오는 곳에 있었다.

중생대 트라이아스기를 대표하는 지층은 윈게이트사암, 친레층, 모엔코피층 등이 있다. 윈게이트사암은 고대 바다의 해안 모래언덕으로 만들어졌다. 모엔코피층(Moenkopi Formation)은 하천에서 적갈색의 실트(silt)를 축적하면서 실트암을 만들어내는데 이것이 융기와 침식을 거치면서 만들어진 게 모엔코피층이다. 친레층(Chinle Formation)은 모엔코피층 위에 모래와 진흙이 퇴적되고 바람에 날아온 화산재 등이 혼합돼 우라늄이 포함돼 생성된다.

한편 고생대 페름기를 대표하는 암석들인 카이바브석회암(2억 5000만 년 전)과 토로윕(Toroweap, 2억 6000만 년 전)은 모두 해양 퇴적물로 이뤄져 있다.[48] 그밖에 코코니노사암층(Coconino Sandstone, 2억 8000만 년 전)은 사막 모래언덕으로, 허밋셰일층(Hermit shale, 2억 8000만 년 전)은 범람원 퇴적물로, 수파이층군(Supai group, 3억 년 전)은 늪, 강, 범람원의 퇴적물로 이뤄져 있다. 지역으로 보면 우파키 국가기념물은 샌프란시스코 화산지대와 페인티드 사막의 경계선에 있다.

우파키 국가기념물을 방문한 사람에게 가장 인상적인 것을 하나만 꼽으라면 갑자기 적갈색 천지의 세상을 맞게 됐음을 지적할 것이다. 이 암석은 색이

우파키 국가기념물

화려할 뿐 아니라 다듬어서 원하는 것을 만들 수 있을 정도로 부드럽다. 우파키 국가기념물의 관전 포인트 가운데 하나는 이곳의 지질학적인 특성을 이해하는 것이다.

우파키 국가기념물에서 눈에 들어오는 대부분의 암석은 붉은빛과 갈색이 조화를 이룬 모엔코피층이다. 그다음 회색과 옅은 녹색인 카이바브층(Kaibab Formation)이다. 두 지층은 2억 5000만~2억 년 전에 형성된 것이며, 전자는 퇴적사암이고 후자는 퇴적암이다. 국가기념물의 남동쪽 지역에는 모엔코피층이 압도적인 위치를 차지하고 있어 적갈색이 주를 이룬다.

모엔코피층은 푸에블로 인디언들에게 훌륭한 건축 자재를 공급했다. 국가기념물에 서 있는 건축물들은 하나같이 모엔코피층에서 얻은 재료로 만들었다. 단색이 아니라 붉은색과 갈색의 배합이 저마다 다른 벽돌을 쌓아서 만든 집은 그 자체만으로 '아름답다'는 생각이 든다. 이곳을 방문한 사람이라면 적갈색의 벽돌집 유적들을 아주 오래 기억할 것이다. 햇살이 사시사철 내리쬐는 곳이라서 벽돌집은 파란 하늘을 배경으로 더욱더 선명하게 가슴을 파고든다.

사람은 늘 현재를 중심으로 매사를 생각하는 경향이 있기 때문에 사막 위에 펼쳐진 풍광에서 먼 과거를 생각해볼 수 없다. 그러나 이곳을 둘러보는 동안 이곳이 오래전에 바닷속의 한 부분이었음을 말해주는 증거를 찾는 일은 어렵지 않다. 사암, 진흙, 바다 생물 화석 등은 8000만 년 전의 콜로라도고원 융기 이전에 이곳이 바닷속의 한 부분이었음을 상기시켜준다. 행운이 함께한다면 건축 용도로 쓰인 벽돌에 아로새겨진 바다의 잔물결을 목격할 수도 있다.

이곳에 누가 언제부터 언제까지 살았을까? 정주를 시작한 시점은 500년 무렵으로 선셋 화산이 폭발하기 전이다. 그러나 인류학자들은 선셋 화산 폭발 이전까지 유적지는 오로지 2개가 있을 정도로 드물었다고 한다.[49] 1100~1250년 주거지가 크게 늘어난다. 이는 선셋 화산이 진정되고 생태계가 복원되는 시점을 기준으로 이곳에 많은 사람이 몰려들었음을 알 수 있다.

1100년 무렵 농경 사회가 형성됐으며, 선셋 화산 폭발이 생태계에 끼치는 영향이 진정되는 1180년이면 우파키 국가기념물 주변 지역에는 수천 명의 푸에블로 인디언이 농사를 지으면서 살았다. 이들은 북서쪽에서 온 코호니나(Cohonina), 남쪽에서 온 시나구아(Sinagua), 북쪽에서 온 카엔타 아나사지(Kayenta Anasazi) 등 세 그룹으로 구성된다. 고대 푸에블로 인디언이 이 땅에 거주지를 마련하고 살았던 사람들이다.

이곳에 가장 많은 사람이 살았던 시점은 선셋 화산이 진정되는 때부터이며, 이유는 학자들 사이에 의견이 갈린다. 어떤 연구자는 화산재가 쌓여 비옥한 농토가 만들어진 덕분이라고 주장한다. 마치 '골드러시'처럼 이곳이 농사를 짓기에 적합해 '랜드러시'가 이뤄졌다고 말이다. 또 다른 연구자는 우호적인 날씨 덕분에 선셋 화산 폭발 이후에 사람들이 이곳에 몰려들었다고 한다. 선셋 화산 활동이 주변 지역에 비해 이곳을 주거지로서의 매력을 더했음을 알 수 있다. 그들이 이곳을 떠난 시점은 1250년 무렵으로 추정된다. 원주민의 주거지는 모두 7곳이며 제각각의 특징이 있어 모두 둘러볼 필요가 있다. 주거지와 주거지 사이의 거리가 가까워 둘러보는 데 시간이 많이 들지는 않는다.

우파키, 지역 사회의 중심

우파키(Wupatki) 국가기념물에서 단연 압권은 호피 언어로 '높은 집'이란 뜻을 가진 우파키다. 가장 긴 시간을 들여서 꼼꼼히 들여다볼 만큼 멋진 주거지다. 오래전에 버려진 지역이지만 지금이라도 고대 푸에블로 인디언이 반갑게 방문자들을 맞으려 나올 것같이 보존 상태가 뛰어나다. 방문자센터의 문을 열고 나가서 몇 걸음을 떼자마자 언덕 위로부터 한눈 가득히 들어오는 푸에블로족의 주거지는 놀라움을 주기에 충분하다.

　오랫동안 버려진 곳이지만 지금까지도 호피족은 이곳을 조상이 머물렀던 정신적인 정원으로 간주하고 있다.[50] 그래서 호피 인디언의 다양한 부족, 이를테면 곰(Bear), 모래(Sand), 도마뱀(Lizard), 방울뱀(Rattlesnake), 물(Water), 눈(Snow), 카시나(Katsina) 등과 같은 씨족은 이곳을 정기 방문해 자신들의 뿌리를 확인하는 일을 하고 있다. 일반인 눈에는 오랫동안 버려진 장소로 비치지만

우파키 푸에블로 주거지

이 부족에게 이 장소는 후손들과 정신적으로 아직까지 연결돼 있다는 것을 알 수 있다.

우파키 푸에블로의 주거지는 언덕 위로부터 전체 모습을 파악한 다음 완만한 경사로를 따라서 만들어진 트레일을 따라 구조물을 살펴보면 된다. 3층으로 된 큰 주거지, 작은 주거지 볼룸(ball room), 큰 키바(kiva), 작은 키바 등을 상세한 설명과 함께 가까운 거리에서 관찰하고 학습할 수 있다. 드넓은 평원에 우뚝 선 3층짜리 주거지는 먼 곳에서도 충분히 보일 정도다. 당시 기준으로 보면 거대한 주거지였을 것이다. 크기가 다른 방의 수만 100여 개 이상이다. 공동 생산과 공동 분배를 행했던 고대 사회이지만 위계질서가 명확한 사회였음을 짐작케 하는 대목이다.

이들은 주로 농작물을 경작했지만 그것만으로 생계를 유지하는 일은 쉽지 않았을 것이다. 이곳에서 출토된 도기는 125점이다. 도기를 생산해서 인근 부족들과 교역을 했음을 알 수 있다. 고고학 연구는 그들의 교역 범위가 상당히 넓었음을 증명해준다. 중부의 프레스캇 문화권에 사는 부족이나 아나사지 중에서도 리틀콜로라도강 주변의 윈슬로에 사는 부족들과 도기 교역을 했다.

고고학 연구는 이곳이 언제 번성했는지 말해준다. 1060~1130년에는 도기(陶器) 유적이 18곳 이상이었지만 1130~1160년에는 99곳 이상으로 늘어난다. 1160~1220년 최고치를 기록하는데 무려 369곳에서 발견된다. 유적지 연구는 우파키가 교역, 의례, 문화, 교통의 중심지였음을 말해준다. 총 2,397개 유적지 가운데 1,080개가 방 1개 또는 움막 1개로 구성되어 있고, 723개는 2~6개의 방 또는 움막을 찾아볼 수 있다. 방이 100개 이상인 곳은 우파키가 유일하다. 그 다음으로 방이 50개 이상인 곳이 시타델이다.

우파키가 번성하는 데는 지리적 이점이 일정한 역할을 했다. 우파키가 다양한 교역로에 가까운 곳에 있었기 때문이다. 결과적으로 우파키를 중심으로 아이디어의 교환이나 물건의 교환이 원활하게 이뤄졌다. 면직물, 터키옥, 조개보석, 주홍빛 잉꼬깃털 등이 우파키에서 발견됐다. 1220년 이후에 인구가 급감하다가 1250년부터 버려진 곳이 된 이유는 명확하지 않다. 그렇지만 기후가 악화

모엔코피층과 화산재의 만남

됐거나 그동안 농사 시 수분의 증발을 막고 토질을 유지하는 데 도움을 줬던 화산재(water-retaing cinder mulch)가 바람에 날려서 사라진 게 한 가지 요인이 됐을 것으로 추정된다. 18세기 들어서 버려진 이곳을 나바호 인디언이 사냥을 위한 임시 거주지로 썼다.

이곳을 포기하게 만든 원인이 토양에 있다면 눈여겨볼 만한 장소가 있다. 우리는 이미 우파키 국가기념물의 토양이 2억 년이 훨씬 넘을 정도로 역사가 오래됐다고 말한 바 있다. 오래된 토양 위에 화산 폭발로 생긴 화산재가 쌓이게 된다. 1064~1065년 선셋 화산이 폭발하면서 화산재가 이곳까지 날아왔기 때문에 우파키 푸에블로가 번성하는 데 일정 정도 도움이 됐다. 그런데 그 화산재가 사라지자 농작물을 재배하는 데 큰 타격을 받았다는 게 전문가들의 주장이다. 당시 상황을 짐작하게 하는 유적지는 방문자센터 왼쪽의 우드하우스 메사(Woodhouse Mesa)다. 1,000년 전 선셋 화산 폭발로 날아온 검은색의 부드러운 화산재가 2억 년 전에 생성된 적갈색의 모엔코피층을 덮은 모습이다. 지금은 검은색 화산재가 상당히 엷어져 나무와 풀이 자리 잡고 있지만 푸에블로 인디언이 살았을 당시에는 지금보다 훨씬 화산재가 두텁게 쌓여 있었을 것이다.

우파키의 번영과 몰락의 원인을 상상해볼 수 있도록 돕는 곳이다.

옛사람의 유적지를 방문할 때마다 '이렇게 척박한 땅에서 어떻게 살았을까?'라는 의문이 떠나지를 않는다. 현대인들은 자신의 삶을 두고 이런저런 이야기를 할 수 있지만, 과거와 현재를 비교하면 조용히 입을 다물게 된다. 그들의 삶이 결코 녹록치 않았음은 푸에블로 인디언 연구를 통해서 파악할 수 있다.

유전고전학자인 마들렌 힝스(Madeleine Hinkes)에 의하면, 반복적인 식량 부족과 빈혈증은 육체적인 스트레스를 증가시키고 뼈에 이상 증세를 가중시켰다고 한다. 그래스하퍼 푸에블로(Grasshopper Pueblo)를 대상으로 한 연구에 따르면, 태어나는 아이들 가운데 56%가 12살이 되기 전에 죽었다.[51] 어린 시절을 무사히 살아남더라도 20년을 더 살 확률도 매우 낮았다. 20~30대 가임 여성은 같은 연령대의 남성에 비해 2배 정도의 사망률을 기록했다.

우코키 푸에블로

우코키(Wukoki Pueblo)는 오던 길로 약간 돌아가야 만날 수 있는 곳이다. 마치 바다 위에 우뚝 서 있는 섬 같은 모습을 취하고 있다. 어둠에 쌓인 우코키는 주변을 경계하는 오래된 성채나 요새 같은 모습이다.

1896년 이곳을 조사한 고고학자 제스 퓨크스(Jess Walter Fewkes, 1850~1930)는 우코키가 한두 가족이 수세대에 걸쳐 살았던 곳이라는 기록을 남겼다.[52] 얼마나 정성스럽게 벽돌집을 지었는지 살펴보는 사람들 입에서는 감탄사가 절로 나온다. 평지 위에 우뚝 선 3층 건물 꼭대기까지 오르는 길이 제법 가파르다. 3층이지만 층수보다 훨씬 높게 느껴진다. 높은 암반 위에 집을 올리다니! 정상에서 주변을 바라보니 시원함 그 자체다. 멀리 크고 작은 산이 둘러싸고 있고 우코키 주변으로 낮은 관목이 가득 찬 고원이 끝없이 펼쳐진다. 주거지 바로 곁으로 작은 캐니언이 둘러싸고 있다. 아마도 푸에블로가 살았을 당시에는 캐니언으로 물이 흘렀을 것이다.

1851년 리틀콜로라도강에서 서쪽으로 향하는 길을 탐색하던 로렌조 싯그리

우코키 주거지

브스(Lorenzo Sitgreaves, 1810~1881) 소위는 애리조나 북부를 관통하는 길을 찾고 있었다. 그가 찾은 길은 올드 인디언 트레일이다. 이곳에서 우코키를 비롯한 푸에블로 유적지를 발견하게 된다. 여기저기에 깨진 도기 잔해가 널려 있는 것을 본 싯그리브스가 남긴 기록이다.

모든 중요한 장소는 상당한 규모의 돌집들이 차지하고 있다. 3층집도 있었다.

당시 그는 그 집을 아무도 점유하고 있지 않다는 점을 발견하고 이유를 물 부족에서 찾았다. 우파키 국가기념물을 방문하는 사람이라면 물과 문명 사이의 관계가 머리에서 떠나지 않을 것이다. 물 부족이 훌륭한 주거지를 포기한 중요한 이유 가운데 하나였음을 다시금 생각하게 된다.

나머지 유적지를 보려고 움직였다. 이동하면서 놓치지 않아야 하는 이곳은 지각의 융기와 침강을 직접 목격할 수 있다. 도니 절벽(Doney Cliffs)은 우파키 분지의 서쪽 경계선에 해당하는데 주차는 우파키 분지의 서쪽 경계선에 하면 된다. 일단 도로 우측에 안전하게 임시 주차를 한 다음 북서 방향에 있는 도니 절벽을 관찰한다. 정상 지층이라면 오래된 암갈색의 카이바브층 위에 젊은 적갈색의 모엔코피층이 위치해야 한다. 그런데 도니 절벽은 젊은 지층 위에 오래된 지층이 덮고 있다.

이런 일이 발생한 시점은 지금으로부터 8000만~4000만 년 전이다. 태평양판과 북미대륙판이 서로 충동하면서 생겨난 일이다. 그 결과 로키산맥은 융기하고 이 사건으로 미국 서부가 형성되게 된다. 똑같은 일이 이곳에서도 일어났다. 블랙 포인트 모노크라인(단층)은 융기하고 반대편은 침강하게 된다. 이때 도니 절벽이 형성되는데 122m 정도의 높이 차가 발생하게 된다. 이런 지질 활동으로 말미암아 내려앉은 담황색 카이바브층 위로 적갈색의 모엔코피층이 쌓이게 된다.

시타델 푸에블로

시타델 푸에블로(Citadel Pueblo)는 지역 내에서 우파키 다음으로 많은 사람이 살았던 곳이다. 산꼭대기에 우뚝 선 성채처럼 생긴 주요 거주지 외에 주변에 작은 주거지가 포진하고 있었다. 우파키와 다른 점은 다양한 암석을 벽돌 재료로 썼다는 것이다. 우파키가 주로 모엔코피층을 사용한 반면 시타델은 진갈색의 현무암 또는 담황색의 카이바브층인 퇴적암을 많이 사용했다. 이곳을 방문하는 사람들은 벽돌 소재가 달라서 우파키와 아주 다른 분위기의 주거지를 만나

시타델 주거지

게 된다. 검은색 계통의 벽돌이 주를 이루고 있다.

사용한 암석 색의 차이는 이곳을 주변과 뚜렷이 구분하기에 충분하다. 왜 현무암 같은 화산암을 주로 썼을까? 쉽게 구할 수 있어서 그렇다. 시타델 푸에 블로 정상에 서면 남서쪽 방향으로 오래된 지층이 그 모습을 과감히 드러낸 깊게 패인 큰 웅덩이가 있다. 시타델 싱크(Citadel Sink)라 부르는 곳이다. 시타델 싱크는 이곳에서 검은색 현무암을 벽돌용으로 쓴 이유를 알 수 있게 해준다. 시타델 싱크에 우뚝 서 있는 길이 244m, 높이 52.73m의 언덕 가장 상단의 암석이 현무암이다. 바로 그 아래 암석이 진갈색의 모엔코피사암이고 맨 아래에 카이바브퇴적암이 자리를 차지하고 있다. 시타델 싱크는 이곳에 거주하는 사람들에게 물을 제공하는 장소였다.

한편 시타델 푸에블로로 올라가는 길목에 있는 작은 주거지가 나라키후 푸에블로(Nalakihu Pueblo)다. 다른 곳에 비해 유적지를 발굴하는 과정에서 상당 부분 손을 댄 흔적이 남아 있다.

로마키 푸에블로

로마키 푸에블로(Lomaki Pueblo)에서 '로마키'는 '아름다운 집'이란 뜻이다. 이 집은 높이가 낮고 작은 캐니언의 끝부분에 달랑 걸려 있듯이 서 있다. 주거지를 떠받치는 것은 지진으로 생긴 바위다.

주변의 산이 한눈에 들어올 정도로 전망이 뛰어나다. 2층 구조이며 방이 9개다. 이곳에서는 특별히 T자형 문을 만날 수 있다. 우파키와 다른 부분 가운데 하나는 카이바브퇴적암으로 만든 벽돌을 건축 자재로 많이 사용한 점이다. 바로 곁에 있는 캐니언에서 물을 얻었는데 물을 저장한 사방댐(check dam) 흔적이 남아 있다. 비가 내리는 동안에는 주둥이가 넓은 그릇을 이용해서 물을 받

로마키 주거지

박스캐니언 주거지

아두었으며, 비가 오지 않으면 16km나 떨어진 리틀콜로라도강까지 가서 먹을 물을 구해와야 했다. 1.2km 길이의 캐니언은 1190년대 화산 활동으로 지각 변동과 단층의 변화로 생겨난 것이다.

마지막으로 로마키 푸에블로를 보려고 나선 길 입구에서 박스캐니언 주거지(the two Box Canyon Dwelling) 2곳을 만났다. 박스캐니언을 따라 두 유적지가 약간의 거리를 두고 마주 보듯 서 있다. 이곳의 특징은 지금까지 적갈색이 압도적이었다면 여기서는 담황색의 카이바브석회암이 뚜렷이 그 위용을 드러내고 있다는 점이다.

하나는 박스캐니언의 림에 달랑 들어다가 올려놓은 것 같은 방 2개를 갖춘 주거지이고 다른 하나는 샌프란시스코봉을 바라볼 수 있는 전망이 뛰어난 곳에 있다.[53]

험프리봉

콜로라도고원과 샌프란시스코 화산지대

귀한 것을 보고 나서 떠날 때가 되면 항상 아쉬움이 뒤따른다. 그때마다 몇 번이고 뒤를 되돌아보게 되는데 그래도 항상 떠나야 하는 게 여행자에게는 숙명이다. 언젠가 다시 들를 기회가 있겠지만 여행지는 한 번 지나고 나면 다시 방문하는 일은 여간 어렵지 않다. 새롭게 가야 할 곳이 아주 많이 기다리고 있기 때문이다. 우리가 살아가는 삶의 순간도 이런 마음가짐으로 살아가면 어떨까? 내일도 오늘과 같은 일상이 반복되겠지만 모든 것은 처음이자 마지막처럼 여길 수도 있다.

다음 행선지는 8km 남짓 떨어진 선셋 우파키 루트와 US 89번이 만나는 교차점이다. 그곳을 향해 달릴 때 주변에는 넓은 초지가 양 옆으로 펼쳐지고 길가로는 낮은 관목이, 길가에서 조금 떨어진 곳에는 키 큰 나무가 들어서 있다.

우파키에서 그랜드캐니언 가는 고원

저 멀리는 항상 굽어보듯 지켜보는 산과 함께하는데 애리조나에서 가장 높은 샌프란시스코산(山)의 주봉인 고도 3,851m의 험프리봉(Humphrey Peak)이다. 평지를 달리면서도 '이곳이 고원지대구나'라는 느낌이 새삼스럽다. 1,524m가 넘는 높은 고원 즉, 콜로라도의 한 부분을 달리고 있었다.

　콜로라도고원은 애리조나주 북동쪽 끝 코너에서 유타주, 뉴멕시코주, 콜로라도주와 함께 만난다. 이곳을 포 코너스(Four Corners)라 부르는데, 한반도의 1.5배를 차지하는 콜로라도고원은 4개 주에 걸쳐 놀라운 자연경관을 만들어낸다. 다양한 화산, 고원, 건조한 사막, 화려한 뷰트(butte), 깊은 캐니언, 넓은 초지 등이 있고 이곳에만 국립공원 9개와 국가기념물 25개가 존재한다. 평균 고도가 2,000m로 대부분 1,200~2,400m를 유지하고 있다. 애리조나주 콜로라도고원에서 나바호와 호피 인디언의 보호구역이 차지하는 비중은 약 3분 1이나 된다.

　애리조나 북부를 여행하는 동안에는 거의 대부분 콜로라도고원의 어딘가와 닿아 있다. 우파키를 뒤로하고 차를 운전하는 바로 그곳은 콜로라도고원 가운데서도 특별한 지역이다. 600만 년 동안 화산 활동이 활발했고 분석구, 용암류, 용암 둠 등 600여 개의 크고 작은 화산과 화산 활동, 관계된 지형으로 형성된 샌프란시스코 화산지대. 그랜드캐니언과 플래그스태프 사이의 상세 지도를 살피다 보면 조금 과장되게 얘기해 한 집 건너 화산 활동의 흔적이 남아 있다는 생각이 든다. 화산 활동으로 생성된 웅덩이 같은 산봉우리가 도처에 널려 있다.

SP 크레이터

우리의 삶이 그러하듯 여행은 계획과 우연이 날줄과 씨줄로 연결된다. 여행의 묘미는 전혀 예상치 못한 것을 예상치 못한 장소에서 만나는 기쁨이다. 눈길을 어디에 두는지에 따라 관심을 어디에 두는지에 따라 뜻밖의 만남이 있는 게 여행이다. 인생길도 그렇지 아니한가!

US 89를 만난 다음 우회전해서 방향을 북쪽으로 잡고 차를 몰자마자 3.2~4.8km 지점의 건너편으로 1960년대를 연상시키는 초라하기 짝이 없는 시골 주유소가 나온다. 행크스트레이딩포스트(Hanks Trading Post)다. 이곳 왼편으로 붙어 있는 작은 철제문을 열고 조심스럽게 비포장도로를 따라 들어갈 수 있다. 이 길이 배빗 랜치 로드다. 9.7km 정도를 전진하면 SP 크레이터(SP Crater)의 서쪽 면과 만날 수 있고 여기에 차를 세워둔 채 산꼭대기로 가는 트레일을 시작할 수 있다.[54,55]

고도 2,140m, 돌출 높이 250m인 이 분석구 화산은 림 주변이 선셋 화산과 달리 현무암과 안산암으로 구성돼 있다. 그래서 트레일 하기에 불편하지 않고 림에서 분화구를 내려다볼 수 있다. 7만 1000년 전 분출됐으며 선셋 화산과 비교할 수 없을 정도로 오래됐다. 이곳의 바닥에서 흘러나온 마그마는 페인트 통을 쏟은 것처럼 북동쪽으로 길이 7.2km, 깊이 9m로 긴 용암 지대를 만들어냈다. 생성된 용암류가 넓어서 여타의 화산 활동과 차이가 뚜렷하다. 흘러넘친 용

SP 크레이터

암의 점성이 낮은 탓에 긴 용암류가 형성될 수 있었다.

곧바로 다음 행선지로 가지 않고 SP 크레이터를 소개한 데는 특별한 이유가 있다. 미국은 사유 재산을 상상할 수 없을 정도로 중히 여기는 나라다. 이 점은 웬만한 자본주의 사회에서 살아온 사람들이라 할지라도 여행객으로 미국에서 만나는 놀라움 가운데 하나이고 또 다른 한편으로 주의해야 할 점 가운데 하나다. 사유지를 통과하는 일은 일체 허용되지 않는다. 미국을 여행하다 보면 자주 '이곳은 사유지입니다. 이 선을 침범하는 것은 허용되지 않습니다'라는 간판을 볼 수 있다. 사람들을 이를 당연히 여기고 경계선을 넘지 않도록 주의하게 된다. 한마디로 나의 것과 당신의 것이 명확한 사회다.

SP 크레이터로 가는 길에 1866년 설립된 개인 소유 목장인 배빗 랜치를 만날 수 있다.[56] 배빗 랜치는 애리조나 내에 70만 에이커의 목축지를 소유하고 있다. 지금도 가족 기업으로 운영하고 있으며 소, 말 등 8,000두를 기르는 축산 기업이다. 그들이 누구든 배빗 랜치에 접근할 수 있도록 허락을 해준 덕분에 우리는 SP 크레이터에 접근할 수 있다.

사유 재산권은 정말 중요하다. 현대 문명의 기초에는 자신의 것과 타인의 것을 구분하는 사적 재산권 제도가 굳건히 자리 잡고 있다. 이것을 유지하는 사회는 계속 번영을 누릴 수 있지만, 이것을 흔들어대거나 뒤집는 사회는 몰락의 길로 들어설 수밖에 없다. 인간은 태생적으로 자신의 것을 아끼고 소중하게 여기지만, 타인의 것을 소중하게 여기는 데는 깨달음과 각성, 교육이 필요하다. 미국은 사유 재산권에 대한 믿음이 그 어떤 사회보다 강한 나라다. 한때 유럽이란 구대륙이 사회주의와 공산주의의 도도한 흐름에 휘말려 들어갈 때조차 미국에서는 그런 사상이나 이념이 파고들 수 없었다. 미국이 사유 재산권 침해를 옹호하는 사조를 막고 민중주의의 거센 파고를 막아내는 방파제 역할을 해준 덕분에 현대 문명이 이제껏 유지돼왔다고 해도 과언이 아니다. 이 점이 미국이란 나라가 인류 발전에 기여한 큰 공헌 가운데 하나다.

배빗 형제들

배빗 랜치에는 사람 이야기, 한 걸음 나아가 미지의 세계를 향해 자신들의 운명을 실험했던 기업가 이야기가 들어 있다. 미국 여행에서 즐겁고 유쾌한 것을 꼽아보면 사람 이야기가 빠질 수 없다. 뭔가 확실한 게 없는 상태에서 자신의 많은 것을 걸었던 사람들 이야기가 오늘을 사는 우리에게 주는 교훈과 매력이 크기 때문이다.[57]

1886년 2월, 춥고 눅눅한 날의 이른 저녁 오하이오주 신시내티 출신의 두 젊은이 데이브 배빗과 빌 배빗이 기차에서 내렸다.[58] 신세계가 펼쳐지고 있는 서부에서 운명을 시험해보고 싶었던 두 사람이 드디어 첫발을 내딛은 것이다. 이들이 방문했을 당시 플래그스태프 상황은 좋지 않았다. 거칠고 황량한 도시는 3주 전에 다운타운을 휩쓴 큰 화재로 인해 검댕이 묻은 기둥을 제외한 대부

배빗 형제들

분의 것이 사라진 상태였다.

벌목업이 성행하던 이곳에는 여전히 술집이 그 어떤 사업보다 꽃피우고 있었고, 살롱 주인은 총잡이를 둬야 할 정도로 깨지기 쉬운 질서가 함께하던 시절이었다. 데이비드 배빗(1858~1920)은 특별한 사연이 있었다. 그가 10살 되던 1868년 아버지가 세상을 떠나고 독일계 이민자였던 어머니 캐서린 마이어(?~1883)에게 남겨진 아이들은 큰 딸과 아들 5명(엘리자베스, 데이비드, 조지, 찰스, 윌리엄, 에드워드)이었다.[59] 어머니는 독일계 특유의 근면함으로 아이들을 반듯하게 키워냈다. 어머니가 세상을 떠나기 한 해 전인 1882년 데이비드는 신시내티 시내에 작은 소매점을 열었다. 그즈음 길 건너편에 지역에서 성공한 사업가로 예리한 안목을 가진 조지 벌캄프(Geroge Verkamp)가 그 젊은이를 조용히 지켜보고 있었다.[60] 심지가 굳고 근면한 젊은이를 주목한 그는 훗날 딸 셋을 배빗가에 시집보낸다. 한 명이 아니라 다섯 형제 가운데 세 명에게 딸 셋을 시집보내게 된다. 조지 벌캄프가 내린 중요한 의사 결정 가운데 하나가 훌륭하게 대성할 데이비드 배빗을 사위로 삼은 것이다. 어머니가 고생하면서 자신들을 키워낸 것을 경험했던 아이들은 하나같이 근면하고 성실했다.

신시내티에서 가게를 연 지 얼마 되지 않아 데이비드는 서부에서 목축업으로 돈을 벌 수 있다는 정보를 입수한다. 그 정보는 서부를 잘 아는 세일즈맨 짐 배시와의 오랜 대화에서 얻은 판단이었다. 그가 첫 이주 대상으로 검토했던 곳은 와이오밍(Wyoming)과 몬태나(Montana)였고 1885년에 방문했다. 그다음 검토 대상은 뉴멕시코였다. 토지 가격이나 소 가격 등을 염두에 둘 때 모두 적합하지 않았다.

인생에서 기회는 때로 조용히 온다. 뉴멕시코 상황을 둘러보려고 앨버커키를 방문했을 때 데이비드는 기차역에서 역무원과 가벼운 대화를 나눈다. "플래그스태프라는 붐 타운에 기회가 있다"는 정보를 입수하고 바로 그곳으로 향한다. 플래그스태프로 올 때 그는 지역 유지인 브래넌(Brannen) 박사의 소개장을 소지하고 있었고 박사의 도움으로 짧은 시간 안에 중요 인물들을 만날 기회를 얻게 된다.

몇 달 동안의 치밀한 조사 끝에 데이비드와 윌리엄은 1만 7,640달러에 소 1,200두를 구입하고 목축업에 뛰어든다. 1886년 4월 17일의 일이다. 신시내티에서 C, 오하이오주에서 O를 따와서 지금까지 유지하는 브랜드 'C-O-BAR'를 만든다. 1886년 5월, 신시내티의 가게를 처분하고 형제 찰스가 플래그스태프에 도착한다.

배빗 형제들은 목축업에 모두 매달리는 것은 좋은 선택이 아니라는 사실을 잘 알고 있었다. 그래서 셋째 찰스와 넷째 윌리엄스가 목축업에 종사하고, 장남 데이비드와 둘째 조지는 유통업에 뛰어든다.[61] 이른바 가족 사업 영역을 다각화한 것이다. 초기 자본은 장인의 도움이 컸다. 장인은 데이비드에게 결혼 지참금으로 1만 달러를 제공했을 뿐 아니라 5만 달러를 미리 대부해주기도 했다. 배빗 형제들은 유통업, 부동산업, 극장업 등 다양한 분야로 사업을 확장해간다. 이 형제들의 사업 확장 역사에서 눈여겨볼 만한 사례를 2가지 들어보겠다.

1889년 배빗 형제들은 석유램프, 안장, 캔 음식 등을 판매하는 잡화점 사업을 시작하면서 인디언이 만든 상품을 판매하는 데 곧 눈을 돌린다. 1891년부터 거의 100년 동안 인디언 제품의 판매를 담당한 트레이딩포스트를 인디언 보호 구역의 서쪽에 위치한 투바시티(Tuba City), 윌로 스프링스(Willow Springs), 다이아볼로캐니언 등에 20여 개 이상을 경영했다. 배빗 형제들의 사업은 날로 성장해서 창업 이후 40년에 접어들 때쯤이면 애리조나 북부에 있는 100여 개의 목장 경영권을 소유하게 된다. 전성기에 배빗 형제들은 캔자스의 도지시티(Dodge City)부터 캘리포니아 남부까지 목축업과 유통업을 운영하고 있었다. 배빗 형제들이 운영했던 사업은 목축업, 트레이딩포스트, 광산 운영업, 농업, 석유 채굴업, 얼음 제조업, 장례 서비스업 등이었다.

배빗 형제들은 새로운 사업을 개척하는 데 과감한 리스크테이커로 손꼽혔지만 이것 못지않게 공익을 위한 기여도 컸다. 사업가로서 북부 애리조나에 사업 제국을 건설했다는 평가를 받을 정도로 성공을 거뒀다. 1939년 7월 7일자 〈코코니노 선〉지는 "애리조나 북부에서 배빗브라더스트레이딩사의 현재와 같은 압도적인 지위"라고 표현할 정도로 그들의 사업적 성취를 높게 평가했다.[62] 지역 사회에도 많은 기부와 기여를 했다. 다섯 형제를 연구했던 딘 스미스(Dean Smith)의 평가다.

> 그들은 사업을 성공적으로 했을 뿐 아니라 지역 사회의 교육, 문화, 종교 등 지원을 아끼지 않음으로써 플래그스태프의 성장과 발전에 도움을 주었다.[63]

오늘날까지 배빗 형제들이 남긴 흔적을 찾을 수 있다. 프란시스코 스트리트와 에스펜 스트리트의 코너에는 북부 애리조나에서 가장 큰 유통업체였던 배빗브라더스가 있다. 붉은색 벽돌 건물에 선명한 검은색 광고판 'BABBIT BROTHERS RANCHES, MERCHANTS & INDIAN TRADERS FLAGSTAFF ARIZONA'가 지금도 과거의 영광을 말해준다.

13

그랜드캐니언 사우스림: 미국 국립공원의 지존

US 89번 도로는 국립공원 하이웨이로 불린다. 플래그스태프에서 출발해 몬태나의 세인트메리(St. Mary)까지 연결되는 미국 종단 하이웨이이다. 이 도로를 따라 국립공원 7개와 국가기념물 14개가 있다. 국립공원을 통과하는 도로 가운데 높이와 굴곡 때문에 운전자들에게 극적인 경험을 제공하는 도로가 몬태나의 글레이셔 국립공원(Glacier National Park)을 관통하는 '고잉투더선(Going-to-the-Sun)' 도로다. 웬만큼 담력이 없는 사람은 운전하기가 쉽지 않다. 1년에 개통하는 시기도 몇 달 되지 않을 정도로 험난한 코스다. 그 도로의 왼쪽 끝, 그러니까 글레이셔 국립공원의 서쪽 문에 위치한 세인트메리를 통과해 캐나다 국경까지 연결하는 도로도 US 89번 하이웨이의 거의 끝부분이다.

지금 달리는 길은 US 89번의 초입 단계다. 우파키 국가기념물을 빠져나온

다음 48km를 달리면 캐머런(Cameron)에 도착하는데, 캐머런은 그랜드캐니언을 보기 위한 관광객이 통과하는 길목이자 갈림길에 있다. 캐머런의 교차점에서 핸들을 왼쪽으로 돌리면 애리조나 64번 도로로 들어서고 쭉 가다 보면 그랜드캐니언과 만날 수 있다. 그런데 US 89번 하이웨이를 따라 북진하면 신설 도시 페이지(Page)에 도착한다. 페이지는 그랜드캐니언 노스림을 가려면 반드시 통과해야 하는 도시다. 인근에 볼거리가 풍부해 늘 관광객으로 북적거리기도 한다. 1950년대 그랜드캐니언 댐 건설을 위한 후방 도시로 형성됐기 때문에 역사가 오래된 다른 도시들과 달리 볼 것은 없다. 그랜드캐니언 노스림을 포함해 애리조나 북부의 일부 지역은 다음에 별도로 다룰 예정이다. 우선 캐머런을 통과하기 전에 2가지를 언급해두고 싶다.

캐머런 상원의원

미국의 도시에는 심심찮게 공직에 헌신한 사람들의 이름을 붙이는 경우가 있다. 캐머런은 공화당 출신으로 초대 애리조나주 상원의원을 지냈던 랠프 헨리 캐머런(Ralph Henry Cameron)의 이름을 도시명으로 정한 경우다. 애리조나주 최초의 상원위원을 기념한 도시라고 하지만 관찰자 입장에서는 뜬금없는 질문을 던지게 된다. "캐머런이라면 공직에 있는 동안 사적 이익을 추구한 인물로 비난받지 않았던가?"

　캐머런의 짧은 이력을 살펴보면서 어떤 삶을 살았을지 되새겨본다. 1863년 메인(Main)주 출신으로 기회를 찾아 서부로 온 사람이다. 그가 서부로 가게 된 데는 탐험가 존 파웰이 1869년 콜로라도강에 관해 쓴 글이 영향을 끼쳤다고 한다. 20세(1883)가 되던 해 고향을 떠나 애리조나 준주로 이주했다. 공직에 투신하기 이전에 그는 그랜드캐니언의 가능성에 주목해서 오늘날도 인기 있는 트레일 가운데 하나인 브라이트 엔젤 트레일(Bright Angel Trail)을 개발한 다음 트레일 입장료를 받기도 하고 호텔을 지어 형과 함께 운영하기도 했다. 그러나 후세의 역사가들은 브라이트 엔젤 트레일 헤드에서 그가 관광객에게 입장료 1달러를 받은 것에 관해 가혹한 평가를 내리곤 한다.

공직자로서 캐머런의 경력은 화려하다. 코코니노 카운티 보안관, 코코니노 카운티 감독관, 애리조나 준주 하원의원, 애리조나주 초대 상원의원을 지냈다. 하원의원을 마치고 상원의원이 되기까지 피닉스에 거주하면서 광산을 찾는 일을 다시 시작한다. 초대 상원의원(1921~1925)을 마친 후 1926년과 1932년 다시 상원의원직에 도전하지만 뜻을 이루지 못한다. 이후에 노스캐롤라이나와 조지아에서 운모 광산과 캘리포니아의 금광 개발에 손을 대기도 하다가 89세(1953) 때 사업 차 출장 중에 세상을 떠났다. 다부진 외모에서 끝까지 자신의 길을 힘차게 개척한 한 인물의 삶을 그려보게 된다.

애리조나가 주로 승격하는 데 끼친 캐머런의 공헌이 있음에도 후세 사람들로부터 후한 평가를 받지 못한다. 오히려 잊힌 인물이라고 하는 게 정확한 표현일 것이다. 역사학자 파크 앤더슨(Park Anderson)은 다소 가혹한 평가를 내린다.

> 캐머런이란 이름은 그랜드캐니언의 역사에서 그랬던 것처럼 애리조나가 주의 지위를 취득하는 역사에서 지워져왔다.[64]

이유가 무엇일까? 어떻게 살아야 하는지 교훈을 주기에 족한 내용이 캐머런의 삶에 있다. 그가 후세 사람들에게 후한 점수를 받지 못하고 오히려 그 반대의 평가를 받는 데는 사익을 위해 공적인 자리를 이용했다는 평가를 받기 때문일 것이다.

캐머런이 사우스림 개발 초기 역사에서 중요 인물인 것은 분명하다. 일찍부터 그랜드캐니언의 가능성에 주목했고 여러 지역에 광업권을 소유하고 있었다. 여행 캠프를 성공적으로 운영했고, 트레일을 개발하는 데 앞장섰던 것도 사실이다. 하지만 수년 동안 개인 소유의 광업권을 보호받으려고 미국 연방정부를 상대로 집요하게 소송을 펼쳤다. 사익을 보호받으려고 그랜드캐니언이 국립공원으로 지정되는 것을 반대하는 소송을 말이다. 그랜드캐니언이 국립공원으로 지정되는 순간 그가 가진 광업권은 가치를 상실하기 때문이다. 1898년 초부터 국립공원 지정에 관한 이야기가 나오는데 당시 애리조나 북부 사람들의 상당수가 그랜드캐니언을 국립공원으로 지정하는 데 찬성하지 않은 이유는 광업이 경제 성장에 중요한 부분을 차지하고 있었기 때문이다.

캐머런이 1914년 제기한 케이프 혼(Cape Horn) 광업권에 관해 미국 대법원은 1920년 4월 미국 내무부의 손을 들어준다. 캐머런이 1916년 제기한 인디언 가든(Indian Garden) 광업권 관련 소송에 관해서도 대법원은 1921년 2월 패소 판결을 내린다. 정부와의 소송에서 패배가 명확했음에도 그는 마지막까지 그랜드캐니언의 광업권에 대한 미련을 버리지 못했다. 통제권을 계속 유지할 수 있으리라는 희망 또한 버리지 않았다. 그랜드캐니언은 1919년 국립공원으로 지정됐다.

1921년 캐머런이 상원의원으로 당선되자 이후 6년 동안 권한을 이용해 사람들이 놀랄 정도로 내무부를 공격하는 데 시간과 에너지를 투입했다. 국립공원청(National Park Service, NPS)의 그랜드캐니언 개발 예산이 공원의 캠핑화를 초래한다는 명분을 들어서 수개월 동안 예산 통과를 방해했다. 예산 규모도 줄여버린다. 한마디로 옹니를 부린 것이다. 게다가 상원의원으로서의 권한과 영향력을 사익을 보호하는 데 썼다. 1923년 무렵 개인 소유 광업권은 물론이고 브라이트 엔젤 트레일의 통제권을 유지하기 위해 권한을 남용하고 있다는 사실이 주변 사람들에게 알려질 정도였다. 그 정도에서 멈췄어야 했다.

그가 단임으로 상원의원을 마치게 된 이유 가운데 하나가 사적인 보복에 대한 애리조나 주민의 반감도 일정 역할을 했다. 시간이 가면서 사람들은 캐머런이 공직을 이용해 사익을 도모한다는 생각을 갖게 된다. 그랜드캐니언 개척자 묘지에 묻힌 묘소에 관한 파크 앤더슨의 기록이다.

올바른 일이든 올바르지 않은 일이든 평판이 좋지 못해 묘소를 찾는 사람도 드물고, 꽃이나 기억할 만한 것을 바치는 일도 드물다.[65]

캐머런의 일생을 들여다보면서 드는 생각은 안타까움이다. 캐머런이 1919년

그랜드캐니언 부근의 리틀콜로라도강

그랜드캐니언이 국립공원으로 지정된 다음 사익을 깨끗하게 포기하고 모든 것을 국가에 돌려주는 선언을 했다면 어땠을까? 아마 영웅이 됐을 것이다. 이익이 중요하기는 하지만 공직자가 영원히 살기를 원한다면 사익과 공직의 영광이라는 두 마리 토끼를 가질 수는 없다.

애리조나 주민들은 캐머런이 공직을 이용해서 사익을 추구하는 것에 분노했을지도 모른다. 그럼에도 그랜드캐니언의 관문 소도시에 캐머런이란 이름을 붙여준 것은 여간 관대한 일이 아니다. 우리나라라면 어땠을까? 역사 청산 차원에서 붙어 있는 이름조차 내팽개쳐버렸으리라.

리틀콜로라도강 협곡 부족공원

현대인들은 편안하게 강을 건너지만 이따금 옛사람들은 이 험한 강을 어떻게 건넜을지 생각을 해보게 된다. US 89를 달리다 보면 리틀콜로라도강을 건너는 현수교는 1911년 만들어진 길이 210m의 캐머런 서스펜션 브리지(Cameron

캐머런 서스펜션 브리지

Suspension Bridge)다. 이 다리가 있는 곳에서 서쪽으로 9.6km 떨어진 곳에 모르몬교도 세스 태너(Seth Benjamin Tanner, 1828~1918)가 1870년대에 집을 짓고 살았다. 태너는 애리조나와 멕시코에 정착하려고 도강하는 모르몬교를 도왔다. 그래서 태너스 크로싱 브리지(Historic Tanner's Crossing Bridge)라 불리기도 한다. 이 현수교 덕분에 인디언 보호구역의 나바호족과 호피족이 플래그스태프와 원활한 접촉을 할 수 있었다. 현수교가 개통되고 5년(1916) 후 허버트와 리처드슨(Hubert and C. D. Richardson) 형제가 현수교 건너편에 상점과 캐빈이 4개 딸린 캐머런트레이딩포스트를 짓고 인디언과 거래를 시작한다.

　　US 89번 하이웨이와 애리조나 64번 도로가 만나는 곳에서 15km 거리에 있는 협곡이 리틀콜로라도강 협곡 부족공원(Little Colorado River Gorge Tribal Park)이다. 신기하게도 US 89번 하이웨이를 벗어나 64번 도로로 들어서면 협곡이 보인다. 이곳은 앞으로 보게 될 그랜드캐니언의 맛보기 정도로 이해하면 된다. 그러나 그랜드캐니언에 비하면 소꿉장난 정도라 불러도 손색없는 두 곳의 협곡을 비교할 수는 없다. 리틀콜로라도강의 협곡 높이는 약 365m, 폭은 50m에 불과하다. 협곡은 카이바브석회암, 토로웝, 코코니노사암이 차곡차곡 쌓여 있다. 여기서 리틀콜로라도강이 애리조나 아파치 카운티의 화이트산(山)에서 발원해 북서쪽으로 550km를 흘러 그랜드캐니언의 콜로라도강으로 흘러들어 간다는 점을 염두에 둬야 한다. 지도를 보면 그랜드캐니언 동쪽 끝에 위치한 마블캐니언이 끝나고 어퍼 그래나이트 협곡(Upper Granite Gorge)이 시작되는 곳에서 두 강이 합류한다.

리틀콜로라도강 협곡 부족공원

리틀콜로라도강(왼쪽)과 콜로라도강(중앙)의 만남

　지도를 확인해보면 그곳의 고도는 829m로 리틀콜로라도강 협곡 부족공원
의 고도 1,005m보다 낮다. 리틀콜로라도의 발원지 고도는 3,000m다. 높은 발
원지에서 강물이 서서히 흘러내리며 낮은 곳에서 콜로라도강과 합쳐진다는 사
실을 알 수 있다. 리틀콜로라도강에는 댐이 없어 물이 짙은 황토색을 띤다. 합
류점에서 두 강물을 들여다보면 녹색에 가까운 콜로라도 강물과 황토색을 띤
리틀콜로라도 강물색이 뚜렷하게 대비된다.

그랜드캐니언 사우스림

그랜드캐니언 사우스림(South Rim)의 동쪽 관문으로 가는 길은 오르막길이다.

캐머런의 고도는 932m이고 관문을 통과하자마자 나오는 그랜드캐니언 데저트 뷰(Desert View)의 고도는 2,213m다. 932m 정도의 오르막길을 달려야 한다는 말이다.

캐머런에서 데저트 뷰에 이르는 64번 도로는 시닉 드라이브에 해당한다. 우측으로 페인티드 사막의 아름다운 풍광이 아래로 그림같이 펼쳐진다. 사막지대에 다양한 뷰트가 형성돼 있고 북쪽으로 꼬불꼬불한 길을 따라서 콜로라도강을 찾아가는 리틀콜로라도강이 이따금 사라졌다 나타나곤 한다. 빼어난 광경 때문에 고도가 높은 갓길에 보이는 주차 공간에는 나바호 원주민들의 간이 판매대가 마련돼 있다. 잠시 멈춰 서서 페인티드 사막을 감상해도 그만이다. 늘 그런지는 알 수 없지만 올라가는 내내 맞바람을 받아서 차가 흔들릴 정도였다. 고지대를 운전하는 데는 소질이 없는 까닭에 여간 신경이 쓰이는 게 아니었다. 하지만 이를 충분히 갈음할 정도로 아름다운 풍광이 그랜드캐니언에 대한 기대감을 한층 높인다. 고도가 높아질수록 점점 수목이 소나무 계통으로 바뀌는 것도 주목할 만하다.

캐머런과 동쪽 문을 연결하는 애리조나 64번 도로를 달리는 사람이라면 참 좋은 시대에 살고 있음을 기억할 필요가 있다. 원래 사우스림으로 갈 수 있는 유일한 길인 윌리엄스와 사우스림의 남문을 연결하는 길은 1933년까지 비포장 도로였다. 캐머런과 동문을 연결하는 길은 나바호피 트레일(NavaHopi Trail)로 존재하고 있었지만 일반인이 이용할 수 있는 길은 아니었다. 오늘날처럼 캐머런과 그랜드캐니언 동문을 연결하는 포장도로는 1936년에야 빛을 보게 됐다. 이것은 그랜드캐니언 역사에서 중요한 의미를 갖는다. 이전까지는 마찻길이 주를 이뤘다면 비로소 포장된 자동차 길을 통해서 많은 사람이 그랜드캐니언을 방문할 수 있게 됐기 때문이다.

그랜드캐니언을 흐르는 콜로라도강을 기준으로, 그랜드캐니언의 길이는 동쪽의 파웰 호수에서 서쪽의 미드 호수까지 447km에 이른다. 협곡의 넓이는 평균 16km이지만 좁은 곳은 13km, 넓은 곳은 26km를 기록하고 있다. 깊이는 1.6km나 된다. 그랜드캐니언은 콜로라도고원이라 불리는 지대가 3,000m나 융기돼서 생성됐다. 고원지대가 생성된 원인은 여전히 의견이 분분하지만 가능한 시나리오를 추정해볼 수 있다.

콜로라도고원의 융기를 이해하려면 암석권(암권, lithosphere)과 연약권(약권, asthenosphere)을 이해해야 한다. 암석권은 지구가 갖고 있는 단단한 표면인 지각과 내부에 존재하는 고체 물질인 상부 맨틀 일부분으로 이뤄지고 평균 두께는 100km 정도 된다. 고체 물질로 암석, 토양, 화산재, 각종 퇴적물로 구성되며 화산, 지진, 판의 이동 등과 같은 지각 활동의 원인으로 설명되는 판구조론에서 말하는 판에 해당한다. 암석권 바로 아래 느리게 유동하는 연약권이 있다. 이는 약 100~400km 깊이의 유동성 있는 고체 상태의 층을 말한다. 암석권은 느리게 유동하는 연약권 위에 떠 있는 상태다.

백악기 말기인 7500만 년 전부터 시작해 신생대 제3기 초인 5500만 년까지 태평양판과 북미대륙판이 서로 충돌하는 일이 발생하게 된다. 충돌이 발생하면서 밀도가 높은 해양판이 대륙판 아래로 비스듬히 들어가는 섭입대가 형성된다. 그 과정에서 특정 지역이 격렬하게 융기하는 현상이 발생하는데 현재의 로키산맥과 인접한 지역이다. 이 같은 지각 변동을 라라미드 변혁(Laramide Revolution)이라 부른다. 가장 높게 융기한 지역은 로키산맥으로 3,700~4,600m나 된다. 콜로라도고원은 평균 2,000m 융기했고, 카이바브고원은 평균 2,817m 융기했다. 카이바브고원의 남쪽 경계선에 위치한 그랜드캐니언의 노스림과 사우스림은 각각 2,450m와 2,150m 융기했다.

한편 1800만 년 전 또 하나의 지각 활동이 일어난다. 태평양판과 북미대륙판 사이의 압력이 증가하면서 콜로라도고원을 경계로 서쪽의 지반이 낮아지고 동쪽이 올라가는 지각 활동이 일어난다. 이처럼 단층 활동에 의해 낮아진 미국 서부 지역을 분지 지역이라 부른다. 결과적으로 콜로라도고원을 흐르는 콜로라도강은 서쪽을 향해 더욱 힘차게 흘러갈 구조를 갖추면서 풍부한 퇴적물을 분지 지역으로 실어 나를 수 있게 된다.

그렇다면 그랜드캐니언은 언제쯤 생성됐을까? 전문가들은 7000만 년 전으로 추정한다. 그랜드캐니언 서쪽에 쌓인 퇴적물을 조사한 연구에 의하면,

6000만 년 이상까지는 보지 않는다.

콜로라도강

물은 높은 곳에서 낮은 곳으로 흐른다. 콜로라도강은 남부 로키산맥 지역에서 캘리포니아만까지 총 2,330km 흐른다. 흐르는 강물은 물길을 가로막는 것을 인정사정없이 뚫고 나아가려는 힘을 갖고 있다. 로키산맥의 남부 비탈을 흘러 내리는 물이 모래와 자갈을 이동시키면서 낮밤을 가리지 않고 지층들을 깎아 내렸다. 이렇게 협곡이 만들어진다. 처음에는 좁았던 협곡이 침식 작용으로 드센 강물에 물길을 내주면서 점점 넓어진다. 부드럽고 약한 지층은 침식되고 강물이 휩쓸려가면서 난공불락의 요새처럼 보였던 단단하고 강한 지층의 밑부분을 침식하게 된다. 충분한 지지대가 없는 절벽은 붕괴되고 이렇게 만들어진 침식 물질은 쉼 없이 오랜 세월에 걸쳐 옮겨지게 된다. 이런 과정을 거쳐서 캘리포니아주 남동부에서 애리조나주 남서부 지역은 그랜드캐니언으로 옮겨진 침식물질로 뒤덮이게 된다.

콜로라도강이 그랜드캐니언을 통과하는 길이는 446km다. 대부분은 국립공원을 통과한다. 유속은 시간당 4마일(6.4km)이다. 강의 깊이는 평균 12.2m이며 가장 깊은 곳은 26m나 된다. 강의 폭은 평균 91m이지만 217km 지점에서는 23m까지 좁아진다. 이처럼 좁은 곳은 수심이 가장 깊다.

주목할 만한 점은 캐니언의 융기에도 지층 대부분이 지각 변동을 겪지 않았다는 것이다. 따라서 그랜드캐니언은 바다 밑에 있던 광대한 지역이 고스란히 지표면 위로 3,000m가량 솟아올라 만들어진 것이다. 심한 융기가 없었다면 현대인들이 바다 밑에 20억 년부터 2억 년까지 쌓였던 암석을 눈앞에서 볼 수 있는 길은 없었을 것이다. 협곡 양쪽 절벽에 차곡차곡 쌓인 암석을 통해 오랜 세월에 걸쳐 지구에서 일어난 지질학적 사건을 확인할 수 있다.

캐니언의 가장 밑바닥 골짜기에는 뒤틀리고 일그러진 변성된 암석이 있다. 비시뉴편암이다. 그 위로 그랜드캐니언 수파이층군, 타핏(tapeats)사암, 브라이트엔젤셰일 등이 차곡차곡 쌓여 있다. 캐니언을 바라볼 때 눈에 쉽게 들어오는 지표면에 쌓여 있는 게 2억 5000만 년 전에 형성된 카이바브석회암이다. 두께 92~122m 정도로 쌓여 있다. 그 밑에 2억 6000만 년 전의 토로웝 형성층이 자리 잡고 있는데 두께는 89m 정도다. 또 그 밑에 2억 7000만 년 전의 코코니노 사암이 있는데 두께는 104m나 된다. 계속 허밋셰일, 수파이층군, 레드월석회암, 템플뷰트층, 무아브석회암 등이 이어진다.

그랜드캐니언의 관전 포인트

그랜드캐니언은 국립공원 중의 국립공원이다. 설명이 필요 없을 정도로 최고의 국립공원이다. 인간이 만든 것 가운데 미국의 아이콘으로 자유의 여신상을 든다면, 자연이 빚어낸 아이콘으로 단연코 그랜드캐니언을 꼽을 수 있다. 그랜드캐니언은 1908년 국가기념물로 지정되고 1919년 국립공원으로 자리 잡게 된다. 국가기념물로 지정하면서 시어도어 루스벨트(Theodore Roosevelt, 1858~1919) 대통령은 자신의 공적인 의무가 미국인들로 하여금 그랜드캐니언을 보도록 촉구하는 것이라고 말할 정도였다. 지금은 전 세계에서 1년에 500만 명 정도가 방문할 정도로 사랑을 받고 있다.

안내 지도가 복잡할 수 있어 그랜드캐니언의 전모를 짧은 시간 안에 파악할 수 있는 방법을 궁리해야 한다. 방문자센터를 중심으로 서편인 웨스트림(West Rim)과 동편인 이스트림(East Rim)을 완전히 분리해서 접근하면 도움이 된다.

남문으로 사우스림을 방문한 사람은 방문자센터 → 주차 → 안내 지도 수령 → 웨스트림 → 이스트림 순으로 관람하면 된다. 그런데 동문으로 입장한 사람은 동편 끝부분부터 관람을 시작할 수밖에 없다. 나는 지난번에는 남문을 통해 사우스림에 입장했고 이번에는 동문을 통해 사우스림에 입장했다. 남문과 동문 중 어느 것을 선택하는 게 좋은지 묻는다면, 플래그스태프 → 캐머런 → 사우스림 동문으로 이어지는 애리조나 64번 도로를 이용해 접근하는 방법을 추천한다. 들이는 시간에 비해 수확이 크다.

그랜드캐니언은 어디서부터 보든 특별한 즐거움과 감동을 맛볼 수 있다. 한 번에 그치지 않고 여러 번 방문하더라도 매번 다른 모습으로 다가오는 곳이다. 그랜드캐니언에서 손에 꼽을 수 있을 만큼 경치가 좋은 곳을 선별해서 방문객들을 위해 마련한 전망대가 포인트 또는 전망 포인트다. 모두 18군데다. 일부 포인트는 승용차를 이용해서 방문할 수 없지만 대부분은 승용차로 방문할 수 있다. 시간이 넉넉한 방문객이라면 방문자센터 가까운 주차장에 차를 세우고 셔틀 버스를 이용해 구경하는 방법을 선택할 수 있다.

이번 여행에서는 동문으로 입장했으니 동쪽 끝에 위치한 데저트 뷰부터 관람하고 그랜드캐니언 방문자센터를 방문한 다음 다시 서쪽 지역을 둘러봤다. 캐니언 경관이 너무 압도적이므로 몇 군데를 둘러본 다음 모든 포인트가 비슷비슷하게 다가올 수도 있다.

그러나 시간을 좀 넉넉하게 투입해보자. 포인트의 위치에 따라 풍경 자체가 달라지므로 디테일에 좀 더 주목할 필요가 있다. 섬세함을 유지할 수 있다면 모든 포인트 가운데 어느 것 하나 놓치고 싶지 않을 것이다. 그랜드캐니언을 대하는 예의는 계획한 것보다 더 많은 시간을 들이는 일이다. 그냥 휙 하고 훑어보고 떠날 수 있는 그런 장소는 아니다.

이스트림 포인트

동쪽 지역(40km, 9개 포인트)은 동문을 들어서자마자 첫 포인트인 데저트 뷰부터 순서대로 구경하면 된다. 데저트 뷰 → 나바호 포인트 → 리판 포인트 → 모런 포인트 → 그랜드뷰 포인트 → 야키 포인트(Yaki Point, 승용차 금지) → 파이프 크리크 비스타(Pipe Creek Vista) → 야바파이 포인트와 지질학박물관(Yabapai Geology Museum) → 매더 포인트.

■ **데저트 뷰**(Desert View) 가장 아름다운 포인트 가운데 하나다. 동쪽에 놓인 페인티드 사막이라는 사막 지역과 서쪽의 협곡 지역의 대조적인 장관을

데저트 뷰

볼 수 있는 곳이다. 사우스림의 포인트 중 높은 편인 2,267m에 있다. 유장하게 흐르는 콜로라도강, 나바호산(山), 에코 절벽이 조화를 이룬 광경이 탄성을 자아내게 한다. 넉넉한 주차 공간에 차를 부려놓고 싫증이 날 때까지 그랜드캐니언을 가슴에 쓸어 담을 수 있다.

　이곳에 색다른 아름다움을 더하는 것은 디자이너 메리 콜터(Mary Elizabeth Jane Colter, 1869~1958)가 심혈을 기울여 1933년 지은 데저트 뷰 워치 타워 (Desert View Watch Tower)다. 주변의 자연 풍광과 어우러져 원래 그 자리에 있어야 했던 건축물처럼 조화롭다. 85개 계단을 올라가면 360도의 전망을 얻을 수 있다.

　"어쩌면 이 사람들은 공공건물 하나를 짓더라도 이토록 멋스럽게 오래 남을 수 있도록 지을까?" 이런 말이 절로 나온다.

모런 포인트

■ **나바호 포인트**(Navajo Point) 데저트 뷰 워치 타워가 주변과 조화를 이룬 얼마나 아름다운 건축물인가를 새삼 일깨워주는 곳이다. 사우스림 뷰 포인트 가운데 가장 높은 2,275m에 있다.

■ **리판 포인트**(Lipan Point) 사우스림의 포인트 가운데 S자로 흐르는 콜로라도강을 가까이서 볼 수 있다. 유장하게 흐르던 콜로라도강은 눈앞에 펼쳐지는 진갈색의 에스칼란테(Escalante) 뷰트 넘어 보이는 지점부터 깊은 협곡을 통과한다. 오른편으로 멀리 버밀리언 절벽과 페인티드 사막을 볼 수 있다.

■ **모런 포인트**(Moran Point) 사람들이 즐겨 찾는 포인트 가운데 하나이자 일몰 장면이 아름다운 곳으로 꼽힌다. 이곳은 노스림의 포인트 중에서 가장

그랜드뷰 포인트

남쪽에 위치한 케이프 로열(Cape Royal)과 불과 8마일 떨어져 있다. 그러나 노스림에 위치한 그곳을 방문하려면 344km를 운전해야 한다. 화가 토머스 모런(Thomas Moran, 1837~1926)의 이름을 딴 포인트다. 그는 그랜드캐니언을 통해 콜로라도강을 처음 탐험한 존 웨슬리 파웰의 제안을 받아들여 1873년 탐험에 참가했다가 그랜드캐니언과 만나게 된다. 이를 바탕으로 미국 의회의사당에 걸려 있는 〈콜로라도의 틈(The Chasm of Colorado)〉(1873~1874)이란 유화로 그랜드캐니언이 국가기념물로 선정되고 그랜드캐니언을 대중화시키는 데 크게 기여했다. 탐험에 화가를 동반토록 한 탐험가의 혜안이 놀랍다. 아무리 귀한 것이라 할지라도 널리 알리는 작업은 참 중요하다.

■ **그랜드뷰 포인트**(GrandView Point) 사람들이 즐겨 찾는 포인트 가운데 하나다. 돌출 지형 탓에 동서남북을 조망할 수 있고, 갖가지 뷰트가 한눈에 들어오는 곳이다. 백인으로서 최초의 그랜드캐니언 거주자이자 탐험가, 광산업자였던 존 핸스(John Hance, 1840~1919)는 1883년부터 그랜드뷰 부근에 캐빈을 짓고 거주한다. 최초의 거주자이기도 하지만 그랜드캐니언의 관광 사업 가능성에

그랜드뷰 포인트, 구 중심지

최초로 눈을 뜬 사람이다. 1886년부터 스스로 개척한 올드 핸스 트레일을 이용하는 관광객에게는 2달러, 당나귀와 자신이 여행 가이드로 나서면 10달러를 받았다. 이 지역의 유명한 전문가라서 전 미국 대통령 루스벨트가 그랜드캐니언을 방문했을 때도 그에게 안내를 부탁할 정도였다. 핸스의 전문성을 높이 산 유명인들은 항상 그에게 도움의 손길을 뻗었다. 1919년 세상을 떠났을 때, 지금의 그랜드캐니언 개척자 묘지에 묻힌 첫 인물이다.

그랜드뷰 포인트에는 1889년 이곳에 온 또 한 명의 초기 개척자 피터 배리를 언급할 수밖에 없다.[66] 그는 포인트에서 914m 아래에 있는 호스슈 메사(Horseshoe Mesa)에서 1893년부터는 라스트찬스광산(Last Chance Mine)을 운영했고, 1897년부터는 그랜드캐니언에서 유일한 1등급 호텔인 그랜드뷰 호텔을 경영했다. 처음에는 광산에 주목했다가 곧 관광업에 눈을 뜬 인물 가운데 하나다. 1900년 초기에는 그랜드뷰 지역이 그랜드캐니언의 중심 지역이었지만 점점 그랜드캐니언 빌리지 쪽으로 상권이 이동하면서 1916년 호텔 문을 닫았다. 여기서 그랜드캐니언의 부상도 초창기부터 개척자들의 이익과 깊은 관련이 있었음을 알 수 있다. 이익이 있는 곳에 사람들이 몰려드는 것은 그 시절이나 지금이나 마찬가지다.

■ **야바파이 포인트**(Yavapai Point) 돌출 지형이라서 서쪽과 동쪽을 균형있게 볼 수 있다. 매더 포인트와 더불어 뷰트와 협곡이 제각각의 그림자를 늘어뜨리는 일몰은 장엄함 그 이상의 감동을 가져다줄 것이다.

■ **매더 포인트**(Mather Point) 그랜드캐니언 방문자센터에서 가장 가까운거리에 있다. 시간이 충분치 않은 사람이 들러야 하는 곳이다. 그랜드캐니언의

매더 포인트의 석양과 일출

4분의 1을 커버할 수 있을 정도로 넓은 시야를 확보할 수 있는 전망 포인트다.
일몰이 빼어나게 아름다워 항상 발 디딜 틈이 없다.

웨스트림 포인트

서쪽 지역(12.6km, 9개 포인트)은 그랜드캐니언 빌리지에서 허미츠 레스트
(Hermit's Rest)에 이르는 허미츠 로드를 따라 9개 포인트가 있다. 동쪽 지역은
3~11월까지 승용차 운행 금지 기간이므로 가까운 곳에 주차한 다음 셔틀 버스
를 이용하거나 걸어서 구경해야 한다. 1~2월까지는 셔틀 버스를 운영하지 않으
니 주의해야 한다.

트레일뷰 오버룩(TrailView Overlook) → 마리코파 포인트((Maricopa Point)
→ 파웰 포인트 → 호피 포인트 → 모하비 포인트 → 어비스(Abyss) → 모뉴먼트
크리크 비스타(Monument Creek Vista) → 피마 포인트 → 허미츠 레스트.

■ **파웰 포인트**(Powell Point) 캐니언 동쪽의 특별한 조망을 가능하게 하는

파웰 포인트

장소로서 일출이 유명하지만 명성에 비해 한산하다. 위대한 탐험가 존 파웰 기념탑이 있다. 더 나은 조망을 확보하려고 기념탑을 오르는 사람도 있지만 전문가들은 오르기 전의 조망이 더 낫다고 조언한다.[67]

■ **호피 포인트**(Hopi Point) 캐니언의 동쪽과 서쪽 모두를 조망할 수 있는 탁 트인 곳이며, 사우스림에서 일몰이 가장 아름다운 곳이라는 평가를 받고 있다.

■ **모하비 포인트**(Mohave Point) 캐니언 서쪽의 특별한 전망을 제공하는 장소다. 일몰과 일출 모두 유명하지만 일몰이 장관이다. 다른 곳에 비해 한산하다.

■ **피마 포인트**(Pima Point) 콜로라도강을 또렷이 관찰할 수 있다. 1920년대 산타페철도회사가 케이블카를 설치해 운영하다가 1930년대에 제거됐던 흔적을 발견할 수 있다. 이 포인트부터 마지막 포인트인 허미츠 레스트까지 이어지는 림 트레일은 평지로 노약자도 편안하게 이용할 수 있다.

피마 포인트

그랜드캐니언의 석양

트레일

대부분의 자동차 여행객이라면 포인트 중심으로 그랜드캐니언을 둘러본다. 이것은 2차원 접근으로 그랜드캐니언을 감상하는 것을 뜻한다. 그러나 차원을 하나 더해 계곡 속으로 들어가는 시간과 용기를 확보할 수 있다면 이는 또 다른 도전이자 색다른 경험이 될 것이다.

트레일을 이용해 계곡으로 발길을 내딛는 사람이라면 1,000피트(304m)를 내려갈 때마다 화씨 3~5도가 올라감을 체험하게 될 것이다. 결과적으로 콜로라도 강가에 도착하면 화씨 15~20도가 올라감을 체험하게 된다. 고도에 따라 식물들도 완연히 달라진다. 사우스림이 폰데로사소나무가 주였다면 강가에는 사막에 적합한 선인장을 곳곳에서 발견할 수 있을 것이다.

　많은 사람이 도전하는 계곡을 향한 트레일에는 서쪽의 야키 포인트 주변에서 출발하는 사우스 카이바브 트레일(South Kaibab Trail)과 동쪽의 허미츠 로드 시작점에서 출발하는 브라이트 엔젤 트레일이 있다. 전자는 총거리 11.3km에 고도 변화 1,457m이고 후자는 총거리 15.3km에 고도 변화 1,335m다. 여러분의 버킷 리스트에 둘 가운데 하나를 포함해두는 것도 추천한다.

　오늘날은 정말 대단한 시대여서 트레일 경험을 동영상으로 남겨놓은 사람들이 많다. 직접 체험하는 것에 비할 바는 아니지만 타인의 경험을 관람하면서 간접 체험해보는 것도 귀한 시간이 될 것이다. 그랜드캐니언 앞에 서면 사람의 한평생이란 게 얼마나 짧은지, 우리가 짊어진 저마다의 삶의 무게라는 게 얼마나 사소할 수 있는지 생각하게 된다. "한 번 가고 두 번 가고 또 가고 싶네"라는 가사가 떠오른다면 그곳은 바로 그랜드캐니언일 것이다.

PART 3
애리조나 중부

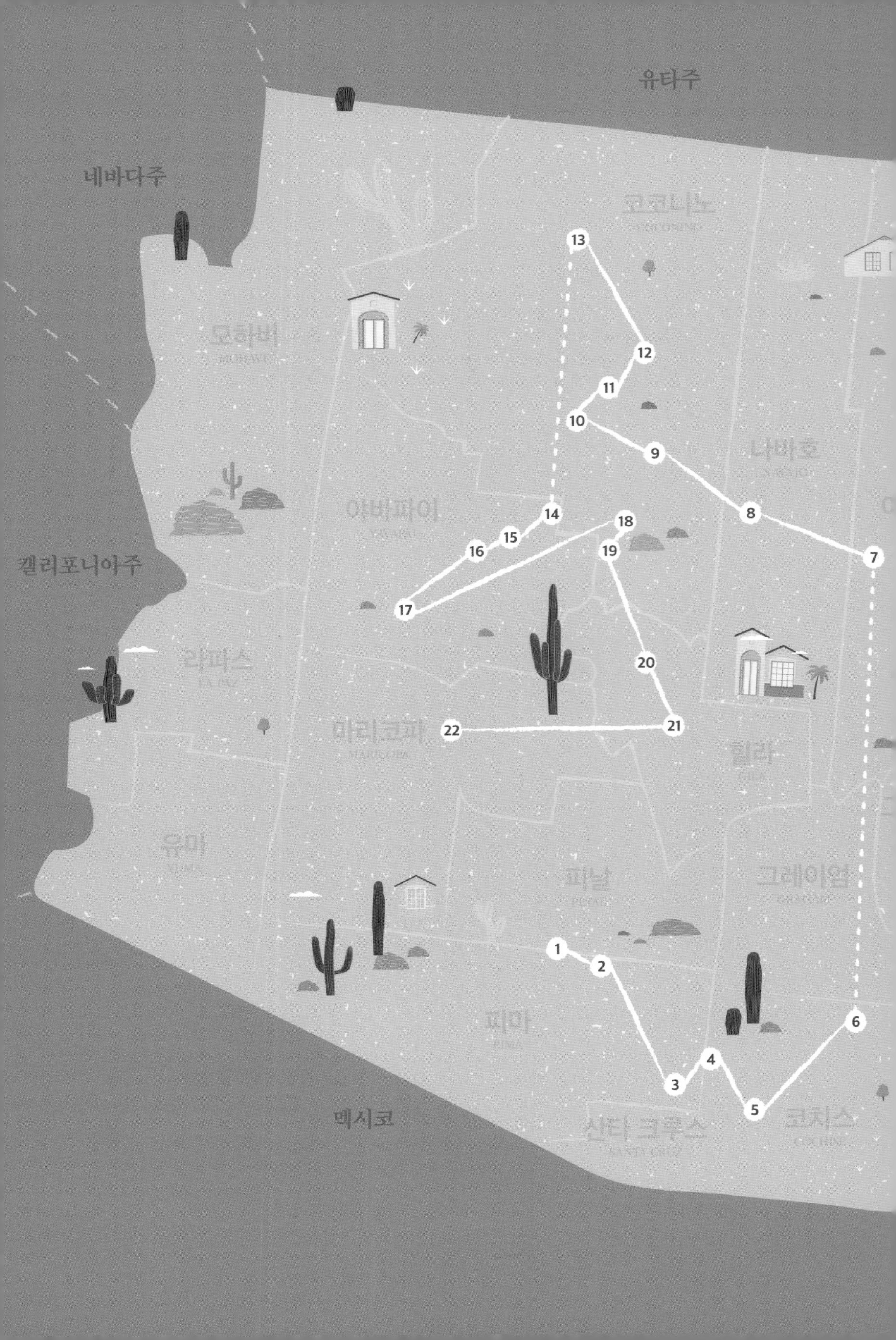

유타주

네바다주

코코니노
COCONINO

모하비
MOHAVE

나바호
NAVAJO

캘리포니아주

야바파이
YAVAPAI

라파스
LA PAZ

마리코파
MARICOPA

힐라
GILA

유마
YUMA

피날
PINAL

그레이엄
GRAHAM

피마
PIMA

멕시코

산타 크루즈
SANTA CRUZ

코치스
COCHISE

미국

뉴멕시코주

애리조나

애리조나 중부

14 세도나

15 투지구트 국가기념물

16 제롬

17 프레스캇

18 몬테주마 웰 국가기념물

19 몬테주마 캐슬 국가기념물

20 톤토 국가기념물

21 글로브 · 마이애미

22 피닉스

투지구트 국가기념물   세도나   몬테주마 웰 국가기념물

제롬   **16**   **15**   **14**   **18**

19   몬테주마 캐슬 국가기념물

17
프레스캇

톤토 국가기념물   **20**

22   **21**
피닉스   글로브 · 마이애미

14

세도나:
트레일의 본고장

플래그스태프에서 세도나(Sedona) 가는 길은 특별한 경험 그 이상이다. 무난한 길은 주간고속도로를 이용하는 것이지만 추천하지 않는다. 미국 땅을 구석구석 밟아보기를 원한다면 당연히 주간고속도로를 피해야 한다. 신기한 것은 여행에서 돌아오면 밋밋한 경험, 이를테면 주간고속도로를 달렸던 기억은 그다지 남지 않는다.

반면 고생이라면 고생을 한 경험은 아주 오래 기억 저장고의 한 부분을 차지하게 된다. 이런 경험 가운데 하나가 플래그스태프에서 세도나에 이르는 애리조나 89A 도로를 따라서 운전한 경험이다.

이런 점에서 보면 여행과 인생살이는 참 비슷한 점이 많다는 생각을 하게 된다. 무난한 인생도 나쁜 것은 아니다. 그러나 세월이 가면서 그런 인생에서는 특별한 기억이 남지 않는다. 힘든 과제를 안고 씨름하면서 끝까지 완주해낸 경험들이 기억에 깊이 뿌리를 내리게 된다. 여행길에서든 인생길에서든 우리가 편안함과 무난함을 무작정 선택하지 않아야 할 이유는 충분하다. 그렇다고 무작정 리스크를 택하라는 이야기는 아니다. 안전이 늘 우선돼야 한다는 전제 조건 아래 적절한 리스크를 기꺼이 선택하겠다는 마음가짐으로 여행이든 삶이든 계속 해야 한다.

모골론 림, 콜로라도고원

플래그스태프는 콜로라도고원(Colorado Plateau)의 남쪽 경계선 가까이 있으며, 콜로라도고원의 애리조나 영역을 대표하는 도시다. 플래그스태프의 대표 박물관으로 1928년 설립된 노던애리조나박물관(Museum of Northern Arizona)은 콜로라도고원박물관이라 부를 수 있다. 1989년 세워진 노던애리조나대학 부설 콜로라도고원연구소(The Colorado Plateau Research Statation)도 콜로라도고원과 관련된 연구에 집중하고 있다.

플래그스태프의 고도는 2,106m이지만 세도나는 1,326m에 불과하다. 고도차가 780m나 난다. 이런 고도차를 어떻게 이해해야 할까? 중요한 지질학적 사실을 이해하고 있으면 도움이 된다.

플래그스태프가 위치한 콜로라도고원의 고도는 1,520~3,350m나 될 정도로 높다. 그런데 콜로라도고원이 갑자기 낮아지는 게 아니라 콜로라도고원이 끝나는 남쪽 경계선을 따라서 고도 610~914m를 형성하는 긴 모골론 림이 애리조나 중부를 관통하고 있다.

모골론 림(Mogollon Rim)은 콜로라도고원과 경계를 이루면서 세도나의 서쪽부터 동쪽 방향으로 페이슨(Payson), 쇼 로(Show Low), 뉴멕시코 경계에 있는 알파인(Alpine)이란 작은 도시까지 320km에 달하는 띠를 형성하고 있다. 모골론 림은 콜로라도고원의 서남쪽 경계선 지역에 높은 절벽을 만들어내는데 세도나에서 그 절벽을 확인할 수 있다. 모골론 림은 세도나와 피닉스 사이를 관통

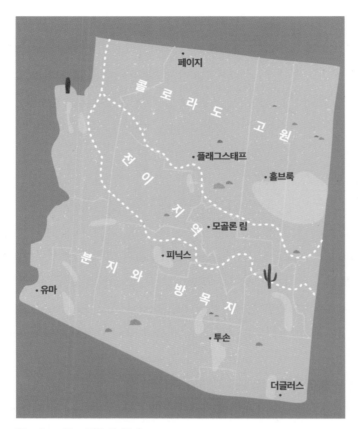

콜로라도고원, 모골론 림, 분지

하기 때문에 피닉스의 고도는 불과 331m에 지나지 않는다. 따라서 우리는 애리조나 북부의 콜로라도고원은 중부의 모골론 림을 거쳐서 비로소 넓은 평지인 분지와 방목지(Basin and Ranger)에 이르고 있음을 알 수 있다. 여기서 분지와 방목지는 평행으로 달리는 산맥과 함께 펼쳐지는 길고 평탄한 골짜기와 목초지, 사막을 말한다.

한편 콜로라도고원과 평지 사이에 놓인 애리조나 중부를 관통하는 모골론 림 같은 중간 지대를 애리조나 전이 지역(Arizona Transition Zone)이라 부른다. 고원은 중단 단계에 해당하는 지역을 거친 다음 평지에 도달하게 된다. 모골론 림은 애리조나 전이 지역의 한 부분에 속한다.

오크 크리크캐니언 시닉 드라이브

플래그스태프에서 세도나는 63km에 불과하지만 도착하는 데 3시간 정도의 넉넉한 시간을 잡아둬야 한다. 난이도가 아주 높은 코스다. 애리조나 89A는 생전 경험해보지 못했을 정도로 경사가 심하다. 급커브와 급경사가 끝도 없이 이어진다. 내비게이션에 비친 급커브를 기념사진으로 남겨둘 정도로 특별한 경험이었다. 충분한 시간을 확보해서 세도나로 향할 일이다. 익숙하지 않은 험한 길을 야간 운전한다는 것은 여간 위험한 일이 아니다. 그런데 그곳에 익숙지 않은 미국인들조차 무척 혼이 났다는 이야기를 털어놓는다. 그만큼 난코스임을 잊지 않아야 할 것이다.

그럼에도 선택할 만큼 주변으로 펼쳐지는 황홀한 풍경을 경험할 수 있다. 89A 도로를 따라 세도나로 가는 길은 길이 19km, 넓이 1.3~4.0km, 깊이 240~610m인 오크 크리크캐니언(Oak Creek Canyon)과 함께한다. 이곳은 애리

시닉 드라이브의 급경사

조나에서 그랜드캐니언 다음으로 손꼽히는 아름다운 드라이브길이다. 길을 따라 펼쳐지는 캐니언에서 힘차게 흘러내리는 풍성한 계곡물을 만날 수 있는데 이를 오크 크리크라 부른다. 오크 크리크는 캐니언의 입구인 고도 1,800m부터 시작해 세도나 북부의 고도 1,300m까지 남북으로 흐른다. 오랜 세월 동안 쌓여 있던 자갈과 그 위를 덮고 있던 용암이 굳어져 생긴 암석을 깎아 내리면서 아름다운 오크 크리크캐니언을 만들어냈다. 지금으로부터 800만~600만 년 전에 일어난 일이다.

그런데 그랜드캐니언의 '작은 사촌'이란 말처럼 오크 크리크캐니언의 지질 구조는 그랜드캐니언과 비슷하다. 카이바브석회암, 토로윕셰일, 코코니노사암 등이 주를 이룬다. 세도나에 가까이 갈수록 흰색에 담황색을 더한 코코니노사암과 주황색의 쉬네블리힐사암(Schneby Hill Sandsoten)이 중요한 부분을 차지한다. 여기서 쉬네블리힐은 그랜드캐니언에서 볼 수 없는 암석으로 철 성분을 다량 포함하고 있는 짙은 주황색의 사암층이다. 유독 주황색이 사람들에 강한 인상을 남기는 이유는 붉은색 위에 비교적 단단한 지층인 흰색의 카이바브석회암이 있기 때문일 것이다. 오크 크리크는 앞으로 우리가 지나치게 될 베르데 강과 만나게 될 것이다.

캐니언이 끝나갈 무렵, 우측으로 또 하나의 장관이 우리를 기다리고 있다. 현지인들이 즐겨 찾는 슬라이드 록 주립공원(Slide Rock State Park)으로 세도나 북쪽 11km에 있다. 푸른 초목 위로 겹겹이 형형색색으로 쌓인 지층들과 드높은 푸른 하늘의 대조는 방문객들에게 즐거움을 한껏 안겨주는 곳이다.

손에 땀을 쥐게 하는 드라이브가 끝나갈 무렵 '이제 안심해도 되겠구나' 하고 긴장을 푸는 순간 갑자기 눈앞에 탁 트인 별천지가 나타난다. 이곳이 바로 세도나 북쪽 입구다.

크고 작은 특별한 바위산이 저마다의 독특한 형상으로 대회를 벌이듯이 온 사방에 펼쳐진 곳이 세도나다. 플래그스태프에서 이곳을 방문하는 사람들이 먼저 도착하는 곳이자 상가 밀집 지역이 업타운이다. 업타운 구경을 끝내고 세도나를 빠져나갈 때 만나게 되는 남쪽에는 갤러리들이 집중적으로 몰려 있다.

현지인들의 주거지는 주로 서쪽에 있다. 그러니까 세 구역으로 세도나가 구성돼 있는 것이다.

1년에 500만 명 정도가 몰리는 곳이라서 그런지 여행 중에 가장 비싼 숙박료를 지불하고 지냈다. 세도나는 여러 휴양지 가운데서 역사와 기품이 있는 곳이다. 저녁 무렵 상가 지역을 어슬렁거리면서 걷더라도 정겹고 아름답다는 생각을 하게 된다.

미국 여행이 주는 혜택 가운데 하나는 조화가 주는 아름다움이다. 조화에는 색의 조화, 크기의 조화, 모양의 조화, 분위기의 조화 등이 있다. 사람은 무엇이든 조화를 이룬 것을 보는 데서 아름다움을 느끼고 힐링이란 경험을 하게 된다. 반대로 색, 크기, 모양의 부조화는 본능적으로 불편함을 안겨준다. 미국을 찾을 때마다 자주 체험하는 것은 방문하는 곳 전부가 그럴 수는 없지만 대부분의 장소에서 조화가 가져다주는 특별한 아름다움을 가슴에 안기도 하고 눈에 넣기도 한다.

홀리 크로스 채플

세도나 여행을 본격적으로 나서기 전에 한 가지 질문과 만나게 된다.

어떻게 이처럼 온 사방이 붉은빛이 주를 이루는 암석으로 가득 찰 수 있으며, 이처럼 높고 낮은 메사 또는 뷰트 등이 생길 수 있을까?

여기서 메사는 꼭대기가 탁자처럼 평평하지만 주위는 경사가 가파른 사면이나 벼랑으로 된 지형을 말한다. 뷰트는 메사 주변이 침식돼 우뚝 솟은 지형을 말한다. 오랫동안 천천히 진행돼온 침식 작용에서 비롯된 현상이다.[1] 원래 세도나는 바닷속에 잠겨 있었으며, 그랜드캐니언처럼 카이바브석회암, 토로윕석회암, 코코니노사암 등이 차곡차곡 쌓여 있었다. 로키산맥과 콜로라도고원을 만든 이른바 라라미드 변혁 동안 세도나도 바닷속에서 지표 바깥으로 융기한다.

빗물은 높은 곳에서 낮은 곳을 향해 흐르고 깨진 바위틈을 통해 스며들어간 물은 수축과 확장을 거듭하면서 일부는 암석을 부수기도 하고 또 일부는 계곡을 만들어낸다. 높은 곳 가운데 침식을 거듭하면서 오늘날 같은 메사, 뷰트, 첨탑(spire) 등으로 이뤄진 세도나의 독특한 풍광이 만들어진 것이다.

세도나처럼 압도적인 풍광 앞에서 사람들은 당황하기 싶다. 무엇을 먼저 봐야 할지, 어떻게 봐야 할지 고민에 빠지게 된다. 어떻게 보든 모든 것을 다 보고 갈 수도 없고 가슴에 다 담아갈 수도 없다. 과욕을 내려놓는다면 전체를 조망할 수 있는 곳을 방문한 다음 우선순위와 시간에 따라 나머지 중요 장소를 보는 방법을 선택할 수 있다. 쉽게 말해서 거시적 접근법과 미시적 접근법을 병행하면 도움이 된다.

전체를 조망할 수 있는 장소로서 1957년 세워진 홀리 크로스 채플(Chapel of the Holy Cross)을 먼저 방문해야 한다.[2] 붉은 절벽과 짙푸른 하늘에 우뚝 선 연분홍색 채플은 자연미와 인공미가 어떻게 조화로울 수 있는지 보여주는 작품이다. 고도 1,369m에 자리 잡은 이곳에는 항상 인파가 몰리지만, 언덕길을 오르다 보면 몇 군데의 주차 장소를 발견할 수 있다.

세도나 업타운에서 남쪽에 있는 채플에는 왼쪽에서 리산(2,009m), 호스 메사(1,612m), 코트하우스 뷰트(Courthouse Butte, 1,662m), 대성당바위(1,500m), 호스산(1,562m), 슈만산(1,491m) 등과 세도나 남쪽 지역, 오크 크리크 빌리지가 한눈에 들어온다. 일출, 일몰, 한낮은 물론이고 구름이라도 지나갈라치면 세도나의 풍경은 또 다른 모습으로 우리를 찾는다.

아름다움이 사람의 넋을 놓게 할 수 있다면 홀리 크로스 채플에서 보내는 얼마간의 시간일 것이다. 한 가지 언급해둘 것은 채플이란 용어는 대개 개신교 교회를 이야기한다. 이곳 채플을 방문한 사람은 정중앙에 십자가에 못 박힌 예수님을 형상화한 큰 십자가와 맞닥뜨리게 된다. 대부분의 성당은 성모 마리아를 강조하기 때문에 교회로 착각하는 사람도 더러 있지만, 이곳은 엄연히 가톨릭 성당이다.

레드 록 시닉 바이웨이

이곳에서 세도나의 전경 가운데 일부를 확인한 다음 비로소 개별 전망 포인트 방문을 시작한다. 우선 179번 도로를 타고 남쪽으로 가면서 코트하우스 록(Courthose Rock), 벨 록(Bell Rock), 대성당바위를 거쳐서 레드 록 방문자센터(Red Rock Visitor Center)로 가는 12.1km 길이의 레드 록 시닉 바이웨이(Red Rock Scenic Byway)를 선택해야 한다. 세도나를 방문하는 사람들이 가장 선호하는 드라이브 코스이며, 세도나의 풍광을 압축적으로 담아낸 곳이다. 길 곁으로 초록 숲이 나지막하게 펼쳐지고 붉은색, 초록색, 담청색 등이 어우러진 뷰트와 짙은 바다색으로 치장된 높은 하늘이 어우러진 도로는 영원히 잊을 수 없는 추억이 될 것이다.

만약 주간고속도로 17번을 이용한다면 고속도로를 벗어나서 179번 도로로 접어든 지 얼마 되지 않아 시닉 바이웨이가 시작된다. 방문자센터를 거친 다음 벨 록, 코트하우스 록 순으로 북상하다가 세도나 남쪽에서 시닉 바이웨이가 끝나게 된다.[3]

뭐니 뭐니 해도 세도나의 백미(白眉)이자 압권(壓卷)은 걷는 것이다. 세도나의 트레일은 경사도가 낮아 안전이란 면에서 뛰어나다. 걷는 일은 영혼을 치유하는 일이기도 하고 휴식을 얻는 일이기도 하고 스스로의 좌표를 재설정하는 일이기도 하다. 혼자서 또는 함께 걸을 수도 있다.

누군가 힐링에 역점을 두어 세도나를 방문한다면 관찰이나 관람이 아니라 걷기에 집중해야 한다. 고민거리가 있다면 트레일을 따라 걸어보자. 수만 수십만 년 전에도 있었던 그곳을 걷는 것이다. 다른 시각으로 보면 자신이 가진 문제의 무게가 그렇게 심각한 것은 아닐 수 있다는 생각을 얻을 수 있다. 세도나의 주홍 흙과 길, 풍광, 이곳을 오갔던 수많은 사람에 대한 생각이 우리 각자에게 삶에 관해 정말 많은 것을 생각할 수 있는 선물을 할 것이다. 그렇다면 어디서부터 걸을 것인가?

대성당바위 트레일, 벨 록 트레일

세도나에는 약 350개의 트레일이 개발돼 있다.[4] 이 가운데서도 벨 록 트레일, 코트하우스 록 트레일, 대성당바위 트레일은 완만한 코스이므로 초심자도 무리 없이 도전할 수 있다. 트레일은 세도나의 겉이 아니라 안의 비경 속으로 들어갈 수 있는 기회이니 시도해야 한다.

벨 록은 종 모양처럼 생긴 뷰트다. 고도는 1,499m이지만 돌출 높이는 146m에 지나지 않는다. 그만큼 누구나 도전할 수 있는 트레일이다. 이 트레일에서는 짙은 붉은색의 코코니노사암과 쉬네블리힐사암 등이 하늘을 제외하고 채운 장관을 취하도록 보고 느낄 수 있다. 벨 록 패스웨이 트레일(Bell Rock Pathway Trail)은 왕복 11km이지만 하부만 둘러보는 로어 벨 록 트레일(Lower Bell Rock Trail), 중간 부분까지 올라가는 어퍼 벨 록 트레일(Upper Bell Rock Trail), 접근 가능한 높은 부분까지 도달하는 어센트(The Ascent)로 구성돼 있다. 올라가면 갈수록 더 나은 장관을 볼 수 있지만 시간이나 체력을 기초로 기본, 중간, 정상 부분까지 선택하면 된다. "야, 정말 대단하다"라는 말이 연신 입에서 쏟아져 나온다.

한편 벨 록과 오른쪽에 위치한 코트하우스 뷰트 주변을 둘러보는 빅 파크 루프 트레일(Big Park Loop Trail)은 6.4km의 트레일이고 사람들이 즐겨 찾는 곳이다. 코트하우스 뷰트 루프 트레일(Courthouse Butte Loop Trail)은 코트하우스 뷰트 주변을 둘러서 걷는 6.8km 코스다. 지금까지 언급한 트레일은 서로 교차되는 곳이 많으니 형편에 따라 적절한 선에서 트레일을 마칠 수 있다.

어디에 차를 주차하고 트레일을 시작해야 할지 정보가 모호할 것이다. 벨 록과 코트하우스 뷰트에서 트레일 하기를 원하는 사람이라면 북쪽 관문인 코트하우스 비스타(Courthouse Vista) 주차장이나 남쪽 관문인 벨 록 트레일헤드(Bell Rock Trailhead)를 추천하는데, 북쪽이 더 낫다. 빠른 시간 안에 목적지에 접근할 수 있다.[5]

한편 방문자의 만족도가 가장 높은 트레일을 시도할 수 있는 곳이 있다. 홀

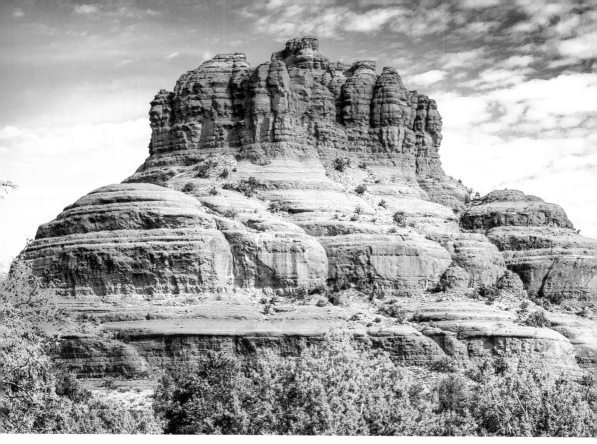

벨 록

리 크로스 채플에서 손에 잡힐 듯이 내려다보이는 곳이자 벨 록의 서북쪽에 위치한 대성당바위(Cathedral Rock)다. "세도나에서 꼭 한 군데 트레일을 할 시간밖에 없다면 이곳을 해야 합니다"라는 주장에 많은 사람이 고개를 끄덕일 것이다.

최소 2시간 이상을 요구하는 대성당바위 트레일은 어디서부터 어떻게 시작해야 할까? 고도 1,151m, 돌출 높이 87m이지만 주차장에서 약 228m를 올라가는 트레일이다. 대성당바위 트레일(Cathedral Rock Trail)은 왕복 3.8km 거리이며 대성당바위 트레일헤드(Cathedral Rock Trailhead)에 주차한 다음 트레일에 나서면 된다. 이곳에 주차하기 힘들다면 차선책은 트레일 길이가 길어지기는 하지만 야바파이 비스타 포인트(Yavapai Vista Point)에 주차한 다음 시작할 수 있다.[6]

데빌스 브리지 트레일

그 밖에 즐겨 찾는 트레일 가운데 일반인이 시도할 수 있는 곳을 인기 순으로
몇 군데 뽑아봤다. 트레일 전문 사이트가 추천하는 세도나 지역의 1등 추천 트
레일은 데빌스 브리지 트레일(Devil's Bridge Trail)로 캐피털 뷰트의 북쪽 면에
있다. 이름은 브리지이지만 실제는 3억 년 전에 형성된 수파이사암으로 만들어
진 아치(arch)다. 사륜구동을 운전한다면 주차장에서 1.3km만 걸으면 도달할
수 있다.[7]

데빌스 브리지 트레일은 세도나 지역에서 가장 큰 규모의 사암층을 볼 수

데빌스 브리지 트레일

있다. 정상으로 올라가는 길에 만나는 아슬아슬하게 걸려 있는 높이 15.24m의 암석 아치는 고소공포증이 있는 사람에게 큰 용기와 세심한 주의가 필요하다. 아래로는 목초지처럼 진녹색 나무가 열병식에 참여하듯 위를 보고 서 있다. 사방으로 레드 록으로 무장한 높고 낮은 산이 둘러싸여 있는 곳에 데빌스 브리지가 자리 잡고 있다. 중간쯤 어른 2명이 지나갈 수 있을 만큼 길이 좁고 아래는 아득한 낭떠러지다. 문제는 그 좁은 다리가 1개의 평평한 암석으로 구성돼 있지 않다는 점이다. 몇 개의 암석이 얼기설기 자리 잡고 있어 여간 위험하지 않다. 웬만큼 담력이 있지 않고서는 데빌스 브리지를 건너기 힘들 것이다.

주차 공간이 넉넉한 주차장에서 목적지까지 1.1km면 도달할 수 있는 도 마운틴 트레일 넘버 60(Doe Mountain Trail No.60)은 122m 높이의 도 메사(Doe Mesa)로 인도할 것이다.[8] 내려오는 길은 메사의 경계선을 따라 2km다. 메사를 덮고 있는 단단한 암석이 세도나 전체를 볼 수 있는 튼튼한 전망대 역할을 한다. 올라가는 좌측으로 상당한 높이의 낭떠러지가 펼쳐지는 점을 염두에 둬야 하며, 오르는 길목에는 갖가지 선인장이 자라고 있다. 눈앞에는 붉은색 토양을 살짝 덮은 관목이 눈앞에 시원하게 펼쳐진다. 메사 정상부는 평평하지만 사방으로 천 길 낭떠러지다. 도로를 제외하면 인공물이 눈에 들어오지 않는 호쾌한 트레일이다.

메사까지 오를 수 있는 또 하나의 트레일은 편도 7.5km인 브린 메사 오버룩 트레일(Brins Mesa Overlook Trail)이다.[9] 등산 고도 167m를 올라가면 브린 메사에 오를 수 있다. 메사 정상부가 단단한 암석이라서 뛰어난 전망대 역할을 톡톡히 하고 있다.

웨스트 포크 트레일

웨스트 포크 트레일(West Fork of Oak Creek Trail)은 여타 트레일과 분위기(Mesa)가 완전히 다르다. 정확한 명칭에는 오크 크리크 트레일이란 꾸밈말이 붙는다. 플래그스태프에서 세도나로 올 때 지나왔던 오크 크리크캐니언의 상류

오크 크리크캐니언

지점에서 또 다른 계곡을 따라 이뤄지는 편도 5.3km 트레일이다. 포크(fork)라
는 단어는 갈림길을 의미한다. 오크 크리크캐니언을 따라서 한참 올라가다가
한 지점에서 왼편으로 꺾으면 트레일이 시작되니 웨스트 포크라는 명칭을 썼
을 것이다.[10] 등산 고도차는 30m로 완만하다. 세도나의 하이킹 코스를 호평가
하는 전문가의 말이다.

> 웨스트 포크 트레일은 애리조나에서 최고의 트레일 가운데 하나이며, 미국 내에서
> 도 10대 트레일 중 한곳으로 손꼽힌다.[11]

최소한 13번 이상은 엉성하게 놓인 돌이나 나무를 벗 삼아 흐르는 계곡물
을 건너야 한다. 오솔길이 이어지다가 깎아지른 듯한 암석 아래로도 통과해야

한다. 결국 절벽으로 둘러싸인 계곡물이 모인 곳에서 트레일이 끝난다.

　도전적인 트레일을 하는 사람에게는 그 경계를 넘어 포레스트 로드 231번 (FR 231)을 만날 때까지 17.6km를 더 걸을 수 있다. 다만 도중에 수영을 하거나 카누 등을 이용해서 계곡을 건너야 할 수도 있다. 다른 캐니언을 포함하는 트레일에는 2가지를 더 소개할 수 있다. 하나는 편도 4.8km의 보이턴캐니언 트레일(Boyton Canyon Trail)이고, 다른 하나는 캐니언과 크리크가 상당 부분을 차지하는 편도 8km의 허크비 트레일(Huckaby Trail)이다.

보텍스, 과학적 근거는 희박

세도나 하면 어김없이 보텍스(Vortex) 에너지가 강한 곳이라는 평판이다. 세도나 내에 보텍스가 강한 4곳인 벨 록, 대성당바위, 에어포트 메사(Airport Mesa), 보이턴캐니언을 표시하는 안내 지도가 있을 정도다.

　보텍스의 사전적 의미는 소용돌이 모양의 나선형이란 뜻이다. 지구 파장의 에너지가 나선형 곡선을 이루면서 분출되는 모양을 보고 붙여진 이름이라 한다. 보텍스의 존재를 믿는 사람들은 전기 보텍스와 자기 보텍스로 나눠지며, 전기 보텍스는 양의 에너지로 지구 파장이 위로 솟구치는 형태라고 주장한다.[12] 보텍스를 이용한 다양한 서비스를 상업화하고 있는 세도나 보텍스 관광은 "보텍스는 사람이 느낄 수 있는 강한 에너지가 흐르는 지역을 말한다"고까지 주장하고 있다.

　전기 보텍스가 유난히 강한 지역이라면 그 효과에 신뢰를 둘 수 있을 것이다. 개인적인 성공 체험담이 있어서이다. 전기의 위치 에너지를 이용해 혈액 순환과 신진 대사를 원활히 하는 전위요법에 대한 체험 때문에 나는 전기 에너지의 과학적 활용을 상당히 신뢰한다. 따라서 보텍스의 어원처럼 전기 에너지라면 충분히 기대하는 효과를 거둘 수 있을 것으로 생각했다. 그러나 신비스러운 것이거나 믿고 싶은 것이라 할지라도 증거가 필요하다. 무엇보다 과학적 증거가 있어야 한다.

세도나 이야기를 정리하면서 '세도나의 보텍스는 증명할 수 있는가?'라는 의문을 자연스럽게 품게 됐다. 보텍스에 관한 다양한 연구 문헌을 조사한 바에 따르면, 보텍스는 여전히 과학적으로 증명할 수 없음을 확인할 수 있었다. 과학 작가이자 회의주의자인 브라이언 더닝(Brian Dunning)의 말이다.

정신적인 에너지인 보텍스가 세도나에 존재한다고 말한다. 그러나 과학은 여전히 회의적인 의견을 제시하고 있다.[13]

세도나가 보텍스의 중심지라는 이야기가 나온 지 수십 년이 흘렀고 이를 통해 상당한 수익을 올리는 사람들을 중심으로 과학적인 증거를 얻기 위해 많은 노력을 기울여왔을 것이다. 순수한 호기심에 사로잡혀 증명하려고 노력했던 과학자도 많았을 것이다.

그러나 과학적 결과는 존재하지 않는다. 증명되지 않은 것이 사람의 입소문을 타고 그 과정에 마케팅 요소가 개입되면서 실체가 없지만 믿고 싶은 것 또는 존재하는 것으로 자리 잡게 됐다는 점을 지적하고 싶다. 실제로 다른 지역에 비해 세도나가 기운이 강한 지역이라는 주장을 믿고 싶은 사람이 있을지라도 입증하기가 쉽지 않다. 과학적 증거가 없기 때문이다. 그럼에도 세도나를 방문하는 사람은 종교적 색채가 강한 분위기를 느낄 수 있다. 느낌만으로 보텍스의 존재를 확인할 수는 없지만.

15

투지구트 국가기념물:
성곽 같은 유적지

콜로라도고원에서 발원해 274km의 여행길에 오른 베르데강은 세도나를 지나면 여행객 곁에 성큼 다가온다. 애리조나 89A 도로를 따라서 남서쪽으로 내려가다 보면 처음 만나는 도시가 1만 2,000여 명이 사는 코튼우드(Cottonwood)다. 가게에서 여러 상품이 고객의 눈길을 끌려고 경쟁하는 것처럼 지도 속에서도 다양한 이름의 타운들이 서로 경쟁을 한다.

　코튼우드라는 지명도 사람의 주목을 끌만큼 특별하다. 그런데 코튼우드라는 식물명은 애리조나에서 심심찮게 만날 수 있었다. 일반적으로 면화로 알려진 학명 사시나무속(Populus)은 강기슭에서 자생하는 성장이 빠른 낙엽활엽수다. 사시나무, 미루나무 등으로 알려진 나무다. 높이 12~35m, 몸통 지름 1.5m까지 자라기도 한다. 주로 미국의 남서부 지역과 멕시코 북부 지역에서 자라는 데 베르데 밸리에서 흔하게 볼 수 있다. 코튼우드는 성장이 빠르고 아주 크다. 게다가 물을 많이 흡수해 건조한 지역에서 생존하는 데 유리하다. 강변의 토양을 안정시키고 증발이나 침식을 늦추는 데도 효과적이다. 정확한 명칭은 프리몬트 코튼우드(Fremont Cottonwood)다. 도시 이름은 베르데 밸리에서 흔한 나무에서 비롯됐을 것이다.

베르데강, 베르데 밸리

코튼우드는 양쪽으로 험준한 산맥 사이에서 북서쪽에서 남동쪽으로 흐르는 베르데강(Verde River)과 베르데 밸리(Verde Valley)에 자리 잡고 있다. 피닉스와 그 부근에 사는 400만 명의 시민에게 마실 물을 제공하는 베르데강은 애리조나 중부에서 귀한 강이다. 이 강에는 드물게 댐이 존재하지 않는다. 코튼우드의 평균 강우량이 1년에 33mm밖에 되지 않음을 염두에 두면 이곳 사람들에게 베르데강은 생명의 젖줄 같은 것이다. 이 강 덕분에 오래전부터 주거가 가능했다. 강의 서쪽 강변을 따라서 28km² 즉, 서울의 은평구만 한 도시가 펼쳐져 있다.

　관광객이 주로 방문하는 곳은 89A 도로가 통과하는 올드타운 코튼우드(Old Town Cottonwood)다. 양쪽으로 세 블록 남짓한 거리를 따라 19세기 말과 20세기 초 서부 시대를 대표하는 상점들이 예쁘게 단장하고 사람들을 맞는다. 올드타운은 지역 사회의 활력을 유지하기 위한 상인들이 힘을 합친 결과로 거리는 보기 좋게 단장돼 있다. 무엇보다 길가 주차는 물론이고 주차장을 찾는데 애를 먹지 않도록 메인 스트리트를 따라 대형 주차장이 여러 곳에 있다. 피닉스에서 2시간이 채 걸리지 않는 거리에 있어 도시 사람들이 하루 정도 시간을 잡아서 찾는 곳이다.

　베르데강 주변에는 애리조나에서도 와이너리가 집중돼 있는 곳 가운데 하나다. 올드타운을 알리는 푯말에는 '애리조나 와인 생산 컨트리의 심장'이란 글귀와 함께 길가에 우뚝 서 있는 우람한 코튼우드가 그려져 있다. 올드타운을 오가면서 눈에 들어오는 와인 시음장만 하더라도 6군데 이상이나 됐다.[14] 세상에는 술의 종류가 다양하지만 이 가운데 와인만 한 술이 있을까 싶다. 일찍이 헤밍웨이(Ernest Miller Hemingway, 1899~1961)는 와인에 관해 후한 평가를 한 적이 있는데 조금도 과장된 이야기는 아니다.

> 와인은 세상에서 가장 문명화된 것 가운데 하나다. 와인은 최고의 완전함을 간직한 세상의 가장 자연스런 것 가운데 하나이기도 하다. 어떤 다른 순수하게 감각적인 것들보다 기쁨과 감사에 관한 한 정말 많은 것을 제공한다.

와인은 사람을 가깝게 하는 술이다. 서양 문명을 이해할 때도 와인을 이해하는 게 필요하다.

코튼우드 히스토릭 올드타운

무엇인가를 잘 만드는 일도 중요하지만 잘 알리고 잘 파는 일은 생산 못지않게 중요하다. 코튼우드는 이런 점에서 베르데강의 생산품을 널리 알리는 데 귀한 역할을 하고 있다. 세 블록에 불과한 올드타운을 오가면서 가게 이름, 간판의 글꼴과 색, 다양한 모습의 건물, 오가는 사람을 배려한 고풍스런 의자 등 어느 것 하나 자연스럽게 어울리지 않는 게 없다. 상인들은 올드타운의 건축에 관한 일반 조례와 규칙을 세우고 거리의 아름다움을 훼손하지 않도록 공동 보조를 취하고 있을 것이다.

개인주의가 발달한 나라이지만 미국은 공공의 것에 관해서는 규칙을 정하고 이를 준수하는 데는 지나치리만큼 엄격함을 유지한다. 코튼우드 히스토릭 올드타운(Cottonwood Historic Old Town) 거리에서 자유와 억제, 개인과 집단 사이의 상호 관계를 다시 한 번 생각한다. 차를 주차하자마자 건너편에 보이는 부티크 호텔이 자연스럽게 눈에 들어온다. 돌출 베란다에 놓인 노란색 의자들이 눈길을 끌었다. 어떻게 저런 아이디어를 생각할 수 있었을까? 천하지 않으면서도 사람들의 이목을 끌어당기는 방법이구나라는 감탄이 스쳐 지나간다.

코튼우드 히스토릭 올드타운

올드타운의 중심부에는 2011년에 만든 유럽 스타일의 태번 호텔(Tavern Hotel)이 자리 잡고 있다. 미국 내에서 가장 로맨틱한 25개 호텔 가운데 13위를 차지했다고 한다. 저런 호텔이 들어설 정도면 그만큼 비즈니스가 활성화돼 있다는 증거일 것이다.

코튼우드에는 1916년 세워진 이래로 8개의 방을 갖춘 히스토릭 호텔이 있다. 코튼우드 호텔(Cottonwood Hotel)에서 최고 비싼 방은 존 웨인 스위트다. 서부 영화가 인기를 끌던 시대에 이곳에 많은 헐리우드 스타가 묵어가고는 했다. 존 웨인 스위트는 〈천사와 악당(Angel And The Badman)〉(1946)에서 열연한 존 웨인(John Wayne)과 게일 러셀(Gail Russell)이 공개 밀애를 즐겼던 곳이다. 〈천사와 악당〉은 이곳에서 촬영하지 않았지만 감독, 영화 제작자, 할리우드 스타가 만나서 영화를 어떻게 공개할지, 어떻게 편집할지 등을 논의하는 장소로 썼다.

코튼우드 호텔

러시(Rush)라 부르는 이 모임은 비공식으로 진행하는데, 이곳에서 열린 러시 이후에 존 웨인과 미즈 러셀은 세도나로 돌아가지 않았다. 두 사람은 코튼우드 호텔에서 체크인을 한 다음 밀애를 즐겼다. 마을 사람 가운데 일부는 두 사람이 호텔 입구에 서서 키스를 나누는 장면을 목격했다고도 했다. 밀애라는 것도 한때인지라 이제 그들은 모두 이 세상 사람이 아니다.[15]

코튼우드 호텔은 애리조나에서 가장 오랫동안 영업을 하고 있다. 이 작은 호텔의 웹사이트를 방문해보면 옛 신문 자료 등을 동원해 마치 1권의 역사책처럼 호텔의 역사를 깨알같이 기록해놓을 것을 알 수 있다. 이 호텔만의 스토리를 상품화한 사례를 발견할 수 있어 흐뭇했다.

강변을 따라 가벼운 산책을 원한다면, 1929년 베르데강의 자갈을 이용해서 지은 감옥 건물부터 시작되는 6.3km의 감옥 트레일 루프(Jail Trail Loop)를 시

투지구트와 언덕 위의 삶

투지구트 대단위 주거지

도할 수 있다.[16] 베르데 강변을 따라 걷는 평범한 산책길이다. 올드타운 거리가 끝나갈 때쯤 발견할 수 있는 강변으로 향하는 길이다. 가까운 거리에 베르데 강변을 끼고 조성된 데드 호스 랜치 주립공원(Dead Horse Ranch S. P.)도 둘러볼 수 있다.

투지구트, 대규모 주거 단지

코튼우드 구경을 마친 다음 서둘러 투지구트 국가기념물(Tuzigoot National Monument)로 향한다. 그곳은 불과 3km 거리에 있다. 강을 건너 투지구트에 접근하는 첫인상은 주거지가 평지 위에 우뚝 서 있는 성곽 같다. 일본 여행에서 만날 수 있는 견고한 성곽의 축소판을 연상시킨다. 마치 유조선처럼 기다랗게 생긴 푸에블로 인디언의 주거지는 언제 만들어졌을까?

이곳은 오늘날 푸에블로 인디언의 조상인 서던시나구아(Southern Sinagua)가 1000년부터 1400년까지 살았던 주거지다. 현재는 110개가량의 방이 복원돼 있는데, 강가를 기준으로 36m 정도 높이에 있는 야트막한 산의 정상부부터 하나씩 주거지가 들어서게 된다. 고고학자들의 연구에 의하면, 크게 4단계로 나뉘져 들어섰다고 한다.

야산 꼭대기 주변에 주거지가 건설되는 1단계(1050~1180)를 거쳐 2단계(1180~1220)로 정상부 바로 아래 부분에 주거지가 들어선다. 야산에서 충분한 주거 공간을 확보하지 못하자 강변에 가까운 곳으로 주거지가 확장되는 시기가 3단계(1220~1350)다. 마지막으로 야산에서 조금 떨어진 후면에 별도로 주거지를 건설하는 4단계(1350~1380)를 거쳐서 마무리됐다. 오늘날로 치면 유입 인구가 증가하면서 1단지, 2단지, 3단지 등으로 아파트 단지를 추가로 짓는 것과 같은 일이 일어났다. 투지구트의 정상에서 육안으로 확인할 수 있는 주거지 유적의 흔적이 남아 있는 곳은 6군데가 더 있다. 이는 투지구트 주변에 많은 사람이 모여 살았음을 말해준다.

원래 주거지는 1층에 방 87개, 2층에 추가적으로 방 23개를 갖춤으로써 전

투지구트 대단위 주거지와 베르데강

성기에는 최고 225명이 거주했다. 첫 100년 동안 50여 명이 거주할 수 있는 주거지가 야산의 정상부에 만들어졌다. 100여 년이 지나 1200년대에는 거주민이 100여 명으로, 1300년대에는 200여 명으로 증가한다. 투지구트는 베르데강 지역에 거주하는 다양한 주거 지역 가운데 규모가 큰 편에 속한다. 이 지역이 가장 번성했던 1300년을 기준으로 베르데강 주변에 거주했던 서던시나구아의 인구수는 6,000~8,000명에 달했다. 베르데강을 중심으로 크고 작은 주거지가 퍼져 있었고 이들은 복잡한 상호 교류 관계를 유지하면서 살고 있었던 것이다.

　고고학자들이 당시 주거지를 표시한 지도를 보면 수많은 점이 곳곳에 분포돼 있는데 강의 상류 지역에 압도적인 크기의 굵은 점이 투지구트다. 주요 거주지는 약 50개로 추산되는데 이 가운데서도 투지구트는 상류 지역의 중심지 역할을 해왔음을 알 수 있다.[17] 투지구트처럼 대규모 주거지를 제외하면 3~10인

가족이 모인 주거지가 다수를 차지했다.

대단위 주거지인 투지구트에서는 건축술을 세밀하게 들여다볼 수 있다. 아무래도 건축용 자재가 가장 인상적이다. 베르데강에서 흔한 분홍빛이 돌거나 검은 돌멩이를 썼다. 투지구트에 사용된 돌멩이(cobblestone)는 코튼우드의 올드타운에서도 관찰할 수 있는 건축용 자재다. 크고 작은 방들은 마치 분리된 공간처럼 돌벽으로 둘러싸여 있는데 바깥으로 향하는 문의 수는 적다. 2층을 올리기 위해 현대인의 눈에도 지나치게 두꺼울 정도로 양쪽 벽을 튼튼하게 만든 다음 중간에 나무로 무게를 지탱하는 방법을 썼다. 2층의 하중을 견뎌낼 수 있는 나름의 방법을 고안한 셈이다. 2층은 사다리를 이용해 올라간다. 바깥에서 2층으로 올라갈 수도 있고 오늘날의 다락방처럼 1층 실내에서 2층 실내로 올라가는 방법도 있었다. 가능한 바깥문을 줄이려는 노력을 엿볼 수 있다. 추위로부터 실내 공간을 보호하기 위함이다.

화이트 밸리의 소금과 교역

이들은 농사, 채집, 수렵을 병행하면서 생계를 유지했다. 시간이 가면서 많은 인구가 투지구트로 이주한 이유는 베르데강 덕분에 식수를 쉽게 확보할 수 있고 농사짓는 데 유리했기 때문이다. 방문자센터 내부의 박물관에는 상세한 설명과 함께 투지구트의 생활을 이해할 수 있는 갖가지 유물이 복원 과정을 거쳐 전시돼 있다. 전시물 가운데 2가지가 눈길을 끌었다. 하나는 민무늬 도기가 압도적인 비중을 차지한다는 사실이다. 이곳에서 출토된 채색 도기는 회색, 갈색, 붉은색을 띠는데 전문가들이 프레스캇 그레이 웨어, 베르데 브라운 웨어, 투지구트 레드라는 특별한 이름을 붙였다.

다른 하나는 수확물을 빻는 데 쓰인 도구다. 샌프란시스코산의 화산 폭발로 날아온 화산재로 생성된 단단한 현무암은 수확한 옥수수를 초벌로 빻는 도구로 쓰였다. 그다음 잘게 빻는 데 용이한 사암을 이용했다. 다양한 크기에 다양한 색의 윤기가 반들거리는 암석을 이용해서 만든 빻기 도구는 문제 해결을 위해 노력했던 사람들을 떠올리게 했다. 이렇듯 삶이란 결국 문제 해결을 향한 긴 여행길과 같은 것이다. 어느 시대든 문제가 있었고 그 문제를 해결하려고 안간힘을 다했던 사람들이 있었다. 우리가 역사에 관해 겸허한 마음을 가져야 할 이유다.

그러나 그들의 생계 가운데 일정 부분은 외부 세계와의 교역에 의존했다. 소금, 광석, 도기 등이 교역의 중요한 몫을 차지했으며, 1933년 실시된 발굴 작업에서 소금석, 공작석, 남동석, 암판석 등이 출토됐다. 베르데강 하구에 있는 화이트 밸리(White Valley)에는 고대인에게 귀한 소금석 광산이 있었으며, 이 소금석이 투지구트의 교역품 가운데 하나였다는 고고학 증거들이 있다. 발굴품에는 멕시코에서 수입된 잉꼬새털과 북부 지역에서 수입한 채색 도기들도 있다. 투지구트에서 자체 제작한 도기는 특징이 뚜렷하다. 대부분 장식이 없고 바깥쪽은 붉은색, 안쪽은 검은색을 칠한 다음 광택이 나도록 윤을 냈다. 다음은 전문가의 평가다.

투지구트의 도기는 대개 품질이 좋지 않았으며, 항아리는 일반적인 형태이고 내구성을 중시하고 대부분은 장식하지 않았다.

투지구트에서 채색 도기가 발견되기도 한다. 흰색 위에 짙은 푸른색 계열의 무늬 또는 노란색 위에 검은색 무늬를 새겨 넣은 도기들은 투지구트 사람들이 만들 수 없었다. 채색 도기는 대부분 북쪽에서 왔으며 호피 인디언에게서 구입한 것이다. 당시 사람들이 광범위한 교역망 속에서 살았음을 말해주는 증거다. 서던시나구아들이 교역에 적극 참여할 수 있었던 배경에는 다른 종족에게 팔 수 있는 중요한 상품이 있었다. 다름 아닌 베르데강에서 얻은 귀한 광물들이다. 서던시나구아들은 지리적 위치가 유리했다. 그들은 북쪽으로는 고대 푸에블로, 남쪽으로는 호호캄(Hohokam) 사이에 있었다.

어느 시대든 교역을 활성화시키는 게 번영으로 가는 지름길이다. 고대인이 현대인에게 주는 교훈이다. 그럼에도 20세기 100년 동안 현대인 가운데 일부

투지구트 도기

는 자립 경제를 실현하기 위해 교역을 멀리하고 계획을 중시한 체제 실험을 실행에 옮기기도 했다. 이 얼마나 우둔한 생각인가! 현대인이 20세기에 치른 사회적 실험은 역사에 대한 무지함과 오만함을 말해준다. 박물관을 거니는 동안 '잘 살고 싶다면 가능한 교역을 자유롭게 하도록 내버려두라'는 생각이 머리를 떠나지 않았다. 이 교훈은 이 시대를 살아가는 사람들에게 주는 교훈이기도 하다. 가능한 경제 주체들을 자유롭게 해줘라. 그들이 저마다의 기량을 발휘해서 만든 제품이든 서비스든 자유롭게 교환할 수 있는 환경을 마련해줘라. 그것이 번영과 성공으로 가는 지름길이다.

투지구트의 복원

투지구트는 어떤 뜻인가. 구부러진 강이란 뜻이다. 이곳을 지칭한 아파치족의 단어와 야바파이족의 발언을 참조해서 복원 작업에 참여했던 사람들이 정한 용어다. 투지구트는 우리가 이미 봤던 플래그스태프 주변의 푸에블로 인디언과 차이가 있을까? 플래그스태프 주변의 푸에블로 인디언은 노던시나구아(Northern Sinagua), 투지구트를 비롯해서 베르데강 주변의 푸에블로 인디언은 서던시나구아로 구분한다. 고고학자들은 노던시나구아가 플래그스태프 일대

대공황기의 투지구트 복원 사업

에 거주한 시기를 650년 정도로 본다.

　반면 이보다 늦게 베르데강에 거주한 서던시나구아가 대규모 주거지를 건설하는 시점을 1150년 무렵으로 본다. 서던시나구아가 노던시나구아에게 경작, 채집, 수렵, 건축 등을 배웠다. 1400년을 기점으로 서던시나구아가 투지구트를 포기한 것으로 알려져 있다. 기후 변화, 수확량 부족, 교역로 붕괴 등 여러 가설이 존재하지만, 짧지만 극심한 가뭄을 원인으로 보는 견해가 유력하다. 떠난 사람들이 어떤 상황에 처하게 됐는지 명확하지 않지만 북동쪽으로 향했을 것으로 본다. 이동 추정지는 윈슬로 주변의 샤베즈 패스(Chavez Pass)다. 이곳은 대규모 주거 단지와 교역 장소로서 지금도 유적지가 남아 있다. 그 밖에 윈슬로에 있는 호몰로비(Homol'ovi)와 호피 메사(Hopi Mesas)에 있는 마을도 그들이 옮겨갔을 것으로 추정되는 유적지다. 그들이 호피족의 일원이 됐다는 기록이 남아 있지만 모두가 떠난 것은 아니다. 남아 있던 일부 사람들은 이곳에서 멀지 않은 프레스캇의 야바파이족이나 아파치족과 결혼했다.[18] 1583년 이곳을 방문한 스페인 탐험대가 이 지역에 살고 있는 사람들을 만났다는 기록을 남긴 덕분에 알수 있는 대목이다.

이곳을 방문하는 사람들은 600년이 더 된 유적지가 이토록 잘 보존된 것에 놀라움을 금할 수 없다. 하지만 한 장의 흑백 사진은 이곳이 초기에는 수많은 돌맹이의 거대한 무덤 같은 모습이었음을 말해준다. 대공황의 여파로 1932년 애리조나의 많은 구리광산이 문을 닫았다. 당시 미국 전역의 실업률은 24%에 도달할 정도로 심각했다. 연방정부와 지방정부가 실업자를 구제하는 차원에서 투지구트 복원 작업을 전문가들의 지휘 아래 추진했다.

나랏돈이 이렇게 유익하게 사용된 까닭에 많은 사람이 옛 흔적을 관람하고 배울 수 있다. 복원 과정을 사진이나 보고서 형식으로 꼼꼼하게 보존해놓은 점도 배울 점이다. 투지구트를 둘러보려면 0.5km 루프를 추천한다. 정상에서 360도의 경치를 즐길 수 있다. 정상에서 강가까지 펼쳐진 주거지 모습이 인상적이다. 내친김에 베르데강까지 내려갔다 오면 금상첨화다.

16

제롬:
구리광산 부자의 추억

투지구트 국가기념물을 출발해서 오르막길로 들어서면 2분 남짓한 거리에 클라크데일이 있다. 이곳은 애리조나에서도 19세기에 세워진 대표 기업 도시로, 목적지인 제롬(Jerome)의 관문에 위치하고 있다.

    클라크데일의 고도는 1,081m여서 60m 아래의 투지구트와 주변 지역을 훤하게 내려다볼 수 있다. 거주자의 평균 연령대는 59세를 웃돈다. 가구 소득이 세도나에 비해 1만 달러 정도 낮은 것으로 봐서 비교적 여유 있는 은퇴자들이 많이 사는 곳이다.[19] 애리조나의 빈곤율이 20%대임을 감안하면 클라크데일의 빈곤율은 7.7%에 불과하다.

클라크데일, 기업 도시

클라크데일(Clarkdale)의 뿌리는 구리광산이 있었던 인근의 제롬을 지원하는 제련소 건설부터 시작됐다.[20] 이곳은 1912년부터 1953년까지 제련소 타운으로 이름을 날렸던 곳이다. 제롬의 구리광산 소유자로서 UVCC 즉, 유나이티드베르데구리회사(United Verde Copper Company)의 오너 윌리엄 A. 클라크가 1912년 세운 전형적인 계획도시이자 기업 도시다.

건설 배경을 살펴보자. 제롬제련소는 1888년에 1만 5,000톤의 광석을 처리하지만, 1915년에는 40만 톤을 처리해야 할 정도로 급격히 늘어나고 있었다. 제롬의 제련소는 고지대에 있었기 때문에 확장할 만한 여유 공간이 없었다. 결국 1910년(71세) 윌리엄 A. 클라크는 현역에서 은퇴할 나이가 지났지만 베르데강 주변에 대규모 제련소와 수송용 철도, 근로자 주거지를 확보하기 위해 나선다. 1912년 부지를 확보한다. 1915년 철도가 연결되고, 제련소를 완공하기에 이른다. 1916년 클라크데일제련소를 가동하자 처리 용량은 1915년의 2배인 80만 톤에 달하게 된다.

1920년, 클라크데일제련소는 세계에서 가장 큰 제련소로 자리 잡게 된다. 하루에 약 68만kg(15만 파운드) 이상의 구리를 생산했지만 부작용도 만만치 않았다. 매일 935톤의 이산화황과 100톤의 스모그는 클라크데일 주변의 농사를 폐허로 만들고 말았다. 1915년부터 1953년까지 클라크데일제련소는 구리 114만 2,690톤, 금 30.8톤, 은 1,160톤, 아연 2만 2,750톤, 납 295톤을 생산했다. 오늘날 가치로 따지면 85억 달러 이상에 해당한다.

윌리엄 A. 클라크는 기업 도시를 건설할 때 도시 거주민 통제권을 확실히 한다는 구상과 관련 사항을 점검했다.

원활한 식음수 및 공업용수 공급, 원활한 배수, 건설을 위한 충분한 모래 및 자갈, 벽돌을 제작하는 데 쓰일 충분한 진흙, 계획한 철도의 연결, 운영과 폐기물 처리를 위한 충분한 고도, 향후의 시설 확장이 가능한 평지.

이 도시는 경영자와 엔지니어를 위한 어퍼 클라크데일과 일반 근로자를 위한 로어 클라크데일로 구획지어 건설됐을 뿐 아니라 백인을 위한 공간과 멕시칸 및 멕시칸-아메리칸 노동자 활동 영역을 구분해서 건설됐다. 기업 도시를 증언해주는 대표 건물이 다운타운에 있다. 이 다운타운은 클라크 히스토릭 디스트릭트로 국가지정역사명소다.

메인 스트리트에는 타운의 중심에 해당하는 클라크 기념 클럽하우스(Clark Memorial Clubhouse)가 있다. 1926년 윌리엄 A. 클라크의 아들이 사유지를 기부해서 지은 건물이다. 왼편에는 기념도서관(Clark Memorial Library), 오른편에는 클라크데일 공공 빌딩(Clarkdale Public Works Building)이 있다. 그 밖에 애리조나구리예술박물관과 폐기차를 부활시켜 관광으로 성공시킨 베르데캐니언(Verde Canyon) 레일로드 어드벤처 등이 관광객들이 자주 찾는 곳이다.

윌리엄 A. 클라크, 베르데구리광산

영원할 것처럼 보였던 회사도 20년을 넘기지 못한다. UVCC는 대공황의 여파가 극심했던 시기에 공장을 폐쇄(1931)했다가 펠프스다지가 이 회사의 경영권을 인수(1935)하게 된다. 창업주가 회사를 인수한 이후 18년이 되던 1953년에 제련소는 문을 닫는다.

여기서 구리왕(copper magnate)으로 불렸던 윌리엄 클라크(William Andrews Clark, 1839~1925)의 삶을 잠시 살펴보자. 펜실베이니아 출신인 그가 사업을 키울 수 있는 종자돈 1,500달러를 확보한 것은 1863년 몬태나에서 뜻밖의 횡재를 한 덕분이다. 투자 수완이 뛰어났던 그는 이 돈으로 유통, 금광, 목장, 제조업, 은행 등에 투자해 백만장자가 된다. 1872년 컬럼비아대학에서 탄광에 관해 공부한 다음 몬태나 뷰트로 돌아와 제련, 신문, 수력, 목재, 농업 등에 투자를 한다. 여기서 상당한 돈을 벌어들인 다음 1905년 로스앤젤레스와 솔트레이크시티(Salt Lake City)를 운영하는 철도를 소유하게 되는데, 이때 정거장으로서 철도 타운인 네바다(Nevada)의 라스베이거스(Las Vegas)가 세워진다. 클라크는 오

UVCC 현장

늘날 라스베이거스라는 도시가 탄생하는 데 결정적인 기여를 한 인물이다. 라스베이거스가 속한 카운티는 그를 기념해 클라크 카운티(Clark County)라 이름을 붙였다.

윌리엄 클라크는 우연한 기회에 구리광산을 인수하게 된다. 1885년 뉴올리언스(New Orleans) 월드 페어에서 제롬의 광석 표본을 들고 온 한 사람을 만나게 된다. 그의 설명에 흥미를 느낀 클라크는 현장 조사를 마친 다음 훗날 엄청난 부를 안겨다준 UVCC의 지분 99.7%를 36만 달러를 들여서 인수한다. 그다음 구리 원석을 당나귀로 운반하던 방식을 개선한다. 제롬까지 철도로 연결해 수익성을 대폭 개선하게 되는 것이다. 1898년부터 세 차례 몬태나의 상원의원을 지내기도 했다. 정치인으로서 큰 업적을 남기지는 못했고 돈으로 유권자의 표를 산 인물로 비난받기도 했다.

어렵게 성장한 클라크는 가난을 벗어나고자 노력했던 인물이지만 당대에 신분 상승의 꿈을 이룬다. 록펠러, 카네기, JP모건 등이 활동하던 길드 시대를 대표하는 재벌 가운데 한 사람으로서 자리를 잡았다. 클라크가 뉴욕에서 출발해 서부 사업지를 시찰할 때는 전용 기차를 이용했을 정도였다. 그의 부가 얼마다 막대했는지 짐작할 수 있는 대목이다. 1916년 한 해에만 22만 2,750달러를 배당받았다. 뉴욕 5번가에 방 121개, 화장실 31개가 딸린 호화 주택을 짓는 데 6년 동안 무려 1억 5,000만 달러를 투입했다. 이 건물을 싫어했던 가족은 그가 사망한 지 2년 만에 허물어버렸다.

1925년 클라크가 사망했을 때 당시 2억 5,000만 달러(현재가 21.4억 달러) 상당의 재산을 남겼다. 클라크는 첫 부인이 사망하고 나서 8년이 지난 1893년 재혼한다. 당시 62세였는데, 7남매 중 막내보다 2살밖에 많지 않은 23세의 부인을 맞았다. 재혼한 부인과의 사이에 두 딸을 두었다.

클라크는 아주 근면한 사업가였고 직원에게 관대한 사람이었다. 직원들에게 당시 기준으로는 후할 정도의 주택, 학교, 의료 시설을 제공했지만 철저하게 자신에게 복속하도록 만들었다. 사업에 관한 한 엄격한 사람이었으며 직계 가족과 확장 가족을 챙기는 데도 열심이었다. 둘째 아내 사이에 낳은 딸이 17세에 사망하자 그 딸을 위해 미국 걸스카우트에 135에이커의 부지를 제공하기도 했다. 이곳은 현재 딸 이름을 따서 '캠프 안드레 클라크'로 불린다.

클라크는 막대한 재산을 쌓는 데 성공했지만 삶이 평탄하지만은 않았다. 삶에서 통제할 수 없는 것들이 많음을 다시 한 번 생각하게 된다. 첫 아내 캐서린 스타우퍼(1840~1893)가 사망하기 전에 그는 9명의 자녀 가운데 3명을 잃었다. 남은 6명의 자녀 가운데 막내딸 한 명을 제외하고 모두 단명하고 만다. 큰아들 찰스 클라크(Charles Waker Clark, 1871~1933)가 그의 사후 8년 만에 사망한다. 그는 후손이 없지만 1907년부터 아버지를 대신해 회사 운영을 책임지는 제너럴 매니저 역할을 맡아왔다. 차남 윌리엄 클라크 주니어(William Andrews Clark Jr., 1877~1934)도 이듬해 사망하고 만다. 손자로서는 유일한 후손이던 윌리엄 클라크 3세(William Andrews Clark III, 1896~1932)는 맨션이 내려다보이는 곳에서 조종실이 오픈된 프로펠러 비행기를 타다가 추락사한다. 1932년 5월 20일 일어난 일인데 그의 나이 36세였다.

그날의 비행에는 찰스 린드버그(Charles Lindbergh), 18년 경력의 베테랑 조종사 잭 린치(Jack Lynch)가 비행 조수로 함께 타고 있었다. 날씨도 좋았고 베테랑 조종사가 조수로 동행한 상태에서 일어난 비행 사고라서 이해하기 힘든 점이 한두 가지가 아니다. 창업주 사후 9년 만에 장남, 차남, 유일한 손자가 사망함으로써 클라크데일 가문의 남자들은 사라지고 만다.[21]

남은 세 딸 사이에 부동산을 두고 다툼이 일자, 모든 부동산을 매각하기로 합의를 본다. 1935년 광산과 공장, 부대시설 및 토지들은 펠프스다지에 2,080만 달러에 매각하게 된다. 그런데 이 가격에는 1,050만 달러 상당의 구리 덩어리 재고가 포함돼 있었기 때문에 실질적으로 펠프스다지가 지불한 가격은 1,030만 달러밖에 되지 않는다. 헐값으로 회사를 인수한 셈이다. 이후 1953년 공장 가동이 중지될 때까지 18년 동안 펠프스다지는 클라크데일제련소에서 4,000만 달러의 수익을 거둬들인다. 1939년이면 아홉 자녀 가운데 유일하게 둘째 부인 사이에 난 딸 1명만 남게 되는데 그녀는 첫 결혼을 일찍 끝낸 이후에 오랜 세월 동안 은둔해온 것으로 알려져 있다. 2011년 그녀마저 104세의 나이로 세상을 떠났다. 윌리엄 A. 클라크가 건축한 클라크데일의 클라크 맨션도 2010년 6월, 원인 모를 화재로 전소되고 말았다.

제임스 S. 더글러스

클라크데일에서 제롬까지는 8.3km 떨어져 있으며 두 곳의 고도차는 463m다. 클라크데일에서 제롬까지 89A 도로를 따라 올라가는 길은 아슬아슬할 정도로 가파르고 좁다. 초행인 사람은 긴장할 수밖에 없다. 이곳을 처음 방문하는 사람은 안식처를 어디에 구해야 할지 절벽이 높고 아찔하기만 하다.

제롬의 역사를 간략하게 정리해보자. 1876년 이 지역에서 광업권이 최초로 받아들여지고 1883년 뉴욕 출신의 투자자들에 의해 UVCC가 출범한다. 이 회

제롬 시내에서 바라본 더글러스 맨션

사의 초기 운영은 신통치 않았다. 1886년 윌리엄 A. 클라크가 지분을 전부 인수하면서 구리 도시로서의 제롬의 도약이 시작된다. 타운의 인구는 1890년까지만 하더라도 250여 명에 지나지 않았다. 1895년 제롬까지 철도가 연결되면서 제롬은 텐트 시설이 주를 이뤘던 초기의 조악한 변경 지역의 캠프에서 타운, 학교, 교회 등을 갖춘 20세기의 산업 도시로 탈바꿈하게 된다. 20세기 전환기 무렵 UVCC는 800여 명을 고용할 정도로 크게 성장했다.

　제롬 성장사에는 또 한 명의 걸출한 기업가가 등장한다. 미국 남서부에서 유명한 탄광 기업가의 아들인 제임스 S. 더글러스(James S. Douglas Jr., 1867~1949)가 1914년 겨울, 엄청난 행운을 움켜쥔다. 그는 유나이티드베르데익스텐션탄광회사(United Verde Extension Mining Company, UVX)가 추가 광맥을 발견할 수 있도록 거액을 투자하는데 투자금이 바닥날 즈음 일확천금이라 할 만한 거대한 구리 광맥을 발견하게 된다. 그가 광맥을 발견하는 전후 이야기를 상세히 살펴보자.

1912년 제임스 S. 더글러스는 UVX의 지분을 취득한다. 이후 구리 광맥을 발견하려고 막대한 돈을 투입하는데 허탕을 치기 일쑤였다. 고용한 지질학 전문가들이 "이곳에서는 광맥을 발견할 수 없다"고 더글러스를 설득하지만 고집을 꺾지 않는다. 줄기차게 광맥 탐사에 매달린다. 투자금이 거의 바닥날 때쯤 대단한 광맥을 발견하는 데 성공한다. 이 광맥은 베르데구리광산처럼 큰 광맥은 아니었지만 톤당 구리 함유량이 2배나 되는 양질의 광맥이었다.

시장은 즉각 반응했다. UVX의 주가는 주당 0.15달러에서 35달러로 폭등한다. 이렇게 해서 떼돈을 벌게 됐다. 이 발견은 1억 2,500만 달러의 매출을 일으켰고 투자자들에게 5,000만 달러라는 거액을 선물했다. 제롬의 전성기는 1890년 무렵부터 대공황이 덮치는 1929년 이전까지로 볼 수 있다. 영광의 시간이 지나고 대공황은 재고 증가, 판매 부진, 가격 하락 등을 낳았다. 결국 UVCC와 UVX 모두 인력을 줄일 수밖에 없었다.

1953년 구리 생산이 중단되고 나자 1950년대 말엽 제롬의 인구는 100여 명으로 줄어들었다. 거의 잊힌 도시가 되고 말았다. 그런 이곳에 예술가들이 하나둘 찾기 시작한 시기는 1970년대 들어서다. 1970년 290명까지 증가한 인구는 1980년이면 400명대를 회복하지만 최근 들어서 다시 인구가 300명대로 줄어들었다.

이곳은 피닉스에서 당일 코스로 방문할 만한 작은 타운이다. 타운의 부활을 증명해주는 것은 아마 매출일 것이다. 1990~2006년 과세 대상이 되는 매출액이 480만 달러에서 1,550만 달러로 늘어났다. 최근 자료는 인구, 고용자 수, 가구당 소득 수준 등이 모두 줄어드는 추세다.[22]

제롬 스테이트 히스토릭 공원

제롬은 메인 스트리트를 중심으로 위아래로 크게 나눌 수 있다. 대부분의 관광객은 메인 스트리트 입구 주차장에 차를 댄 다음 메인 스트리트의 아기자기한 레스토랑, 갤러리, 역사적 명소 등을 다니면서 시간을 보낸다. 제롬을 방문하는 사람이라면 역사적 명소가 제공하는 특별한 느낌을 갖고 갈 수 있어야 한다. 구리 채굴과 제련을 통해 엄청난 부를 축적한 사람들의 흔적을 확인하고 그들의 삶의 궤적을 추적해볼 만한 충분한 가치가 있다. 시대가 준 기회를 포착하고 이를 통해 엄청난 부를 축적한 사람들의 발자취는 도시의 오른쪽 끝자락에 있다.

클라크데일에서 제롬을 향해 나아갈 때 2번 크게 우회전하고 전진하다 보면 또 한 번 갈림길에 선다. 이때 우측 길 즉, 더글러스 애브뉴를 따라가면 제롬 스테이트 히스토릭 공원(Jerome State Historic Park) 입구에 도착한다. 이곳의 정확한 명칭은 오드리 헤드프레임 공원(Audrey Headframe Park)이다. 철조망이 쳐진 곳 안에 목재로 만든 샤프트 프레임워크가 놓여 있다. 그동안 구리광산에 쓰인 철재 샤프트 프레임워크를 자주 볼 수 있었지만 목재를 만나는 일은 거의 없었다.

그곳에 우뚝 서 있는 오드리 샤프트 헤드프레임은 애리조나의 가장 큰 목재 헤드프레임이다. 1918년 탄광에서 채굴한 광석을 끌어올리는 용도로 제작됐다. 1918년부터 1938년까지 오드리 샤프트 헤드프레임은 구리 320만 톤, 은 190톤, 금 5.3톤, 경상 이익율은 70%에 이르는 성과에 기여했다. 주변에는 광석을 옮기는 데 쓰인 각종 운반구, 드릴, 유틸리티 카드 등이 진열돼 있다. 518m 아래를 내려다볼 수 있도록 특수 유리가 설치돼 있다.

그렇다면 제임스 S. 더글러스에게 엄청난 부를 안겨다준 탄광은 어디에서 확인할 수 있는가. 여러분이 볼 수 있는 오드리 샤프트 헤드프레임이 놓여 있는 바로 그곳 주변이 더글러스가 일확천금의 기회를 잡은 리틀 데이지 탄광이다. UVCC에 비해 채굴 작업 공간은 좁았다. 지금 보는 곳이 핵심 작업 현장이었음을 알 수 있다.

제롬에 UVX의 작업 공간이 밀집돼 있었다. 서쪽 언덕 위에 있는 리틀 데이지 호텔부터 동쪽 더글러스 맨션에 이르는 좁은 지역에 집중됐다. 1915년 만들어진 에디스 샤프트와 1918년 만들어진 오드리 샤프트 옆으로 발전소, 사무실 건물 2동, 설비 가게, 장비 저장 건물 등이 집중 배치돼 있었다.

그냥 헤드프레임만 보고 지나가면 이곳의 역사적 의미를 흘려보낼 수 있지만, 헤드프레임을 지켜보는 바로 그 밑에서 엄청난 구리가 쏟아져 나왔다는 사실이 믿기는가. 제롬 인근에 지하 터널로 뚫린 거리가 무려 86마일이라는데, 그 일부가 발밑에 있는 것이다.

그런데 여기서 시선을 북동쪽으로 돌리면 산 쪽으로 한눈에 오랫동안 채굴해온 뚜렷한 흔적이 보인다. 절벽처럼 지층이 고스란히 드러난 곳이 바로 UVCC의 현장이다. 이 광산은 노천광산으로 지금도 헤드프레임 3대와 건물 몇 동이 남아 있다.[23] 윌리엄 클라크에게 막대한 부를 안겨준 역사적 현장이 지근거리에 있다. 결국 제롬이 쏟아낸 부의 원천은 제롬의 동쪽 끝자락이었다. 북쪽 산중턱에는 호텔이 보일 것이다. 리틀 데이지 호텔(Little Daisy Hotel)은 지금도 영업 중이지만 과거에는 광부들의 주거 공간이자 호텔로 활용됐던 곳이다.

다음으로 철문을 통과한 다음 지금은 제롬스테이트히스토릭박물관(Jerome State Historic Museum)으로 쓰이는 더글러스 맨션(Douglas Mansion)으로 올라가면 된다. 철문과 주립공원을 표시한 안내판을 통과해 오르막길로 들어선 다음 더글러스 맨션 앞뜰에 주차하면 베르데강과 투지구트 국가기념물, 광활한 평지가 시원하게 펼쳐진다. 제롬의 그 어떤 장소보다 1,501m의 고도에서 바라보는 파노라마는 그 자체만으로도 기쁨을 주기에 족하다.

더글러스 맨션으로 들어가기 전에 건물을 끼고 왼편으로 돌아가면 제롬의 또 다른 풍경을 볼 수 있다. 암석 운반용 기구들이 줄을 잇듯이 진열돼 있는데 한 곁에 안내판이 있다. '클레오파트라 힐 뷰' 안내판 곁에 서서 아래로는 방금 봤던 리틀 데이지 탄광이, 시선을 살짝 위로 들면 저 멀리 유나이티드베르데구리광산이 들어온다.

더글러스 맨션을 지은 인물은 비스비의 대표 광산인 쿠퍼퀸광산(Copper

Queen Mine)을 발견하는 주역이자 훗날 이 광산을 이끈 제임스 더글러스의 아들이다. 그의 이름은 제임스 S. 더글러스 2세다. 광산업에서 일한 경험을 살려 아버지 슬하를 떠나 자기 혼자 힘으로 제롬에서 리틀데이지광산으로 큰 부를 축적한 인물이다.

20여 년 동안 다양한 구리광산에서 근무하며 경험과 지식을 충분히 축적한 다음 1912년(44세) 자신의 운명을 시험하는 계기를 만든다. 제롬에서 UVX 지분을 인수하고 추가 자본을 투입해 새로운 광맥 찾기에 나선다. 이 발견으로 1915년부터 1938년까지 5,500만 달러를 배당받음으로써 부자 대열에 들어섰다. 더글러스 맨션은 그가 애리조나에 1916년 지은 규모가 가장 큰 어도비 스타일 건물이다. 당시 이미 중앙 집진식 냉난방 시스템을 활용할 정도로 최신식 건물이었다.

상원의원(1927~1933), 영국 대사(1947~1951)를 지낸 그의 아들 루이스 W. 더글러스는 아버지를 기념해 주정부에 건물을 기증했다. 가족 거처 및 귀빈 접대 용도로 지어진 그 건물이 박물관으로 활용되고 있는 것이다. 이 박물관은 16개 영역으로 나눠져 있으며 더글러스 가족, 비디오 룸, 제롬 역사 등을 다루고 있다. 제롬과 광산업 관련 시청각 자료, 각종 전시품, 가족의 주거 공간 등이 잘 정리돼 있다.

더글러스 맨션을 둘러보면서 자연스럽게 제롬의 한 시대를 풍미했던 두 집안이 떠올랐다. 당대의 화려함만큼이나 자손들의 번성이란 것도 한 사람의 삶을 종합 평가하는 데 중요할 수 있구나라는 점이다. 하지만 부모가 자식 세대의 삶까지 어떻게 할 수 있겠는가! 통제할 수 있는 범위를 넘어서는 영역이다.

메인 스트리트

메인 스트리트를 거닐면서 한 시절에 날렸을 법한 건물들을 살펴보는 것도 제롬 방문의 의미를 각별하게 만들 것이다. 사이사이에 자리 잡고 있는 20여 개의 갤러리도 머무는 시간을 한층 즐겁고 유쾌하게 할 것이다.[24] 고전과 현대가 어우러져 독특한 매력을 풍기는 것이 도회지 사람들이 이곳을 찾게 되는 중요한 요인 가운데 하나일 수 있다.

조금은 철이 지나버린 듯한 건물, 폐광이 지닌 독특한 풍경 사이사이로 모던한 작품이 시선을 사로잡는 게 제롬만의 특별함일 것이다. 제롬 히스토릭 디스트리트의 중심은 메인 스트리트와 제롬 애브뉴가 교차하는 곳에 서 있는 상징적인 건물이다.

여전히 영업하고 있는 코노 호텔(Connor Hotel)은 1899년에 세워졌다. 제롬이 1894년부터 1899년까지 여러 번의 화재를 당한 이후에 타운 조례는 목조 건물을 허용하지 않는다. 이때 세워진 빌딩이다. 붉은색 벽돌에 '1899'가 또렷하게 새겨져 있다. 1층의 아치형 창문은 건설 당시의 모습에 가깝다. 바로 붙어 있는 황토색의 낡은 빌딩이 1918년부터 1929년까지 무성 영화를 상연하던 리버티 극장(Libety Theater)이다.

몇 걸음 더 가다 보면 메인 스트리트와 퍼스트 애브뉴가 만나는 곳에 짓다 만 것처럼 1~2층이 휑하게 뚫린 붉은 벽돌 건물이 눈에 띈다. 1895년 지어진 제롬 최초의 2층 빌딩으로 원래는 그랜드뷰 호텔로 출범했다. 화재로 파괴된 이후 1901년 붉은 벽돌로 지은 바틀렛 호텔(Bartlett Hotel)로 새 출발을 하는데 이곳에는 신문사, 은행, 약국 등이 입주해 있었다. 1930년대에 지반 침하가 진행돼 안전상의 문제로 1940년대에 입주 업체들이 떠나고 1950년대는 여전히 안전이 문제가 돼 상부를 제거한 상태다. 제롬의 매력은 완전하지 않음에 있다. 다른 곳에서라면 이상하게 보일 법한 장면이 제롬에서는 이곳다운 특성으로 너그럽게 받아들여진다. 이것이 제롬다움이다.

이번 여행에서 제롬을 방문하게 된 계기는 우연한 만남에서 시작됐다. 애리조나 여행을 준비하면서 만난 단 한 장의 사진이 내 발걸음을 제롬으로 이끌었다. 이따금 작은 사진이 마음을 사로잡는 일이 일어나곤 한다. 그것도 아주 강하게 말이다. 제롬을 방문해야겠다는 결심을 재촉한 것은 고대 유적지 같은 제롬 시내의 한 단면이다. 아슬아슬하게 남은 벽돌 건물의 정면 부분을 찍은 한 장의 사진이 '이곳을 꼭 방문하리라!'는 결심을 이끌어냈다.

제롬의 추억

이런 면에서 보면 마음을 움직일 수 있는 것은 스토리도 스토리지만 단 한 장의 사진이 더욱 강력한 인상을 남길 수 있음을 말해준다. 이 유적지는 식품점이 있던 장소지만 유리 세공과 도기를 만드는 예술가 트레이시 위젤 (Tracy Weisel)의 작업실인 라 빅토리아 (글래스 블로잉) 스튜디오(La Victoria Glass Blowing Studio)로 재탄생했다.

그 어떤 여행 가이드에서도 이곳의 정보를 제공하지 않아 찾는 데 애를 먹었다. 바틀렛 호텔을 끼고 아래로 내려가면 바로 그 유적지를 만날 수 있다. 200 First Ave. Jeroem, AZ 86331이 정확한 주소다. 여기서 멋진 사진을 담아내는 것만으로 제롬 방문의 추억을 영원히 간직할 수 있을 것이다. 주변이 모두 허물어져 내리고 남은 벽돌집의 한 단면은 우리에게 나지막하게 속삭인다.

제롬 그랜드 호텔

영원한 것은 없다.

현실에 더할 나위 없이 충실히 살아가면서도 항상 그 너머를 생각하는 인생을 살아가라!

한편 메인 스트리트를 벗어나면 제롬에서 가장 높은 곳을 관통하는 힐 스트리트가 나온다. 대표 건물은 1926년부터 1950년까지 병원으로 쓰였던 5층짜리 제롬 그랜드 호텔(Jerome Grand Hotel)이다. 전망 면에서 그 어떤 곳과도 견줄 수 없을 만큼 뛰어난 이곳은 UVCC 전용병원으로 쓰였으며 의료 설비가 뛰어난 곳이었다. 시내 구경을 마치고 89A 도로를 따라 다음 행선지인 프레스캇으로 향했다.

17

프레스캇:
기품 있는 애리조나 옛 주도

제롬에서 프레스캇(Prescott) 가는 길은 꽤 괜찮은 드라이브 코스다. 25km 정도 되는 이 길은 고도 2,382m의 밍거스산이 좌측에 우뚝 서 있다. 이 지역 전체가 프레스캇 국유림 지역에 속한다.

89A 도로의 좌측으로 깊은 계곡이 쭉 이어지다 보니 도로의 굴곡이 심하다. 헐캐니언, 메스컬 협곡, 헤이우드캐니언 등으로 이어지는 길을 달려야 하는데 최고 2,134m까지 올라갔다가 내리막길을 달리게 된다. 프레스캇 국유림을 벗어나면 자연경관은 물론이고 식물의 특성이 산림에서 평지로 바뀐다. 평원이 눈앞에 전개될 즈음 고도는 1,768m 정도까지 낮아져 있다.

왓슨호

목적지인 프레스캇의 고도는 1,636m다. 넓게 펼쳐진 분지 위에 자리 잡고 있는 프레스캇에 접근할수록 도드라진 특성은 크고 작은 연못이나 멋진 호수가 있고 물이 풍부하다는 점이다.

애리조나의 풍광이 지역에 따라 다양하지만 프레스캇처럼 온화한 기후, 호수와 산과 녹지가 함께 어우러진 곳은 흔치 않을 것이다. 왓슨호(Watson Lake), 링크스호(Lynx Lake), 골드워터호(Goldwater Lake), 그래니트 베이슨호(Granite Basin Lake), 윌로호(Willow Lake)는 이곳 사람들이 삶을 넉넉하게 만드는 자양분 역할을 한다. 고도 728m의 투손이나 331m의 피닉스에 비해 높은 곳에 있다는 사실은 그만큼 여름이 덥지 않음을 뜻한다. 프레스캇의 한여름은 30도 정도인 데 반해 피닉스는 40도이니 살기에 꽤 좋은 곳임을 알 수 있다.[25] 프레스캇이 은퇴자들이 살고 싶은 최상위권 도시에 늘 손꼽히는 중요한 이유는 안전 못지않게 날씨가 한몫할 것이다.[26]

1년에 450mm 정도의 강수량도 피닉스의 200mm에 비해 2배가 넘는다. 89A 도로를 따라 프레스캇의 다운타운을 향하다 보면 왼편으로 이 지역에서 가장 넓은 왓슨 호수를 만나게 된다. 잠시 머리도 식힐 겸 방문해보자. 영겁의 세월을 거치는 동안 호수를 장식하고 있는 화강암은 둥글둥글하게 다듬어진 모습이다. 짙은 색, 옅은 색, 중간색을 칠한 듯 갈색 암석들의 향연이 펼쳐지는 곳이 왓슨 호수다. 고운 하늘과 짙푸른 호수는 하늘인지 호수인지 그 경계가 흐릿하며 특별한 재주가 없더라도 아름다운 시구를 떠오르게 한다. 반들반들하게 닦이고 닦인 화강암석이 어느 새 말을 걸어온다. "사는 게 어때요?" "여행은요?" 바위가 담은 세월의 흐름은 우리의 삶이 어떠하든 잠시 왔다 가는 것처럼 짧은 것임을 말해준다. 야생의 자연도 아름답지만 잘 보존된 자연은 더한 아름다움을 담고 있다.

왓슨 호수를 산책하면서 느끼는 감상의 한 단면은 잘 보존된 자연의 특별한 아름다움이다. 조각들로 구성된 암석 병풍이 호수에 드리운 풍경은 모든 것

왓슨호

이 흐르고 또 흐른다는 사실을 새삼 일깨워준다. 왓슨 호수는 윌로 호수처럼 자연 호수가 아니다. 북쪽의 치노 밸리 지역에 용수를 확보하고 공급하기 위한 관개수로로 개발됐다. 지역 개발 사업 즉, 치노 밸리 일리게이션 디스트릭트 (Chino Valley Irrigation District) 프로젝트의 일환으로 생겨난 인공 저수지다.[27,28] 치노 밸리 관개 수로 프로젝트에 중요한 역할을 했던 인디애나주 상원의원 제임스 엘리 왓슨(James Eli Watson, 1864~1948)의 이름에서 호수 명칭을 따왔다.

프레스캇은 1864년부터 정착민들이 들어오고 1881년이면 도시의 틀을 갖추게 된다. 애리조나의 변경 도시 가운데서도 일찍 정착민이 이주한 곳이다. 초기 역사를 추적하다 보면 프레스캇이 오늘날처럼 용수 문제를 해결한 지가 오래되지 않았음을 알 수 있다. 정착민이 이주하던 초기부터 프레스캇은 적절한 용수 확보가 시민들의 크나큰 과제였다. 보통은 우물물이나 저수지물을 썼지만 때때로 가뭄 문제로 어려움을 겪었다.

1945년부터 1946년까지 실시된 미국 지질 연구 보고서에 따르면, 프레스캇 지역에 용수 공급이 적절하지 않은 점을 지적할 정도로 식수 확보 문제는 프레스캇 주민들의 중요 과제였다.[29] 이후 적극적인 노력과 투자 덕분에 프레스캇은 지하수, 지표수, 중수도(中水道)를 적절히 배분함으로써 충분한 용수를 확보할 수 있게 됐다. 주변 지역의 물들이 리틀 치노 분지의 지하로 모아질 수 있는 프로젝트에 투자함으로써 수요보다 훨씬 넉넉한 물을 확보할 수 있게 됐다.[30]

때로는 야생 상태의 자연이 필요하지만 때로 자연은 적극적으로 관리하는 일이 중요하다. 문명의 발전에는 치수(治水)가 대단히 중요하다. 이런 점에서 프레스캇은 물 관리에 성공을 거둔 사례에 속한다.

조셉 R. 워커, 골드러시

프레스캇이 애리조나주 최초의 주도(州都)였음을 아는 외지인은 많지 않다. 피닉스와 투손이 도시로서의 틀을 갖춘 시점이 1881년과 1877년인 데 반해 프레스캇은 1864년부터 도시의 틀을 갖추기 시작한다.

프레스캇의 등장에는 금광을 찾아 나선 사람들이 있었고 이들을 이끌던 프런티어 정신으로 무장한 한 인물이 있었다. 프레스캇의 시작은 1863년에 금광을 찾아 나선 조셉 R. 워커(Joseph R. Walker, 1798~1876)로부터 시작됐다. 워커를 따르는 일군의 광맥 탐구자들과 금광 광부들이 프레스캇의 남동쪽에 있는 링크스 크리크(Lynx Creek)에 도착했다. 그들은 링크스 크리크의 강바닥에서 금을 발견한다. 1864년 5월 10일, 워커 탐사와 탄광회사를 구성하는 25명은 훗날 야바파이 카운티의 시작점이 되는 최초의 광산 지구에서 지켜야 할 법과 규칙을 제정한다. 이것이 프레스캇의 출생증명서에 해당한다.

링크스 크리크는 링크스 호수로 흘러들어 프레스캇을 통과한다. 프레스캇 남동쪽의 링크스 크리크 주변의 워커라는 마을은 조셉 R. 워커의 이름을 딴 곳이다. 이 마을의 안내판에 적힌 내용이다.

이 마을은 조셉 R. 워커 소위의 이름을 딴 곳이다. 그는 1863년 이곳에서 금을 발견했다. 전성기에 이 마을에는 3,000명 정도가 살았다.[31]

애리조나 영토의 초대 주지사였던 존 노블 굿윈(John Noble Goodwin, 1863~1866 재임)은 1864년 5월 30일 공개 모임에서 19세기에 가장 영향력 있는 미국 역사학자 윌리엄 H. 프레스캇(William H. Prescott)의 이름을 딴 새로운 도시를 결정한다. 미국 연방정부는 애리조나 준주의 주도로 프레스캇을 결정한다.[32] 그러다가 1867년 11월 1일 주도가 투손으로 옮겨갔다가 1877년에 프레스캇으로 돌아와서 12년 동안 주도 역할을 하게 된다. 그 후 주도로 낙점된 도시는 피닉스로 1889년 2월 4일의 일이다. 자신들의 지역에 주도를 유치하는 일이야말로 주민뿐 아니라 정치 세력 사이의 이해관계가 밀접하게 연결돼 있기 때문에 각 지역의 대표자 사이에 경쟁은 치열했다. 요컨대 프레스캇은 1차(1864~1867)와 2차(1877~1889) 주도를 맡았던 도시다.

주도 이전: 프레스캇, 투손, 피닉스

남북전쟁(1861~1865) 동안 연방군과 남부연합군 사이에 어느 쪽에 서는가가 주정부 수도 결정에서 중요한 역할을 했다.[33] 투손은 유력한 수도 후보지 가운데 하나였지만 남부동맹을 택한다. 당시 투손을 비롯한 애리조나 남부는 남부동맹을 택했다. 남북전쟁 동안 애리조나에는 두 곳의 수도가 있었을 뿐 아니라 2개의 애리조나가 있었다. 연방군을 지지하는 북부와 남부연합군을 지지하는 남부로 나눠져 있었다. 1862년 3월, 연방군은 애리조나 남부를 되찾은 다음 이를 뉴멕시코 준주에 포함시켰다. 전쟁이 끝나고 나서야 지금처럼 하나의 애리조나가 자리 잡게 됐다. 당연히 주도 역시 프레스캇의 차지가 될 수밖에 없었다.

19세기만 하더라도 애리조나의 의회가 있는 주도는 한곳에 있지 않고 남부 또는 북부로 옮겨 다니면서 업무를 봤다. 그래서 역사학자들은 이를 두고 '바퀴 위의 수도'라고 불렀다. 그럼에도 자기 지역에 주도를 유치하려는 정치인과 지역민 사이의 경쟁은 상상을 초월할 정도로 치열했다. 전쟁이 끝나고 1867년에 주도는 투손으로 옮겨가게 되는데, 투손이 애리조나 내 그 어떤 지역보다 자원이 풍부하고 잘 발달된 도시였기 때문이다. 그러다가 다시 프레스캇으로 옮겨간 이유는 피닉스나 투손이 지역적으로 남쪽에 있어서다.

북쪽과의 형평성을 염두에 둬 중부에 있는 프레스캇이 합당하다고 생각하는 사람들이 많았다. 그러나 프레스캇이 주도를 그냥 되찾은 것은 아니다. 1877년 투손에서 열린 의회 모임에서 프레스캇으로 주도를 가져오려는 정치인의 노력이 성공을 거둔 덕분이다. 프레스캇 출신의 정치인들은 피닉스가 있는 마리코파 카운티 출신 정치인들의 힘을 빌려서 투손에서 프레스캇으로 주도를 옮기는 안건을 통과시킨다. 당시만 하더라도 투손은 '애리조나의 메트로폴리스'라 불릴 정도로 큰 도시였다.

주정부 수도를 빼앗긴 남부 애리조나 사람들은 이를 다시 가져오려고 총력을 기울인다. 7년 동안 노력을 기울였음에도 성공하지 못했다. 1885년 프레스캇에서 의회 모임이 열렸을 때 투손의 지역민들은 주도를 되찾아오는 데 쓰일 로비 자금으로 4,000달러를 모아서 지원하기도 했다. 애리조나대학을 투손에 설립하는 대신 주도의 프레스캇 잔류를 허용한 애리조나 준주의 정치인 C. C. 스테판스는 격렬한 비난의 대상이 됐고 주도 유치 책임을 지고 물러나라는 요구를 받기도 했다. 그는 사람들을 이렇게 설득했다.

투손에 대학을 설립하는 일은 수십 개의 주도를 갖는 일보다 앞으로 더 가치가 있을 것이다.[34]

1889년 피닉스로 주도가 넘어가는 사건도 프레스캇을 옹호하는 의원 한 명이 사적인 이유로 주도 결정 투표에 불참함으로써 1표 차로 피닉스가 주도를 낚아채는 행운을 움켜쥐게 된다.[35] 1950년대에 또 한 번 주도 이전 문제가 불거진 적이 있었다. 의회 기능이 많아지면서 더 넓은 지역으로 옮길 필요가 있었다. 미국의 주도들을 살펴보면 행정 주도와 상업 도시가 이원화돼 있다. 하지만 애리조나는 행정과 상업 기능이 모두 피닉스에 집중돼 있다. 따라서 피닉스는 미국 주도 가운데 가장 인구가 많은 도시다. 100만 명 이상 거주하는 주정부 수도는 피닉스가 유일하다.

코트하우스 스퀘어

고풍스런 빌딩이 밀집된 프레스캇의 다운타운은 '다운타운 히스토릭 에어리어 프레스캇'으로 불린다. 이곳의 빌딩 가운데 700개 이상이 국가역사유적지다. 주말에 다운타운의 중심인 코트하우스 스퀘어(Courthouse Square)로 향했다. 코르테즈 스트리트 양 옆으로 빽빽이 들어선 빌딩 모퉁이를 돌아 광장 즉, 코트하우스 스퀘어가 훤하게 보이는 곳에 섰을 때의 느낌을 이렇게 표현하는 게 좋겠다. '기품과 위엄, 절제가 넘치는 노신사 같은 곳이구나!'

주말이라서 가족이나 연인, 친구와 광장으로 나들이를 나온 사람들이 퍽이나 많았다. 역사가 흐르고, 문화가 흐르고, 정감이 흐르는 다운타운은 마치 조

코트하우스 스퀘어

사관처럼 꼼꼼히 하나하나 챙겨봐야 한다. 이곳의 중심 건물인 코트하우스의 앞길은 초대 주지사였던 굿윈의 이름을 딴 굿윈 스트리트다. 뒷길은 이스트 걸리 스트리트(E Gurley ST.)인데 다운타운 구경은 코트하우스 스퀘어 뒤편에 서 있는 로데오 동상부터 시작한다.

처음 만나는 장소, 특히 다운타운의 역사적 명소는 지도의 도움을 받는 게 좋고, 자신이 지금 어디에 있는지 정확하게 파악하면 훨씬 효과적인 여행을 즐길 수 있다. 인간의 기억은 체계적으로 기억하는 것을 좋아한다. 자신의 현재 위치와 지도의 위치를 비교해가면서 하나하나 점검하면 세월이 흐른 다음에도 오랫동안 즐거운 기억을 간직할 수 있다.

초기에 이 도시를 건설한 사람들은 선지자(visionary)였을 뿐 아니라 탁월한 계획가(planner)였을 것이다. 수백 년을 넘어서도 기억될 수 있도록 코트하우스를 중심으로 멋진 광장을 조성하고 이를 중심으로 계획적으로 스트리트를 구획한 다음 용도에 따라 건물이 들어설 수 있도록 계획을 세워놓았다. 어떤 일을 하든지 처음 시작할 때 어떤 토대 위에 구축할 것인가가 중요하다. 프레스캇의 광장과 주변은 공공건물과 상업 건물이 적절히 어우러지지만 결코 혼란스럽지 않다. 어떻게 이처럼 멋진 광장을 조성할 생각을 했을까?

이 광장은 2008년 미국설계협회(APA)에 의해 '2008년 미국의 위대한 공공 장소'로 선정된 바 있다.[36] 선정 이유를 초기의 도시 설계와 설계자들에게 공을 돌린다. 이곳에 주도를 정하기로 한 초기 결정권자들은 매입한 토지에 건축 계획을 세울 때 격자무늬로 구분하기로 한다. 그 과정에서 $16.592km^2$(4.1에이커)의 코트하우스 광장을 정중앙에 배치하기로 한다. 그 결정이 세월이 흐른 지금까지도 수많은 사람에게 기쁨을 줄 수 있으니 이 얼마나 탁월한 혜안인가!

미국의 공공 건축물은 수백 년 후에도 건립 초기의 기품과 우아함과 아름다움을 지니고 있는 경우가 많다. 정치인, 정책가, 건축가들은 하나같이 장기적인 시각으로 건축물을 배치하는 데 익숙하다. 그 배경에는 유럽의 앞선 경험에서 소중한 교훈을 얻을 수 있었기 때문일 것이다.

코트하우스, 대학, 도서관 등을 세울 때 장기 시각과 단기 시각의 차이는 선진국과 그 밖의 국가를 구분 짓는 중요한 차이점 가운데 하나다. 미국에서 오랫동안 체류한 한 학자는 국내의 대표 대학에서 체류한 경험을 이렇게 털어놓은 적이 있다.

장기 계획에 따라 단과 대학 건물을 배치했다면 아름다운 캠퍼스가 될 수 있었을 텐데 너무 혼란스러웠습니다.

카우보이 청동상

개척의 시대를 살아낸 역동적인 카우보이 청동상은 조각가 솔론 한니발 버그룸(Solon Hannibal Borglum, 1868~1922)의 작품이다. '미국 최초의 카우보이 동상'이란 명패가 붙어 있다. 이 카우보이는 왼손으로 말고삐를 낚아채듯 당기면서 대지를 박차 오르는 듯한 모습을 하고 있다. 그 동상을 보는 사람들은 어떤 영감을 얻을 수 있을 것이다. 비상과 도약과 도전에 대한 그런 용기와 지혜

카우보이 청동상

야하파이 코트하우스

말이다. 이 동상은 프레스캇을 중심으로 기자, 편집인, 광산 개척자, 정치인, 보안관, 프레스캇 시장 등으로 활동한 윌리엄 오웬 '버키' 오네일(Bucky O'Neill, 1860~1898)을 형상화한 것이다. 시어도어 루스벨트 대통령이 조직한 러프 라이더(Rough Rider, 미합중국 제1자원기병대)의 일환으로 용감하게 활동하다가 스페인-미국전쟁에서 교전 중에 사망했다.

　광장의 중앙을 차지하고 있는 1916년 세워진 화강암 건물은 야하파이 코트하우스(Yahapai Courthouse)다. 절제된 위엄을 갖춘 공공건물의 전형으로 꼽을 수 있다. 미국의 공공 건축물을 볼 때면 늘 떠올리는 생각이 있다. 시대의 조류나 유행에 휘둘리지 않고 공공건물이 갖춰야 할 위엄과 조화, 안정감을 유지하도록 설계된 점이다. 설계뿐 아니라 건축 재료도 공공 건축물은 상업 건물과 다른 특성을 지니고 있어야 하는 점을 충실히 반영하고 있다. 오래전에 지은 건물이지만 공공건물이 어떠해야 하는지 시사점을 제공한다.

이곳은 보수주의 신념에 따라 충실하게 살았던 애리조나가 낳은 훌륭한 정치인 배리 골드워터(Barry Morris Goldwater, 1909~1998) 상원의원과도 인연이 깊다. 1964년 그가 공화당 대통령 후보 경선에 출정할 때 이 계단에서 출정을 선언했다.

지금의 광장은 더할 나위 없이 평화롭지만 1875년부터 1925년까지 사이에 11명의 교수형을 치른 장소이기도 하다. 집행 위치는 코트하우스 플라자 동편이었는데 마지막 교수형은 1903년 7월 31일에 진행됐다. 2명을 살해한 살인자 둘을 동시에 교수형에 처했다고 한다.[37] 20세기 초까지 중범죄를 범한 사람은 범죄를 저지른 카운티에서 보안관 입회하에 교수형에 처해졌다.

위스키 로, 팰러스 살롱

초기 코트하우스 스퀘어 설계자들은 오후 5시부터 영업할 수 있는 상업 시설

위스키 로

팰러스 살롱

이 입주하도록 허용했다. 광장 오른편의 몬테주마 스트리트에서 광장과 면한 한 구역은 위스키 로(Whisky Row)다. 이 구역에만 11개의 국가지정 건축물이 있다. 거의 역사적인 장소다.

초기에는 이 한 구역에만 40여 개의 술집이 밀집돼 있었다. 골드러시를 겨냥한 정착민, 금광 탐험가, 불법 도망자, 광부, 직업여성 등이 차고 넘쳤을 법한 이곳은 1890년 7월 화재가 일어나 위스키 로를 포함해 8블록의 모든 건물을 태우고 말았다. 현재 건물은 화재 사건 후부터 시정부가 정한 조례에 따라 지어진 석조 건물이다.

1877년 문을 연 팰러스 살롱(The Palace Saloon)이 지금도 영업 중이라니 놀랍지 않은가! '1877년 이래로 애리조나에서 가장 거친 고객을 모시고 있다'는 슬로건이 눈길을 끈다. 툼스톤 오케이 목장의 결투 주역들인 와이어트 어프, 버질 어프, 존 헨리 '닥' 할리데이가 툼스톤으로 출발하기 전에 이 살롱에서 또 다른 사건에 발군의 실력을 발휘했다는 이야기가 전해 내려온다. 와이어트 어프는 살롱 뒤편에서 2명을 총살했고 '닥' 홀리데이는 1명을 칼싸움으로 무찔렀다. 지금도 살롱 천장에는 총탄 흔적이 여러 곳에 선명하다. 금으로 큰돈을 손에 쥔 카우보이 가운데 누군가가 행운을 축하하려고 천장을 향해 총을 난사했을 것이다.

현대 프레스캇의 이미지는 '애리조나의 크리스마스시티'로 받아들여진다. 웹상에서 코트하우스와 크리스마스, 흰 눈이 어우러진 사진을 많이 볼 수 있다. 그리 오래되지 않은 전통이다. 1989년 주지사가 시작한 이 행사는 거의 100만 개에 달하는 크리스마스용 장식등을 약 100개의 나무에 꾸민 이미지가 대표적이다. 이처럼 전통이란 과거의 것을 선별해서 전승하는 동시에 새로운 전통과 이미지를 만들어가는 것이다.

18

몬테주마 웰 국가기념물: 거대한 웅덩이 유적지

베르데강 유역에 널려 있는 서던시나구아 유적지 가운데 몬테주마 웰 국가기념물(Montezuma Well National Monument)은 지나치지 않았으면 한다. 이곳은 베르데강으로 흘러 들어가는 웻 비버 크리크(Wet Beaver Creek) 주변에 있다. 잘 알려진 몬테주마 캐슬 국가기념물이 하류인 남서쪽 18km에 있다.

2가지 가운데 어느 것을 먼저 볼 수도 있지만 웰을 보고 캐슬을 보는 쪽으로 택했다. 독특한 유적지이니 모두 보는 게 좋다. 프레스캇을 출발한 다음 애리조나 169번 → 주간고속도로 17번 → 애리조나 119번 도로를 갈아타면서 1시간 만에 몬테주마 웰에 도착했다.

베르데석회암, 레드월석회암

레인저 스테이션을 지나 나지막한 산을 73m 정도 걸어 올라가면 몬테주마 웰의 전체 모습을 조망할 수 있는 전망대에 설 수 있다. 석회암이 함몰되면서 생긴 싱크홀에 물이 고여서 작은 호수가 만들어졌다. 이 작은 호수 주변과 인근 지역에 주거지가 분포돼 있는 유적지임을 알 수 있다. 싱크홀의 지름은 118m에 달하며 극심한 가뭄이 오더라도 일정 수위를 유지할 정도로 수량이 풍부하다. 이유는 지하 샘에서 매일 570만 리터의 물이 유입되는 데 있다. 이 정도 양이면 수영장 70개 정도를 채울 수 있다. 이곳은 웰 주변을 흐르는 웻 비버 크리크를 제외하면 척박한 사막 지역이라 물이 계속 유입되는 것 자체가 신기하다. 싱크홀의 수심은 깊다. 서쪽은 약 38m이고 동쪽은 약 26m다. 수면 아래에 모래가 두텁게 떠다녀 17m 정도의 수심을 유지하고 있다. 수면에서 싱크홀의 정상부까지는 약 19m다.[38]

몬테주마 웰, 레인저 스테이션

몬테주마 웰 가는 길

　전망대에 서면 이런 질문부터 떠오른다. "어떻게 큰 웅덩이가 생겼을까?" 웰이 위치한 베르데 밸리 주변은 800만~200만 년 전에 얕은 호수 지역이었다. 이곳에는 평균 16m 두께의 베르데석회암이 쌓일 정도로 두터운 석회암 퇴적층이 형성돼 있다.[39] 최고로 두터운 곳은 950m에 이른다. 몬테주마 웰은 베르데석회암의 북쪽 끝부분에 있다. 웰이 끝나는 지점에는 석회암 절벽이 크리크 위에 우뚝 서 있는 모습을 유지하고 있다. 석회암 동굴이 생성된 곳에 지하수가 유입돼 확장과 수축을 거듭하면서 동굴의 상층부가 하중을 이기지 못하고 무너지면서 함몰된 웅덩이가 생겨난 것이다.

　그렇다면 싱크홀의 지하에서 솟아나는 물의 수원(水源)은 어디일까? 전문가들의 연구에 의하면, 오래전에 일어난 일을 재구성해볼 수 있다. 지금으로부터 1만 3000년~1만 년 전에 모골론 림의 꼭대기에 쌓여 있던 오래된 석회층이

몬테주마 웰

둠 모양으로 지금의 웰 위를 덮고 있었다. 같은 기간 동안 비나 눈 등이 석회층 아래로 서서히 침투했다. 둠 아래에는 화산으로 인한 현무암류, 베르데석회암, 코코니노사암, 허밋셰일, 수파이층군, 레드월석회암 등이 차곡차곡 쌓여갔다.

이처럼 아래를 향한 침투는 상대적으로 침투성이 뛰어난 레드월석회암까지 계속 됐다. 아래에는 4억 년을 전후해 데본기에 형성된 마틴 백운석(Martin Doromite), 즉 퇴적탄산염암이 있지만 이를 뚫고 내려가지는 못한다. 레드월석회암을 흐르는 물은 몬테주마 웰 가까이 거의 수직으로 물의 흐름을 막는 현무암 제방을 만나게 된다. 레드월석회암 내에서 수평으로 흐를 수 없는 물은 서서히 방향을 선회해 위로 움직인다. 수파이층군, 베르데석회암, 마침내 현무암을 뚫고 웰의 지하에서 조금씩 솟아 나온다. 이런 과정이 이뤄지는 데는 1,000만 년 정도가 걸린다. 흥미롭게도 싱크홀의 지하에서 계속 솟아나는 물이 주변에 내린 강수에서 비롯되는 게 아니라는 점이다. 콜로라도고원에서 시작돼 레드월사암을 통해 오랜 시간에 걸쳐 계속 흘러온 물이다.

이산화탄소와 비소가 많이 함유된 물에는 일반 물고기가 살 수 없다. 이곳 환경에 적응한 5가지 생물만 살고 있을 뿐이다. 이산화탄소의 함유량이 보통 물의 600배라서 음용할 수도 없다. 몬테주마에서 흘러나오는 물은 웰의 북쪽에 우뚝 솟아 있는 석회암 절벽을 따라 인공 수로를 통해 출수되는데 농업용수 도랑의 길이는 약 1.6km나 된다. 이 물은 경작용으로 쓰인다. 이 수로는 8세기 이래로 호호캄과 서던시나구아가 농업용 수로로 만들어서 활용해왔다. 미국 서남부 지역에서 농사를 지으려고 광범위한 수로를 사용한 종족은 고대 호호캄족인데, 이곳 수로도 그들이 만든 것이다. 옥수수, 콩, 애호박 등을 주로 키웠다.

암굴 거주지, 수혈 거주지

레인저 스테이션을 통과하자마자 방문객을 반기는 안내판에는 이런 글귀가 큼직하게 적혀 있다.

다른 장소와 다른 곳, 산등성이의 꼭대기에는 사막의 오아시스가 있습니다. 이곳은 마르지 않는 물을 공급해주는 천연 우물입니다.

사방으로 척박한 땅이 한눈에 들어오는 곳에서 이처럼 산등성이에 물을 가득 채운 싱크홀이 있는 것만으로 고대인들에게 얼마나 큰 심리적 안정감을 주었을까. 서던시나구아들이 이곳을 떠난 후 오랫동안 알려지지 않았다. 이를테면 1583년 안토니오 데 에스페조가 이끌던 스페인 탐험대조차 웰을 발견했다는 기록을 남기지 않았다. 유럽인들이 이곳을 확인한 시기는 1860년대의 일이다. 그만큼 직접 올라가서 두 눈으로 싱크홀을 채운 물을 보지 않는 한 좀처럼 확인하는 일이 쉽지 않았을 것이다.

고고학 연구는 1125~1400년에 100~150명의 시나구아가 몬테주마 웰에 살

암굴 거주지

았다고 주장한다. 지금 남아 있는 유적지는 크게 싱크홀 안에 있는 것과 밖에
있는 것으로 나눌 수 있다. 싱크홀 안에는 암굴 거주지(Cliff Dwellings) 유적지
가 3군데 있으며, 지하 샘에서 물이 유입되는 부근에 방(Swallet Rooms)이 있다.
모두 9개다.

싱크홀을 따라 트레일이 잘 정비돼 있는데, 물이 유입되는 부근 방에서 마
치 2층처럼 위로 올려다볼 수 있는 곳이 암굴 거주지 유적지다. 그 밖에 싱크홀
의 림을 따라서 30개가량의 주거 유적지를 발견할 수 있다. 그중에서도 동남쪽
에 남아 있는 대규모 거주지는 밸리를 내려다보는 모습을 취하고 있다. 이곳만
하더라도 약 100명이 거주했을 것으로 보인다. 몬테주마 웰 국가기념물 내에
약 40~50개의 유적지가 남아 있는데 가장 많이 거주했던 지역은 웰 주변의 림
지역이다. 이곳에서 가장 오랫동안 거주했던 사람이 시나구아들이지만 최초의

278

수혈 주거

거주민은 아니었다.

　레인저를 통과하고 만나는 입구의 수혈 주거는 1050년 무렵 호호캄의 주거 지로 추정된다. 호호캄은 애리조나 남부의 솔트강 밸리에서 살았던 인디언 종 족 가운데 하나다. 이들이 베르데 밸리에 옮겨와서 살기 시작한 시기는 서던시 나구아보다 약 500년 앞섰다. 솔트강 밸리는 오늘날 피닉스 주변을 가리킨다. 수혈 주거는 지면에 구덩이를 깊이 파고 땅을 평평하게 고른 다음 그 위에 천막 이나 지붕을 만든 주거 형태다. 추위를 피하려고 안에 노(爐)를 만들기도 한다.

　몬테주마 웰의 수혈 주거는 훼손을 방지하는 목적으로 지붕을 만들어 보존 하고 있다. 고대 수혈 주거지의 이모저모를 확인하는데 도움을 주는 귀한 유적 지다. 수혈 주거지는 600~1400년 베르데강 유역에 거주했던 사람들이 지었던 주거 형태의 하나다. 다른 주거 형태인 암굴 주거지, 암석 피난지, 다양한 방과 더불어 널리 사용됐다. 웰 주변에는 4개가 발견됐는데 이 가운데 하나의 보존 상태가 뛰어나다. 두터운 진흙 바닥의 큰 구멍 2곳에 굵은 나무 기둥을 세워 천막을 지탱했을 것이다. 바닥 네 귀퉁이의 작은 구멍은 수혈 주거지의 크기와 모습은 물론이고 천막을 지탱하는 용도로 사용됐음을 유추할 수 있다. 중앙에는 실내 온도를 높이려고 불을 놓았던 곳의 흔적이 남아 있다. 안내판에는 기후와 환경에 맞도록 안전, 기능, 편안함 등을 고려한 이 같은 주거 형태를 '혁신적인 적응'이라고 표현하고 있다.

몬테주마 웰 스퍼 트레일

이곳에 살던 서던시나구아가 주거지를 버리고 떠난 시점은 1425년으로 추정된다. 서던시나구아는 300년 동안 이곳에서 번성했다. 몬테주마 웰 곁으로 흐르는 윗 비버 크리크가 상류에서 운반해온 비옥한 토지를 가지고 농사를 지을 수 있은 덕분이다. 호호캄에게 배운 수로 활용법으로 경작지의 생산성을 올릴 수도 있었다. 베르데강 유역에 거주했던 다른 시나구아들처럼 광범위한 교역망도 활용했다. 그러나 투지구트에 비해 유물이 거의 남아 있지 않다. 이유는 1943년에 의회가 웰 지역이 포함된 80에이커를 2만 5,000달러에 매입하기로 결정하기까지 사유지였기 때문이다. 이를 소유한 사람들이 관광객을 유치해서 웰을 구경시켜주는 것까지는 괜찮았는데 유물의 가치를 몰라서 관광객에게 팔아버리고 만다. 고고학자 로드 티마누스(Rod Timanus)는 당시 상황을 기록으로 남겼다.

> 1888년 이 장소를 매입한 윌리엄 B. 백은 기업가였다. … 1910년까지 웰 입장료로 50센트를 받았다. 유적지에서 발굴한 유물도 팔았다.[40]

그러나 1872년 개척민들을 인디언의 공격으로부터 보호하기 위한 군대가 포트 베르데와 포트 위플에 주둔하면서 이곳은 군인들과 가족들뿐 아니라 공예품과 도기 수집가들에게 인기 있는 장소였다. 사람들의 출입이 늘면서 곧 눈

관개수로

에 띄는 유물은 남아 있는 게 없었다. 결과적으로 웰에 거주했던 시나구아들의 고고학적 연구 결과를 얻기는 힘들다. 다만 베드데강 유역 사람들에 대한 연구 결과를 추측할 수 있다. 시나구아들이 이 지역을 떠난 후에도 이 지역이 잊힌 것은 아니다. 호피, 주니, 야바파이, 웨스턴 아파치족의 구전에 따르면, 이곳을 신성한 장소로 간주해왔음을 알 수 있다.

　레인저 스테이션에서 전망대로 걸어 올라간 다음 그곳부터 싱크홀이 있는 주거 유적지까지 주로 계단을 이용한다. 싱크홀 안에 있는 주거지는 계단을 통해 내려간다. 전망대에서 스왈렛 동굴 주거지까지를 몬테주마 웰 스퍼 트레일 (Montezuma Well Spur Trail)이라 부르는데 112개의 계단으로 구성된 0.1km의 짧은 트레일이다. 1100~1425년 주거지로 썼던 동굴 주거지는 돌출 석회암을 천장으로 삼고 안으로 들어간 형태로 20~30m 정도 된다. 길이 없다는 사인을 확인할 때까지 전진한 다음 내려온 길로 다시 올라가면 된다.

레인저 스테이션에서 전망대를 거쳐 석회암 절벽 밑으로 만든 인공 수로를 따라 걷다가 주차장으로 돌아오는 트레일은 0.7km다. 이 트레일을 몬테주마 웰 루프 트레일(Montezuma Well Loop Trail)이라 부른다. 싱크홀에서 나온 물이 시나구아들이 만든 인공 수로를 따라 농업용수로 흐르는 길을 확인할 수 있다. 이 수로는 매일 150만 갤런을 운반한다. 이 길을 따라 걸으면 시나구아들이 식수를 확보했던 웻 비버 크리크를 만날 수 있다. 웻 비버 크리크는 웰의 서쪽으로 흐르는데 이곳만 수풀이 우거져 있을 뿐 나머지 지역은 사막 지형이다. 산책길에서 왜 고대인들이 웰 인근을 거주지로 선택했는지 이유를 알 수 있다.

"왜 몬테주마 웰이라고 부를까?" 누구든 이 질문이 자연스럽게 떠오를 것이다. 남아메리카의 아스텍 황제 이름에서 따왔을까? 아니다. 아스텍 제국의 황제 이름과는 상관없다. 19세기 중반 무렵 베르데 밸리에는 개척민들과 아메리칸인디언 사이의 충돌이 잦았다. 두 그룹 사이에 공격과 보복이 잇달았는데, 1864년 아파치족의 공격에 대한 보복으로 킹 S. 울시는 일련의 개척민들을 이끌고 아파치족을 보복하기 길에 나선다. 늘 그렇듯이 아파치족이 민첩하게 움직인 결과 울시 무리는 아무런 수확을 얻지 못한다. 빈손으로 돌아오는 길에 발견한 곳이 웰이다.

당시 개척민들은 멕시코-미국전쟁(1846~1948)에 참여한 사람이 많았다. 이들은 멕시코의 수도를 정복하는 과정에서 아스텍 유적지에 익숙했다. 미국 서남부의 유적지들이 자신들이 세운 것이라고 가정할 정도였다. 멕시코에서 흔히 쓰이는 이름이 몬테주마이기는 하지만 아스텍 제국과는 관련이 없다. 울시는 자신이 발견한 웰에 몬테주마 웰이란 이름을 붙였다.

울시와 함께했던 사람들 가운데 하나가 신문에 자신들이 본 당시 상황을 언급한 적이 있다.

거대한 샘 또는 웅덩이를 둘러싸고 있는 절벽을 에워싼 동굴들. 우리는 아스텍 사람들이 지었을 것으로 생각하고 몬테주마 웰이라는 이름을 붙였다.

인디언 보호구역

웰에서 몬테주마 캐슬로 가는 길은 주간고속도로 17번을 타고 내려가다가 289번 출구에서 내리면 된다. 지방도로 들어서면 야바파이-아파치 자치국을 알리는 안내판과 함께 번쩍거리는 간판을 내건 클리프 캐슬 카지노 호텔 건물을 만난다.[41] 클리프 캐슬 카지노는 야바파이-아파치 자치국이 운영하는 2018년에 문을 연 카지노다.

여기서 애리조나 인디언의 상황을 살펴보자. 미국 연방정부가 인정한 네이티브 아메리칸(아메리칸인디언) 부족은 573개이며 이 가운데 알라스카에만 231개 종족이 있다. 총 인구수는 450만 명이다. 애리조나에는 17개 부족을 위한 보존지역이 있으며, 5개 종족은 다른 주들과 겹친 보존지역에 있다.

애리조나의 22개 종족의 보존지역은 애리조나 전체 영토의 27%를 차지하며 인구수는 29만 6,000명에 달한다. 가장 큰 면적을 차지하는 빅 3 부족은 나바호족, 토호노 오오덤 산자비에르족, 산칼로스 아파치다. 인디언 보호구역 내에 있는 인디언 자치국은 부족 국가 또는 부족 주권체라 불리며 각각이 자치권과 조직을 갖고 있다. 보호구역은 주정부나 연방정부의 소유가 아니라 인디언 자치국의 고유 영토에 해당하며, 연방정부 내무부 산하 인디언사무국이 신탁을 받아 관리하고 있다. 주정부는 보호구역의 규모나 크기와 상관없이 모든 부족의 자치정부를 인정하고 있다.

인디언 보호구역 내 거주민의 빈곤율은 높다. "가난은 나라도 구하지 못한다"는 옛말이 있듯이 그동안 연방정부에서 다방면으로 노력을 기울였는데도 인디언의 가난 문제를 해결하는 일은 쉽지 않았다. 가난은 역사, 문화, 제도, 정책, 자활 등 다양한 요소의 상호 작용의 영향을 받는다. 어느 나라든 가난 구제를 위한 물질 지원이 기대한 만큼 성과를 거두지 못하는 경우가 잦다. 선진국의 후진국 원조가 대부분 효과를 거두지 못하는 것과 같다. 무엇보다 자활 의지를 가진 개인의 존재가 전제될 때 외부 지원이 효과를 거둘 수 있다. 자활 의지란 환경보다는 개인의 선택에 의존하는 경향이 강해서 국가의 가난 구제가 난항

애리조나 인디언 보호구역

에 부딪치는 경우가 적지 않다.

　애리조나의 빅 3 부족은 빈곤율이 개인 기준 또는 가족 기준 모두 40%를 넘어선다. 주 평균이 16%인 데 비해 현저히 높다. 1988년 미국 연방의회는 '인디언 게임 규제법'에 따라 인디언 부족의 카지노 사업 진출에 관한 문호를 개방한다. 생활수준 개선을 위한 지원 조치 가운데 하나다. 2002년 10월, 애리조나 주민들은 애리조나에 거주하는 인디언 90%를 대표하는 17개 부족이 카지노 사업을 할 수 있는 법안을 통과시켰다. 이에 따라 애리조나 주정부는 자치국과 '트리벌-주협약(Tribal-State Compact)'을 맺고 카지노 수입의 일부를 주정부(88%), 나머지는 시·타운·카운티(12%)에 공여하기로 합의한다. 애리조나에는 16개 부족이 23개의 카지노를 운영하고 있다. 애리조나 여행길에서 만나는 많은 카지노의 운영 배경을 이해할 수 있는 대목이다.

19

몬테주마 캐슬 국가기념물: 절벽 거주지의 전형

울퉁불퉁하고 부드러운 석회암 절벽에 5층 건물이 걸려 있듯이 자리 잡고 있는 모습은 그것만으로도 장관이다. 몬테주마 캐슬 국가기념물(Montezuma Castle Nationa Monument)은 높이 30m, 5층으로 된 절벽 주거지에 20개의 방으로 구성돼 있다. 보존 상태가 뛰어나기도 하지만 캐슬 자체가 아름다워 웰에 비해 많은 사람이 찾는다. 이름에 '캐슬'이 붙어 있고 겉모습이 성채처럼 보이지만 용도는 여러 가족이 함께 살 수 있는 아파트 단지로 이해하면 된다. 전문가들이 구성한 단면도를 참조하면, 절벽의 버팀대를 활용해 2개의 긴 사다리로 올라간 다음 세 번째 사다리로 도달할 수 있는 곳이 1층이다. 그다음 층으로의 이동도 사다리를 이용해야 한다. 오늘날처럼 내부 계단을 이용하지 않았다. 바닥 면적은 370m²(112평) 정도 된다.

다목적 아파트 단지

내부에 접근할 수 있는 유일한 방법이 이동용 사다리이니 방어 용도로 이런 주거지를 만들었을 가능성이 있다. 하지만 또 하나의 중요한 요인을 들 수밖에 없다. 내가 방문한 시점은 2월이었는데 마침 방문하기 며칠 전에 캐슬 바로 앞을 흐르는 비버 크리크가 범람했다. 비버 크리크는 크리크(creek)란 명칭을 쓰지만 작은 강에 가까운 정도로 폭이 넓다. 겨울이 이 정도라면 비가 집중되는 몬순 시즌에는 범람이 일상적이었을 것이다. 곳곳에 안전 통행 간판이 서 있을 정도이고 물이 트레일 부근까지 넘쳤음을 확인할 수 있다. 캐슬 앞을 흐르는 비버 크리크는 웰 국가기념물 곁을 흐르는 웻 비버 크리크에 비해 하류에 있어 상대적으로 물의 양이 많다. 그렇다면 방어 용도 외에 범람으로부터 주거지를 보호하기 위한 목적도 절벽 주거지 건설의 유력한 이유였을 것이다.

동굴처럼 움푹 들어간 공간을 최대한 활용해 건축물을 만든 기술도 기술

비버 크리크 주변의 나무

몬테주마 캐슬

이지만 층마다 적절한 공간을 배치해서 주거 공간을 만들어낸 시나구아의 실력을 높이 평가할 수밖에 없다. 현존하는 고대인의 주거지 중 몬테주마 캐슬은 가장 잘 보존된 곳 가운데 하나로 손꼽힌다. 1050년부터 1425년까지 이곳은 거주지로 활용됐으며, 가장 많은 사람이 머물던 시기는 1300년 무렵이다.

전성기에는 45~50명이 20개의 방에 나눠서 주거지로 활용했다. 1층 방 2개, 2층 4개, 3층 8개, 4층 3개, 5층 2개의 방과 플라자가 있다. 1층의 방은 아주 좁아서 방으로 활용했다기보다 밤에 보초 서는 공간으로 활용했을 가능성이 높다. 5층 방은 가장 넓다. 사람들이 함께 모여서 지낼 수 있는 플라자도 있다. 여기서 주목할 만한 사실은 성곽에서 몸을 숨기려고 성 위에 낮게 쌓은 담이 있고, 그 뒤로 큰 방과 작은 방, 플라자가 있다는 것이다. 위에서 아래를 한눈에 내려다볼 수 있는 낮은 담장을 설치해놓은 게 인상적이다. 반면 2~4층 방에는 바깥을 내다볼 수 있는 작은 구멍이 있을 뿐이다.

고고학자들의 발견은 현대인으로 하여금 과거의 삶이 어떠했는지 생각하게 한다. 통나무 천장을 올려다보면 지름 30.48cm, 길이 3m인 것도 있다.[42] 이렇게 크고 긴 통나무를 어떤 방법으로 천장에 얹을 수 있었는지 의아할 뿐이다. 발굴 과정에서 섬유로 만든 밧줄이 확인됐다. 오로지 돌도끼만을 이용해 집짓기용 목재를 동굴까지 운반한 다음 천장에 올렸다는 사실에서 아무리 협업이라지만 매우 고되고 위험한 일이었음을 짐작할 수 있다.

시나구아의 평균 키는 91~122cm 정도였다. 그러나 문은 사람이 지나가기 힘들 정도로 아주 작다. 이를 두고 초기 방문자들은 시나구아 대신 키가 아주 작은 피그미 종족이 주거지를 건설했을 가능성을 제기하기도 했다. 이는 사실이 아니다. 당시 사람들의 가장 큰 고민은 추위와 방어였다. 오늘날의 기준에 합당한 크기의 문을 만들 수는 없는 노릇이었다. 추워지면 실내에 불을 피워야 했으니 실내에 연기가 자욱해지는 것은 당연한 일이다. 캐슬의 내부를 찍은 사진들을 보면 방 전체가 그을음으로 덮여 있다. 적이 침입하더라도 좁은 문을 통과하려면 일단 목을 먼저 내밀어야 하므로 여성조차 방어하는 데 도움을 받을 수 있었다. 유적지에서는 적의 침입으로부터 자신을 보호하려고 고심했던 사람들의 입장을 다시금 생각해보게 된다.

다른 유적지, 캐슬 A

몬테주마 캐슬이 전부는 아니다. 55m 정도 더 걸으면 6~8개의 방으로 구성된 유적지를 만날 수 있다. 한때 방 45개가 딸린 6층 건물에 더 많은 사람이 살았던 유적지 '캐슬 A'다. 몬테주마 캐슬처럼 절벽 주거지는 아니지만 절벽에 바짝 붙어 있다. 바로 그 앞에 세웠던 6층 주거지다. 각 층은 나무 기둥과 서까래가 지탱하고 있는데 건축물이 안정되도록 각 층의 지붕을 관통하는 대들보를 절벽에 구멍을 파서 고정시켰다. 안내판의 설명에 따라 절벽의 구멍을 참조하면 당시 6층 건물이 절벽을 버팀목으로 삼아 어떻게 지어졌는지 유추할 수 있다.

몬테주마 캐슬의 삶

대규모 주거지로 전성기에는 300여 명이 살았던 것으로 추정되지만 이유를 알수 없는 화재로 전소됐다. 지상에 방들만이 유적지로 남아 있을 뿐이다.

방문자센터 내부의 박물관에서 당시 사람들이 어떻게 살았는지 흥미롭게 표현한 문장을 만났다.

수확하라. 추출하라. 사냥하라. 만들어라. 무역하라.

그들이 생계를 해결했던 방식을 압축해서 잘 표현한 문장이다. 현대인의 눈으로 그들의 생계유지 수단에 관해 우선순위를 매겨보자. 가장 역점을 둔 농사는 옥수수(corn), 콩(bean), 호박(pumpkin), 애호박(squash), 면화다.[43] 고대 인디언은 옥수수, 콩, 호박을 조화롭게 재배하는 기술을 개발해 생산량을 높여왔다. 이 세 작물은 '세 자매(three sisters)'라 부를 정도로 중요하게 여겼다.[44] 세 자매는 인디언의 생존과 문명에 중요한 역할을 했으며 옥수수는 인디언의 기원

몬테주마 캐슬 국가기념물의 페트로글리프

신화나 지혜 이야기에 자주 등장하는 작물이다.

농사는 어느 정도 수확을 예상할 수 있는 생계수단이다. 그다음이 채집이다. 큰 노력을 기울이지 않고 거둘 수 있는 수확으로 크레오소트 덤불, 유카 잎, 메스키트 콩, 해크베리 등을 꼽을 수 있다.[45] 노새사슴, 큰뿔양, 흰꼬리사슴, 엘크 등을 사냥하는 큰 게임(Big Game)과 토끼, 새, 거북, 물고기 등을 잡는 작은 게임(Small Game)도 있었다. 큰 게임은 사회적 협력과 명령과 지휘를 필요로 하는 것이고 성공 확률이 높지 않았을 것이다. 고고학자들의 연구에 따르면, 그들이 생계수단으로 가장 크게 의존한 것은 농사다.

사치품을 다루는 무역의 중요성에도 불구하고 시나구아 인디언은 기본적으로 농사꾼이었다. 대부분이 경작하는 농산물에 생계를 의존했다.

히스토릭 캠프 베르데 소금광산

몬테주마 캐슬에 살던 서던시나구아들은 베르데강에 거주했던 다른 시나구아들과 마찬가지로 지역적인 이점 덕에 무역하는 데 유리했다. 하나는 남부 애리조나의 거대한 호호캄들과 북쪽 애리조나의 다양한 푸에블로가 잠재 고객이었다. 다른 하나는 쉽게 구할 수 없는 귀한 광물을 손쉽게 넣을 수 있었다. 중요 교역 상품 가운데 하나가 소금이다. 몬테주마 캐슬에서 소금광산까지는 불과 12km, 걸어서 4시간 정도면 도착할 수 있다.

시나구아가 소금을 캤던 곳은 1920년대에는 웨스턴케미컬회사가, 1930년대에는 애리조나케미컬회사가 소금을 채굴했다.[46] 이곳은 히스토릭 캠프 베르데 소금광산(Historic Camp Verde Salt Mine)이라 부르지만 지도에서 찾기는 쉽지 않다. 캠프 베르데 시내에서 남서쪽으로 3.2km 거리에 있으며 사우스 솔트 마인 로드를 따라 가다 보면 우측으로 노천 소금광산이 나온다.[47] 이곳에는 노천 소금광산, 소금 채굴 갱도, 채굴용 기구 잔해 등이 널브러져 있다. 이처럼 귀한 역사 유적지를 캠프 베르데는 왜 시를 알리는 장소로 활용하지 않는지 궁금하다. 시가 제공하는 어떤 자료에도 안내가 없다. 몬테주마 캐슬과 연결하면 캠프 베르데를 알릴 수 있는 귀한 역사 유적지인데 말이다.

그렇다면 시나구아가 소금을 캔 증거가 있을까? 1920년대에 웨스턴케미컬회사가 이곳에서 소금을 캐는 동안 시나구아가 소금을 캘 때 쓴 직조한 유카 샌들과 도끼 손잡이, 횃불을 발견했다.[48] 인디언 미라 2구가 발견된 후에는 고고학자들을 초청해 연구해봤는데, 그들은 고대인들이 파놓은 터널을 발견했다.

저명한 고고학자 얼 모리스(Earl H. Morris)는 〈캠프 베르데의 원주민 소금광산〉이라는 귀한 연구 논문을 발표하기도 했다.[49] 조사 자료를 바탕으로 작성한 이 논문에서 인디언이 노천 소금광산에서도 채굴을 했지만 소금 광맥을 따라 터널을 만들어서 채굴하기도 했다고 주장한다. 놀랍지 않은가! 버팀목이나 채굴 장비도 변변치 않은 상태에서 지하로 판 다음 소금석을 캤다는 사실이 인상적이다. 이 과정에서 소금에 둘러싸여 부패되지 않고 매몰된 인디언의 미라가 얼 모리스가 이곳을 방문하기 얼마 전에 발견됐다고 한다.

현장 책임자는 주요 소금 광맥에서 9m 정도의 지하에서 오래된 구멍을 발견했다. 일부는 부분적으로 구멍이 열려 있었는데, 곡괭이 자루와 불을 피운 재였다. 이곳은 지상에서 21m 아래에 있다.[50]

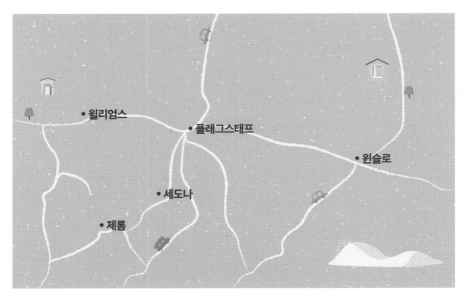

소금 교역로

얼 모리스는 이곳에서 시나구아들이 활동하는 시기(1300~1450) 동안 소금 채굴이 지속돼왔다는 결론을 내린다. 추가 연구는 소금 채굴이 베르데 밸리에 인간이 거주하기 시작한 2,000년 동안 계속돼왔다는 사실을 뒷받침해준다.

파랏카피 트레일

그들은 어떤 길을 따라 교역에 나섰을까? 파랏카피 트레일(Palatkwapi Trail)을 이용했다. 여기서 파랏카피는 호피족 가운데 여러 부족의 고향인 베르데 밸리를 말한다. 파랏카피 트레일은 여러 길로 구성돼 있었다. 몬테주마 시나구아를 포함해서 베르데 밸리에 사는 시나구아 인디언은 플래그스태프의 오른쪽에 위치한 윈슬로를 통과해 애리조나 북동쪽까지 연결되는 교역로를 이용했다. 제롬에서 희귀한 광석을 얻으려고 이 교역로의 땅을 밟으면서 지나갔다. 교역로는 오늘날의 프레스캇, 베르데 밸리, 투지구트, 몬테주마 캐슬, 몬테주마 웰, 제롬, 캠프 베르데, 윈슬로, 왈피(나바호카운티의 호피족 마을), 아와토피 유적지(Awatovi

292

Ruins) 등을 연결한다.[51] 파랏카피 트레일에는 구리 채광이 있는 제롬도 포함돼 있었다. 교역 상품에는 소금 외에 경작한 면화로 짠 천, 도기와 배, 멕시코에서 수입한 붉은색, 노란색, 푸른색 잉꼬털 등이 포함됐다. 그 밖에 터키옥, 점판암 (파이프스톤), 구리 등도 소금광산처럼 채굴 과정을 거친 다음 교역 품목에 포함 됐다.

유적지에서 발견된 제법 큰 조가비 목걸이가 서던시나구아의 손재주를 말해준다.[52] 조가비에다 작은 터키옥을 붙인 목걸이는 지금 기준으로 미적으로 아름답다는 평가를 받을 수 있다. 어느 시대든 교역할 수 있는 특별 상품을 갖고 있으면 그만큼 상대적으로 삶이 나을 가능성이 높다. 몬테주마 캐슬을 포함해 베르데강 인근에 사는 서던시나구아의 삶은 나은 편이었을 것이다. 이 가운데 인구 밀집 지역에 사는 사람이 정보도 많고 교역 기회도 더 많았을 것이다.

림 레이크 비스타 오버룩

캐슬을 벗어나 삼거리 우측의 행선지를 선택하면 260번 도로를 따라 캠프 베르데(고도 959m) → 스토우배리(1,768m) → 파인(1,636m) → 페이슨(1,490m)에 도착할 수 있다. 초행길인 사람은 지도상의 길만 봐서 노면 상태를 정확히 알 수 없다. 게다가 눈발이 흩날리는 시기여서 조금 망설여졌다. 혹시라도 산길에 눈이라도 많이 쌓이게 되면 낭패이니 말이다.

여행을 할 때는 전날 저녁에 검색이나 방송을 통해 도로 사정을 확인할 필요가 있다. 한겨울이나 여름에는 특히. 모골론 림 지역은 콜로라도고원이 평지로 낮아지기 전의 중간 지대다. 세도나 인근 지역에서 애리조나 중부를 관통해 남동쪽으로 밴드처럼 펼쳐진다. 폰데로사소나무 숲이 펼쳐진 길을 따라 상쾌하고 무난한 드라이브 코스였다. 도로 사정이 꽤 괜찮다.

캠프 베르데는 베르데 밸리에 있어 고도가 959m에 불과하다. 스토우배리 → 파인 → 페이슨은 모골론 림에 있는 타운이라서 고도가 1,500~1,800m에 이른다. 페이슨을 지나 다시 분지가 펼쳐지는데 첫 번째 타운인 라이(Rye)는 불

페이슨 가는 길

과 955m에 지나지 않는다. 밸리에서 시작해 고원으로 한참 달리다가 페이슨에
와서 다시 분지로 내려오는 드라이브 코스다.

페이슨을 방문하는 사람이라면 콜로라도고원이 긴 여행을 마치고 마침내
평지로 돌아가는 광경을 볼 필요가 있다. 고원이 절벽의 모습으로 갑자기 고도
가 뚝 떨어지는 장면을 두 눈으로 확인하는 기회를 가져보라.

평이한 방법으로 다음을 추천한다. 페이슨에 진입하자마자 첫 사거리에서
좌회전해 애리조나 260번 도로를 타고 쇼 로 방향으로 달리면 된다. 이 길을 따
라 46km를 달리면 모골론 림 방문자센터(Mogollon Rim Visitor Center)를 만난
다. 드라이브 중에 왼편으로는 절벽 위에 우뚝 서 있는 모골론 림, 오른편 아래
로는 숲이 끝없이 펼쳐지는 장면을 목격할 수 있다. 중간중간에 마련된 주차 공
간에 차를 세우고 모골론을 바라볼 수 있을 것이다.

페이슨 근교의 모골론 림

　다른 하나는 모골론 림 방문자센터를 나와서 포레스트 300FS Road 300, 일명 림 로드(Rim Road)를 달려보는 일이다. 방문자센터에서 4.6km 진행하면 림에서 절벽 아래로 숲이 끝없이 펼쳐지는 대단한 광경을 볼 수 있는 고도 2,316m의 림 레이크 비스타 오버룩(Rim Lakes Vista Overlook)을 방문할 수 있다. 끝없이 펼쳐지는 광활한 숲은 톤토 국유림(Tonto National Forest)이다. 주차를 한 다음 걸을 필요 없이 멋진 광경을 곧바로 목격할 수 있어 찾는 사람들도 많다. 콜로라도고원의 끝자락에서 분지를 바라보는 귀한 기회를 잡는다는 면에서 이곳만 한 곳을 찾기 쉽지 않다.

　페이슨을 방문한 사람이 한곳만 봐야 한다면 바로 이곳이다. 0.64km를 더 올라가면 우즈캐니언 오버룩(Woods Canyon Overlook)에서 멋진 장면을 볼 수 있다. 두 곳을 연결하는 림 레이크 비스타 트레일(Rim Lakes Vista Trail)은 모골론 림의 가장 바깥 경계에 해당한다. 발아래로 진녹색 비단을 펼쳐놓은 듯한 계곡, 저 멀리 남쪽으로 한눈에 들어오는 겹산, 림의 끝자락이 제공하는 특별한 감정이 어우러지면서 잊을 수 없는 장면을 마음에 담을 수 있다. 길 건너편 160m 거리에 있는 우즈캐니언 비스타 옵저베이션 사이트도 놓치지 않기를 바란다. 이곳은 좀 더 높은 곳에서 아래를 내려다볼 수 있다. 이후의 림 로드는 비포장도로이니 전진하지 않는 게 좋겠다.

데밍 파이오니어 공원

메인 스트리트는 도시가 시작되는 중심지다. 시내로 들어와 다음 행선지를 향하는 길에서 페이슨의 구도심을 둘러볼 필요가 있다. 이때도 어김없이 '여기까지 와서 그곳을 보지 않고 가서야 되겠는가'라는 마음이다. 웨스트 메인 스트리트에서 우회전을 한 다음 도로 양 옆으로 자리 잡은 옛 건물을 살펴본다. 구도심은 지나치다 싶을 정도로 한산하다.

우측에 자리 잡은 고풍스런 옛 건물에 주목한다. 1932년 여관으로 출발했지만 지금은 살롱으로 영업 중인 옥스보우 살롱(The Oxbow Saloon)이다. 서부 시대를 연상케 하는 진갈색 칠을 한 낡은 목조 건물이다. 짙은 붉은색 입구 위에는 대중적인 위스키, 잭 다니엘의 큼직한 사진이 손님을 반긴다. 양 옆으로 부츠와 말 이미지가 걸려 있는데 약간 어색하고 촌스러우면서도 왠지 정감이 간다.[53] 옥스보우는 메인 스트리트에서 주춧돌에 해당하는 건물이며 페이슨 역사에서 기념할 만한 건물 가운데 하나다. 페이슨은 1884년 이래로 매년 로데오를 개최해왔다는 사실을 자랑스럽게 여긴다. 페이슨 로데오는 옥스보우 앞의 메인 스트리트에서 열렸다.

건너편 길가에 진녹색 테두리 장식의 시계가 눈길을 끈다. 지역 사회 최초의 석조 건물이자 가게였던 터에 들어선 작은 공원, 데밍 파이오니어 공원(Deming Pioneer Park)이다. 지역 역사를 22개의 장면에 담고 있으며, 정면에는 기마상이 놓여 있다. 이 공원은 로터리클럽과 개인 기부로 세워졌다.

처음 이름은 림 컨트리 헤리티지 공원이었다. 이후에 한 시의원의 제안으로 인물 이름을 딴 공원으로 탈바꿈한다. 데밍 부부(James and Anna Mae Demming)의 성을 따서 이름이 바뀌게 됐다. 두 사람은 높은 공직에 있었던 것도, 지역 사회에 큰 기부를 한 것도 아니었다. 초기에 지역 사회 발전에 기여한 공적을 기려 공원에 이름을 붙이게 된 것이다. 여기에 '개척자(pioneer)'를 더한 것은 이 부부에게 최고의 찬사리라. 이것은 공적을 기념하려는 사람들의 선하고 공정한 마음이 없이는 가능하지 않다. 작은 지역 사회에서도 대단히 미국적인 특성을 확인하게 된다. 미국이 아니고서는 좀처럼 만나기 힘든 사례다.

메인 스트리트 끝자락에는 인공 연못인 그린 밸리 공원이 나온다. 연못 치고는 제법 넓고 주변에 잔디와 휴식 공간이 잘 갖춰져 있다. 지역민들에게 중요한 공간이기도 하지만 홍수 피해를 줄이기 위한 목적도 있다. 페이슨은 동쪽 베르데강의 지류에 있어 늦여름의 집중 호우로 이따금 피해를 보기도 한다. 하류 계곡에서 휴식을 취하던 사람들이 상류에 갑자기 내린 집중 호우로 별다른 대비책 없이 피해를 입는 일이 드물게 발생한다. 공원 안에는 림 카운티의 역사를 담고 있는 림카운티박물관(Rim County Museum)과 서부물을 주로 썼던 대중 작가 제인 그레이가 1920년대에 자주 머물면서 작품 활동을 했던 제인 그레이 캐빈(Zane Grey Cabin)이 남아 있다.

20

톤토 국가기념물:
사와로 언덕의 거주지

페이슨을 벗어나면 고도 682m의 톤토 분지가 펼쳐진다. 페이슨과 분지 사이의 고도차는 800m나 될 정도로 고원지대가 분지로 바뀌었음을 알 수 있다. 페이슨을 벗어난 후 어느 지점부터인가 사막지대에서나 볼 수 있는 식물이 눈에 띈다. 사와로 선인장이 도열하듯이 작은 산을 가득 채우고 있는 장면이 인상적이다. 그 지점부터 사와로는 길가의 가로수처럼 도열해 있다. 갑자기 출현한 것으로 봐서 고원과 분지 사이에 기온 차가 큰가 보다.

남동쪽으로 향하는 188번 도로의 오른쪽으로는 마자찰산(Mazatzal, 고도 2,334m)이 길을 따라 펼쳐져 있고 왼쪽으로는 시에라 안차산(Sierra Ancha, 고도 2,345m)이 이어진다. 2개의 높은 산을 포함해서 양쪽으로 드넓은 톤토 국유림이 펼쳐진다. 이 국유림은 애리조나에 있는 6개의 국유림 가운데서도 가장 넓다. 톤토 국유림은 북쪽으로는 모골론 림에서 남쪽으로는 피닉스 인근까지 펼쳐져 있고 동쪽으로는 척박한 땅이 시작되는 산칼로스까지 이어진다.

시어도어 루스벨트 호수

양쪽으로 높은 산이 있어 자연히 톤토 크리크나 솔트강처럼 물이 흐르는 곳이 생겨나게 된다. 목적지인 톤토 국가기념물(Tonto National Monument)에 가까이 갈수록 왼편으로 거대한 시어도어 루스벨트 호수(Theodore Roosevelt Lake)를 만날 수 있다. 길이 35.8km, 넓이 3.2km, 깊이 106m의 이 인공 호수는 홍수 통제, 용수 공급, 전력 생산 등 다용도 목적으로 건설된 루스벨트 댐에 의해 1906년부터 1911년에 걸쳐서 건설됐다.

188번 도로상에는 아치형의 루스벨트 호수 브리지가 있다. 총 길이 667m, 아치가 차지하는 직선 길이 329m인 이 다리는 1992년 완공됐다. 샌프란시스

루스벨트 호수 브리지

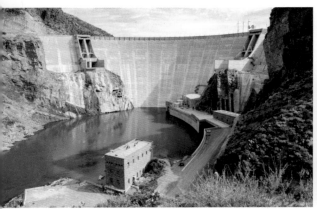

시어도어 루스벨트 댐 전망   시어도어 루스벨트 댐 후방

코 금문교, 뉴욕의 브루클린 브리지와 함께 북미대륙을 대표하는 12개 가운데 하나다. 단일 면에 왕복 차선이 있는 다리로는 북미대륙에서 가장 길다. 다리를 이용할 때 무심코 지나치기는 하지만 다리를 건설하려면 수학, 설계, 토목, 시공 기술 등을 모두 필요로 한다. 새삼 과학과 기술의 힘, 엔지니어들의 노고를 생각하게 된다.

이 다리가 완공되기 전에는 애리조나 땅을 밟는 초기 개척자들은 자연환경의 도전을 받을 수밖에 없었다. 몬순 기간 동안 솔트강의 유속이 매우 빠른 탓에 이곳을 건너는 일은 만만치 않았다. 며칠씩 발이 묶이기도 했다. 개척자들은 강폭이 가장 좁고 유속이 완만한 상류 지점을 선택해서 건넜다.

도전은 늘 기회와 동전의 양면 관계에 있다. 도전해서 기회를 포착하고 사업을 시작하는 기업가가 등장한다. 그의 이름은 찰스 헤이든이다. 훗날 애리조나 주립대학의 발전에 큰 기여를 한 인물이다.[54] 템피 지역의 성장 가능성을 믿고 땅을 매입해 사업을 한다. 솔트강을 건너는 사람에게 약간의 요금을 받고 서비스를 제공하는 헤이든스 페리 사업을 시작한 것이다. 1870년 무렵의 일이다. 헤이든은 문제 해결 과정에서 사업 아이디어를 얻었다. 사업 차 투손에서 프레스캇으로 가는 길이 솔트 강물이 불어난 까닭에 며칠씩 발이 묶이곤 했다. 해결책을 고민하는 과정에서 주변 지역을 면밀히 살피게 되고 결국 사업 아이디어를 잡는 데 성공한다. 강을 건너는 일을 돕는 이 도선 서비스는 다리가 완공되는 1900년대 초반까지 이어졌다.

한편 1903년 시작해 1911년 완공한 시어도어 루스벨트 댐은 높이 84m, 길이 216m의 당시로서는 세계 최고의 벽돌 댐이었다. 그 결과물인 호수 또한 세계 최고의 인공 호수였다. 이 댐은 그 어떤 댐보다 애리조나 중부 지역에 거주민들이 늘어나고 대규모 경작을 원활히 하는 데 크게 기여했다. 1989년부터 1999년까지 대규모 증축 공사를 진행했다. 댐 높이는 109m까지 높아지고 소재를 벽돌에서 좀 더 튼튼한 시멘트로 재단장해 루스벨트 호수의 담수량은 20% 증가한다. 호수가 담수량을 최고로 유지하는 데는 퍽 오랜 시간이 걸릴 정도로 규모가 컸다. 가뭄이 심해 2009년 2월이 돼서야 호수가 제 기능을 발휘하게 된다.

어떤 나라의 번영은 지도자들이 한 나라가 귀하게 획득한 자원을 어떻게 사용하는지에 크게 의존한다. 유권자에게 얼마간의 돈을 집어줄 것인가 아니면 세세손손 혜택을 누리는 장기 프로젝트에 투자할 것인가는 지도자의 신념이 매우 중요하다.

루스벨트 대통령은 "미국 서부의 물은 미국의 미래에 아주 중요하다"면서 서부의 물을 귀한 자원으로 생각했다.[55] 정착과 경작에 쓰이지 않고 흐르는 서부의 강물을 자원의 낭비로 간주했다. 루스벨트가 물을 필요로 하는 건조한 땅에 대규모 관개 프로젝트를 추진하는 연방 프로그램인 1902년 뉴랜즈 개발법(Newlands Reclamation Act)에 따라 5개 프로젝트 가운데 솔트강 프로젝트를 추진한 이유다.

지도자가 한 나라의 앞날에 어떤 기여를 할 수 있는가는 얼마 가지 않아서 수치로 드러난다. 1902년과 1935년, 피닉스의 인구는 5,000명에서 3만 5,000명으로 크게 증가한다. 댐의 전력과 용수 공급이 큰 기여를 한 것이다.

잘 개발된 호수는 넉넉한 주차장과 주변 휴식 공간 덕분에 바람을 쐬기에 안성맞춤이다. 보트, 낚시 등 위락 시설도 잘 갖춰져 있다. 댐은 일반인이 가까이 접근할 수 있는 방법은 없고 적당한 거리에서 바라볼 수는 있다.[56]

낮은 절벽 주거지, 높은 절벽 주거지

호수에서 톤토 국가기념물은 가깝다. 188번 도로를 벗어나서 오른쪽으로 사와로 선인장이 산허리를 가득 채운 길을 따라 꼬불꼬불 올라가면 방문자센터에 도착한다. 그곳의 고도는 855m다. 낮은 곳의 유적지는 962m, 높은 곳의 유적지는 1,036m다. 이즈음에서 '톤토'라는 용어가 이곳에서 즐겨 사용돼온 이유는 무엇인지 궁금할 것이다. 톤토는 스페인어로 '바보 같은'이라는 뜻이다.

애리조나 중동부 지역에서 살았던 서던아파치를 두고 다른 아파치 부족이 경멸하는 투로 부를 때 '톤토 아파치'라고 한다. 따라서 서던아파치는 이 용어를 좋아하지 않아 지금은 잘 쓰지 않는다. 비슷한 사례들을 여러 곳에서 찾아볼 수 있다. 치리카후아아파치(Chricahua Apache)는 '비니 에디네'로, 메스칼레로 아파치(Mescalero Apache)는 '비니 에디넨데'로 불리는데 두 용어 모두 '생각 없는 사람'이란 뜻이다. 경쟁 관계에 있는 부족이 다른 부족을 비하해 이런 용어를 써왔음을 알 수 있다.

차에서 내려 시선을 산 아래로 돌리면 곧바로 루스벨트 호수의 한 귀퉁이

톤토 국가기념물 방문자센터

높은 절벽 주거지

가 눈에 들어온다. 산자락을 따라 우후죽순 솟아 있는 사와로 사이로 한 폭의
그림에 담긴 것처럼. 인디언의 절벽 주거지는 크게 낮은 절벽 주거지(Lower Cliff
Dwelling)와 높은 절벽 주거지(Upper Cliff Dwelling)로 나뉜다. 높은 절벽 주거지
는 길이 70m, 깊이 60m, 높이 80m의 동굴에 방이 40개 딸린 유적지다. 아쉽
지만 엄격한 사전 예약과 추첨을 통해 기회가 주어지는 왕복 4.8km, 3~4시간
걸리는 트레일이라서 여기서는 다루지 않는다.

낮은 절벽 주거지

　일반인이 쉽게 접근할 수 있는 낮은 절벽 주거지에 한해 다룰 것이다. 낮은 절벽 주거지는 절벽의 개방된 동굴을 이용해서 볼 수 있다. 길이 85m, 깊이 48m, 높이 40m의 공간에 크고 작은 방 20개가 2~3층으로 배치돼 있다. 낮은 절벽 주거지는 산허리를 따라서 잘 포장된 구불구불한 거리를 0.7km 정도 걸어야 한다. 트레일의 출발지와 주거지 사이의 고도차는 103m다. 올라가는 길에 다른 인디언 유적지와 구별되는 2가지 기쁨을 누릴 수 있다. 하나는 크고 작은 사와로 선인장으로 가득 찬 산허리 너머 유적지가 자리를 잡고 있다는 사실이다. 사와로 사이로 모습을 드러내는 유적지는 올라가는 내내 어느 장소에서 카메라로 담더라도 한 폭의 그림 같다.

　다른 하나는 크고 작은 사와로로 빼곡히 들어찬 산자락에 걸려 있는 듯한 짙은 푸른색의 루스벨트 호수를 바라보는 일이다. 그 밖에 평지에서 사와로를

낮은 절벽 주거지 가는 길

바라보는 것과 경사도가 있는 산중턱에서 고도를 올려가며 산 아래로 펼쳐진 사와로 선인장을 바라보는 것은 특별한 경험이다. 더 높은 하늘은 짙은 푸른색과 엷은 푸른색으로 채색돼 있고 그 아래 저마다 키 자랑하듯 진녹색과 연녹색으로 치장한 사와로를 마주하게 될 것이다. 붉은빛 토양과 대조를 이루는 사와로의 아름다움을 두 눈에 가득 담을 수 있다.

톤토 분지는 1년 강수량이 4.58mm이고 적설량이 2.54cm에 지나지 않을 정도로 건조한 지역이지만 유적지의 강수량은 더 적다. 1년에 고작 4mm밖에 비가 내리지 않는다.

솔트강처럼 1년 내내 물을 구할 수 있는 곳을 버리고 오지와 다름없는 고지대에 주거지를 짓고 산 이유가 무엇일까? 고고학자들은 아직도 명확한 답을 내놓지 못하고 있다.

톤토 국가기념물과 루스벨트호

톤토 분지의 인디언

언제부터 톤토 분지에 원시인의 주거가 시작됐을까? 3단계로 구분해서 설명할
수 있다. 우선 기원전 1900~1400년 있었던 톤토 분지에 있는 이글 리지(Eagle
Ridge) 유적지다. 이곳은 솔트강의 범람원에서 40m 위에 있는 좁은 산등성이로
움막 주거지 40채와 0.2헥타르가 넘는 대형 커뮤니티 하우스로 구성돼 있다.[57]
여기서 범람원은 홍수나 범람이 일어난 후에 하천 양안에 토사가 쌓여 형성
된 지형이다. 이들은 수렵과 채집 외에도 옥수수, 콩, 면화 등을 경작했다. 수렵
채집에서 농사로 생계를 해결하는 방식이 변하는 전환기에 놓여 있는 사람들
로 호호캄으로 추정된다. 그런데 일부 전문가들은 그들의 출현 시점을 기원후
100~600년으로 잡기도 한다. 출현 시점을 이 시기로 잡으면 톤토 분지에 거주

한 기간은 약 600년 정도다. 초기 단계의 경작 사회가 사라진 이유에 관해 어떤 증거도 찾을 수 없다. 이들이 떠난 후 약 150년 동안 톤토 분지에 사람이 살았다는 증거도 없다.

다음으로 750~1100년에 농사를 지을 목적으로 톤토 분지를 영구 거주지로 삼았던 사람들이 있었다. 담황색 표면에 붉은 채색 도기(red-on-buff pottery)를 사용해 누구인지 쉽게 알 수 있다. 애리조나 남부에 주로 살았던 호호캄이다. 호호캄은 관개수로를 만들어 옥수수, 콩, 면화 등의 농사를 지었다. 호호캄이 산 움막 주거지는 로어 힐라와 피닉스 주변의 솔트강 계곡에서 발견됐다. 애리조나 남중부 지역 즉, 피닉스와 그 주변 지역을 솔트-힐라 분지(Salt-Gila Basin)라 부르는 배경이다. 관련 연구 결과가 있다.

가장 큰 호호캄 주거지의 대부분이 있다. 이곳이 가장 광범위한 농업 수로 시스템이 만들어진 곳이다.[58]

호호캄과 푸에블로

호호캄은 그 어떤 부족과 비교할 수 없을 정도로 복잡한 관개수로를 만들어서 농사를 지었다. 500년 무렵 호호캄은 5km에 달하는 농수로를 만들어서 힐라 강물을 평야에 끌어다 썼다. 이처럼 톤토 분지의 호호캄은 850년 무렵 성공적으로 정착하고 있었으며 콜로라도 지역부터 걸프만까지 교역 대상 범위가 넓었다. 이즈음 북쪽과 동쪽에서 새로운 사람들이 톤토 분지에 정착하려고 찾아오기 시작한다.

그들은 호호캄과 다른 푸에블로족의 일원으로 1100년 무렵 호호캄에 맞설 정도로 인구수가 늘어난다. 푸에블로족의 유입을 증명할 만한 증거는 있는가? 1150년이면 작은 농가 마을이 톤토 분지의 한쪽 끝에서 다른 쪽 끝까지 범람원의 경계선을 따라 줄을 이을 정도였다. 생산하는 도기 형태, 매장 풍습, 가옥 구조, 주거지 형태 등을 고려한 결과 고고학자들은 새로 유입된 인구가 호호캄과 다른 부족이라고 말한다.

1100년대에 톤토 분지는 사회적으로나 경제적으로 전성기였다. 가뭄, 동식물 부족, 인구 증가 등으로 인해 거주지를 떠나 뉴멕시코 서부, 애리조나 남부와 동부, 톤토 분지 등으로 향하는 사람들이 늘어나는 시기이기도 하다. 노던 푸에블로족이 거주지를 버리고 다른 곳으로 떠나면서 콜로라도고원이나 중앙 산악 지역의 인구수는 급감한다. 반면 톤토 분지는 이들을 흡수할 수 있는 유력한 주거 지역으로 부상한다. 1250년이면 톤토 분지의 범람원은 앞서 거주했던 사람들이 다 차지하고 있었다. 농토 부족 문제를 해결하려고 새로 이 땅을 밟은 사람들은 톤토 분지보다 고도가 높은 지역에 정착할 수밖에 없었다.

살라도 문화

그렇다면 톤토 분지에 새로 이민 오기 시작한 사람은 누구인가? 1920년대의 저명한 고고학자인 해롤드 글래드윈(Harold Gladwin)은 1150년 무렵부터 톤토 분지에 등장한 이민자에게 '솔티(salty)'라는 뜻의 살라도(Salado)라는 이름을 붙여 주었다. 이 이름은 톤토 분지를 흐르는 솔트강(Rio Salado)에서 따왔다.

살라도를 기존의 호호캄과 뚜렷하게 구분 지을 수 있는 특징은 무엇인가. 여러 가지가 있겠지만 살라도는 호호캄 도기와 확연하게 구분되는 화려한 다색 도기(Salado polychrome pottery)를 생산해서 썼다. 1150년이 중요한 시점이다. 이때를 기점으로 톤토 분지에서는 호호캄 문화를 따르지 않고 이와 구분되는 살라도 문화(Salado Culture)가 등장한다. 살라도 문화는 톤토 분지를 중심으로 약 300년 정도 꽃피운다.

인구 유입이 지속되면서 1270년 무렵이면 수천 명이 톤토 분지에 모여 살게 된다. 좋은 시절이 마냥 지속될 것처럼 보였다. 당시 솔트강 유역에는 약 240km에 달하는 수로가 건설될 정도로 농사의 생산성을 올리고 있었다. 그러나 삶에서는 통제할 수 없는 게 정말 많다. 현대인들의 삶에 비해 고대인들의 삶은 더더욱 그러했을 것이다. 자연에 의존한다면 어찌할 수 없는 변화 앞에 속수무책일 수도 있다. 1330년을 전후해 사건이 터지고 만다. NPS가 발행한 자료다.

> 1330년 무렵, 극적인 변화가 일어난다. 톤토 분지가 더욱더 건조해지면서 수면이 낮
> 아진다. 기온 변화는 농사 의존도를 줄이고, 수렵과 채집 의존도를 높인다. 생태계
> 도 심각한 타격을 입는다. 중요 작물이 줄어들거나 사라지면서 식량을 구하기 위한
> 치열한 경쟁이 부족 사이 긴장감을 고조시킨다.[59]

비옥했던 농토가 말라가고 식량원이 줄어들면서 인간의 공격성이 드러나
게 됐을 것이고 부족들은 뿔뿔이 흩어져 제 살길을 찾아 나섰을 것이다. 이런
환경에서 1330년 무렵 살라도의 한 부족이 톤토의 절벽 거주지를 선택했을 수
있다. 식량을 구하기 위해 공격성을 발휘하는 상황에서 부족의 안전을 고려한
이유가 컸을 것으로 보인다. 고고학적 증거는 1330년 후반 상황이 더욱더 악
화됐음을 말하고 있다. 엎친 데 덮친 격으로 1330년대에 솔트강이 범람해 애
써 만들어놓은 농수로가 파괴됐다. 더 좋은 날을 기다리면서 참던 살라도들
은 1450년 무렵 이곳을 떠나 새 터전으로 옮겨가게 된다. 톤토 국가기념물에 거
주한 푸에블로 인디언은 살라도 인디언이었을 것으로 추정되며, 거주 시점은
1300년 무렵이었을 것이다.

19세기의 격전지, 톤토 분지

톤토 분지를 방문하는 사람들이라면 "이렇게 건조한 곳에서 어떻게 살아갈 수
있을까?"라는 질문을 던질 수밖에 없다. 생활이나 목축 또는 농사를 물에 의존
하는 상황이라면 솔트강의 상황은 지금도 주민들의 삶에 중요한 몫을 차지한
다. 고대인들에게 솔트강의 생태 환경 악화는 도저히 극복할 수 없는 조건이었
을 것이다.

오늘날 톤토 분지는 평화로운 곳이지만 19세기에 큰 혼란을 치른 곳이다. 이
곳에 목축을 하려고 사람이 정착하고 이주하는 시점은 1875년이지만, 1860년

부터 1870년까지 애리조나의 개척민 숫자는 3배 이상으로 늘어난다.[60,61] 정주보다는 유목 생활에 익숙한 아파치족의 저항은 불가피한 일이었다. 개척민들을 습격하는 아파치족을 진압하려고 연방정부가 파견된다. 톤토 베이슨 캠페인(1871~1873)이 대표적인 연방정부의 진압 작전이다. 1800년, 대부분의 서부 인디언은 인디언 보호구역 내에 머무르지만 이 가운데 탈출하는 인디언들이 있었다. 미국에 대항하는 이 인디언을 진압하기 위한 아파치전쟁이 진행된 것이다.

이외에 소를 키우는 그레이엄(Graham) 집안과 양을 키우는 튜크스버리(Tewksbury) 집안 사이의 복수전(1882~1892)이 일어나기도 했다. 서부에서 목축지를 둘러싼 충돌 가운데 가장 피를 많이 흘린 사건인데 플레전트밸리전쟁(Pleasant Valley War)으로 불린다. 이 일은 '애리조나 준주는 무법 지대다'라는 이미지를 미국인들에게 강하게 심어주는 계기가 되는 반면 애리조나가 주로 승격하는 시기를 지연시키기도 했다. 이 사건은 유명한 소설가 제인 그레이(Zane Grey)의 작품《투 더 라스트 맨(To the Last Man)》(1921)뿐 아니라 다양한 영화의 소재가 됐다.

21

글로브·마이애미: 구리광산의 역사와 현장

1910년 애리조나 소식이다. 지금 향하고 있는 곳은 글로브로 톤토 국가기념물에서 47km 떨어진 힐라 카운티의 중심 도시다. 60번 도로를 따라 고도 1,070m인 글로브에 접근하다 보면 우측에 한때 이 도시의 영광을 지켜봤던 올드도미니언구리광산이 방문객을 맞는다.

글로브 다운타운에서 4km 떨어진 마이애미를 지나 글로브에 진입하게 되는데 마이애미에서 인근의 클레이풀, 센트럴 헤이츠-미들랜드를 포함해서 글로브-마이애미(Globe-Miami)라 부른다. 지금도 마이애미를 통과할 때 프리포트-맥모런 구리광산과 마이애미 광산이 가동되고 있음을 알 수 있다. 두 곳 모두 구리 노천광산이다. 마이애미는 애리조나에서 운영하고 있는 2개의 구리제련소 가운데 하나가 입지해 있다. 광산이 분포된 지도를 살펴보면 글로브·마이애미 부근에는 많은 광산이 집중 분포돼 있다. 대부분은 가동하고 있지 않다. 이 가운데 하나가 올드도미니언구리광산이다.

올드도미니언구리광산

글로브에서 맨 처음 방문해야 할 곳은 도미니언구리광산이다. 한 도시에게 영광의 시대를 선물했던 곳이기도 하고 상징하는 곳이기도 한 이 광산은 현재 올드 도미니언 히스토릭 광산공원으로 보존돼 있다.

글로브의 역사는 미국이 독립선언 100주년을 맞이할 무렵인 19세기 중엽 12명 정도의 광맥 탐사가들이 글로브 서쪽의 피날 크리크(Pinal creek)에서 색이 있는 광맥을 찾아 나서면서부터다. 마침내 1876년 글로브 서쪽으로 흐르는

올드 도미니언 히스토릭 광산공원

피날 크리크에서 은 광맥이 발견되면서 도시의 역사가 시작된다. 이때부터 글로브가 도시로서의 면모를 차근차근 갖추게 되는데 소매상점, 은행, 신문사 등이 자리 잡게 된다. 당시만 하더라도 글로브는 애리조나의 다른 지역들에서 외진 곳에 있어 최고 변방 마을이었다.

글로브의 초기 역사는 마차 강도, 불법자, 폭행, 아파치 습격 등과 함께했다. 기대를 모았던 은광 채굴은 불과 4년 남짓 지속되고 만다. 1874년 구리 광맥을 발견한 인물은 벤저민 레이건(Benjamin W. Reagon)인데, 글로브라는 타운 이름을 정한 사람이다. 그는 비슷한 시기에 글로브에서 구리 광맥을 발견하고 글로브 레지(Globe Ledge)라는 광업권을 1874년에 신청하지만 주목받지 못했다. 사람들의 관심이 온통 은 러시에 집중돼 있었기 때문이다.[62] 구리는 운송비용이나 제련 과정, 가격 면에서 은에 상대가 되지 않았다.

1881년까지 글로브광산회사나 올드도미니언구리광산회사가 여러 개의 광산과 하나의 제련소를 운영하지만 별다른 재미를 보지 못한 상태였다. 1881년, 존 윌리엄스 2세가 올드글로브광산에서 풍부한 광맥을 발견하는 데 성공한다. 1882년이 되자 보스턴 출신의 사업가인 마이클 H. 심슨(Michael H. Simpson)이 올드 도미니언, 올드 글로브, 글로브 레지 등을 사들여서 올드도미니언구리광산회사를 출범하고 제련소를 건립하는 데 자본을 투입한다. 1886년까지 광산을 운영해본 결과, 올드 글로브 광업권과 글로브 레지 광업권에서만 수익을 올릴 수 있었다. 여러분이 방문하는 광산공원의 서쪽에는 글로브 레지를 둘러볼 수 있는 670m 트레일이 있다.

광산업은 노름에 비할 바는 아니지만 위험성이 높은 반면 성공 보상이 큰 사업이다. 초기 선구자들의 활동을 보고 1880년과 1883년에 타코마구리회사, 버펄로구리회사, 롱아일랜드구리회사 등이 뛰어들지만 1883년 무렵이면 모두 문을 닫고 만다. 가장 큰 이유는 높은 운송비용 탓이다. 그 시절이나 지금이나 돈 버는 일은 여간 힘들지 않다. 글로브에서 광산업이 제대로 수익을 내기까지 수많은 기업가의 도전 역사로 가득 차 있다. 대부분의 기업가는 돈을 잃었고 소수만이 엄청난 돈을 거머쥔다. 상대적으로 구리 성분이 높은 광맥을 소유하

구리광산 유적지

고 있었던 올드도미니언광산마저 어려운 상황을 헤쳐나가려고 고군분투할 수밖에 없었다.

　초기 광산업자들은 채굴한 광석을 당나귀나 황소 마차에 실은 다음 224km나 떨어져 있는 윌콕스의 서던퍼시픽철도의 정류장으로 운반했다. 운반비용이 생산비용의 절반 또는 제련 비용의 4분의 3을 차지했다. 이러니 초기 광산업자들은 도저히 채산성을 맞출 수 없었다. 1882년 올드도미니언광산을 인수한 보스턴 출신의 사업가가 서둘러 현장에 제련소를 건설한 중요한 이유다. 그럼에도 1884년이면 올드도미니언광산은 무려 100만 달러의 부채를 안고 있었을 뿐 아니라 초청한 엔지니어에게 주급을 지불할 수 없을 정도로 현금 부족에 시달리고 있었다. 보스턴 출신의 사업가마저 1886년 경영권을 포기하고 만다. 볼티모어광산회사와 포프, 콜회사의 소유주인 조지 A. 포프(George A.

Pope)가 올드 도미니언을 인수하지만 부도를 맞는다.[63] 그해 주요 채권자인 윌리엄 키어(William Keyer)가 회사를 인수한 다음 1887년 신규 운영 자금을 투입해서 재정적인 안정을 회복한다. 바로 이 회사가 향후 50년 동안 글로브의 대명사이자 활력을 불어넣는 주인공이다. 1880년대 글로브 주변에는 크고 작은 구리광산이 110개 정도 있었다.[64]

윌리엄 키어, 기회를 잡은 사업가

초창기 20여 년 동안 재무 안정성을 확보하는 일은 쉽지 않았다. 대부분의 1차 산업이 그렇듯이 상품 가격이 통제할 수 없는 요인으로 들쭉날쭉한 게 한 가지 이유다. 1883년과 1886년에는 디플레이션으로 구리 가격이 하락해 어려움을 적지 않게 겪는다. 1888년과 1889년, 광산 운영이 6개월 동안 중단될 정도였다.

그러나 문제를 해결하려고 집요하게 노력했던 사람들이 빛을 보기 시작하는 시점은 1890년대 들어서부터다. 올드도미니언광산의 성과가 나면서 1891년 무렵 글로브의 다운타운에는 건설 붐이 불어 닥친다. 올드 도미니언의 성장에서 한 획을 그은 사건은 1898년 11월 글로브에 철도가 연결된 일이다. 운송비 절감은 물론이고 재고 조정을 통해서 좋은 가격을 받을 수 있는 발판을 마련한다.

구리광산의 수익성을 생각해보자. 광석에서 구리를 걸러내는 제련 작업을 하려면 고급 숯이 필요했다. 당시 이 숯을 수출하는 곳은 1850년 무렵까지 세계 구리광산에서 주도적 위치를 차지하던 영국 남부의 콘월과 웨일스다. 영국에서 수출한 숯은 남아프리카의 혼곶(오르노스곶)을 돌아 샌프란시스코에 도착한 다음 철도를 통해 애리조나 주요 구리광산 인근 기차역에 하역됐다.[65] 이후에 황소나 노새를 이용해서 글로브나 제롬, 비스비 등과 같은 광산까지 운반됐다. 따라서 고급 숯의 확보뿐 아니라 제련된 순동을 수출하는 데 운송비 절감은 필수다. 철도가 운송비 절감에 결정적 역할을 맡는다.

당시 미국이 빠른 시간 안에 세계 최고의 제련 기술을 확보할 수 있었던 배

광산 폐기물

경은 무엇일까? 영국의 콘월과 웨일스(Wales) 광산이 채산성이 악화되면서 제련 기술을 보유한 광부들이 대서양을 건너 미국으로 온 데서 찾을 수 있다.[66] 19세기 후반 애리조나의 구리광산에는 제련소마다 웨일스 출신 근로자들이 있었다. 이들을 콘월 광부(Cornish Cousin Jack's)라 부른다. 애리조나 구리광산이 번영하는데 콘월 출신이 한 기여는 매우 컸다. 기술이 장비에 들어 있는 게 아니라 사람의 머릿속에 들어 있음을 염두에 둔다면 오늘날 한국의 주력 기업들의 앞날에 시사하는 바가 크다.

1900년대 들어서 한때 올드도미니언광산은 구리 광맥이 가장 풍부한 광산으로 손꼽혔다. 4.8km에 걸쳐 광맥이 묻혀 있는 것으로 추정됐고 어떤 부분의 구리 함유 비중은 20%를 기록했다. 올드도미니언광산의 영광의 시절을 대표하는 것은 2가지다. 하나는 1904년과 1908년, 광산 현대화와 확장에만 250만 달러를 투입했다는 사실이다. 당시 기준으로 엄청난 거액이다. 그만큼 설비 현대화를 통해 충분히 투자를 회수할 수 있다고 봤다. 조금 있다 방문할 글로브의 히스토릭 다운타운의 석조 건물은 1904년과 1910년에 건설됐다. 돈이 흘러 다니는 도시였고 사람들의 기분과 패기가 고양되던 시기였다. 앞날은 마냥 밝기만 했다. 그 시절 사람들은 '올드 도미니언이 전진하는 한 우리 글로브도 전진한다'는 생각을 공유하고 있었다.

하지만 모든 것에는 때가 있다. 1917년 늘어나는 이익의 일정 부분을 요구하는 근로자들의 파업이 애리조나에서 몬태나로 퍼져나가는데, 글로브에서도 대규모 파업으로 발전했다. 주지사의 요청에 따라 연방 군인들이 탄광 주변에 진을 칠 정도로 상황이 악화됐다.

1919년 올드 도미니언이 고용하고 있던 인력은 1,400명 정도였다. 점차 광석의 구리 함유량이 줄어들고 탄광 침수 문제가 발생하면서 이익도 덩달아 감소한다. 이어서 투자가 줄어들고 올드 도미니언의 시대는 서서히 저문다. 올드 도미니언 시대의 종말은 1924년 올드도미니언제련소를 마이애미로 이전하면서부터 본격화된다.

1929년 올드 도미니언에서 채굴된 구리 함유 비중은 불과 4.16%에 지나지 않을 정도로 현저히 낮았다. 한시적인 공장 폐쇄와 공장 재개가 이어지다가 마침내 대공황으로 구리 가격이 폭락하자 1932년 10월 14일 폐쇄되고 만다. 50여 년 동안 올드도미니언광산은 구리 약 3억 6,000만kg, 은 약 204만kg, 금 약 4만kg을 생산했고 1억 3,400만 달러라는 총수익을 올렸다.

올드 도미니언 히스토릭 광산공원

오랫동안 버려진 곳을 공원으로 재단장하고 일반에 공개한 시기는 2011년부터. 초행길인 사람은 공원 입구를 찾기가 여간 어렵지 않다. 60번 도로에서 공원을 안내하는 간판을 찾기가 쉽지 않아서다. 영문 명칭 'Old Dominion Historic Mine Park'의 도움을 받는 게 좋다.[67]

정상의 메인 샤프트

　구리광산이 어떤 모습이었으며, 어떤 과정을 거쳐서 구리가 생산되는지 직접 확인할 수 있는 보기 드문 장소다. 글로브의 전경을 훤히 내려다볼 수 있는 풍경과 함께하는 곳이기도 하다. 여기에다 트레일 코스를 따라서 최소 35개 이상의 설명을 담은 안내판이 있어 도움을 받을 수 있다. 올드 도미니언 히스토릭 광산공원 정상에서 채굴한 원석을 운반용 케이블카를 통해 광산 서쪽으로 흐르는 피날 크리크의 제련소로 옮긴 다음 그곳까지 연결된 기차에 실어서 운반했다. 강변 위쪽에는 버펄로제련소가 있었고 아래쪽에는 올드도미니언제련소가 있었다.

　산꼭대기인 엘리스 협곡(Alice Gulch)의 올드도미니언광산 주변에는 구리광산을 상징하는 대표 구조물이 서 있다. 수직 갱도를 파내려가는 데 쓰였던 샤프트의 철강 헤드프레임은 공원뿐 아니라 글로브를 상징하는 구조물이다. 원래는 2개가 있었다. 아래쪽에 일명 'A' 샤프트만 남아 있다. 공원 입구 지도를 참조하면 13개의 트레일이 개발돼 있는데 대부분이 0.8km가 채 되지 않는다. 공원 정상에 우뚝 서 있는 메인 샤프트를 목적지로 삼은 다음 천천히 걸어 올라가면 된다.

광산 개발이 중지된 지 90여 년이 가까워지지만 토양은 여전히 척박하고, 채굴과 제련 과정에서 나온 폐기물(tailing)이 거대한 구조물처럼 쌓여 있다. 빗물에 씻겨 내려가는 것을 방지하는 장치가 더해진 채로. 이는 구리의 채굴 및 제련 과정을 들여다보면 충분히 이해할 수 있다. 초창기에는 순도 40%에 달할 정도로 뛰어난 구리광산도 드물게 있었다.

그러나 100여 년 전 마이애미구리광산이 개발될 당시 순도는 4~5%에 지나지 않았다. 이 수치는 오늘날로 치면 꽤 높다. 현재 노천광산의 순도는 0.35%에 지나지 않는다. 노천광산에서 1톤의 원석을 채굴해 3.17kg(7파운드)의 구리를 얻을 수 있다.

트레일의 이름은 대부분 처음에 출원했던 광업권 이름을 그대로 사용한다. 글로브 레지(0.73km), 실버 너깃(Silver Nugget, 0.67km), 뮬슈 패스(Muleshoe Pass) 등은 오래된 광업권의 이름을 딴 곳으로 광산 현장이다. 아름다운 길을 걷는 즐거움도 있지만 구리광산의 현장을 걷는 일도 유익하다. 이곳에서 어느 시대인들 삶이란 얼마나 고됨과 함께하는가라는 생각을 한다. 이런저런 일에 툴툴 댈 수 있지만 다시 한 번 현대인의 삶이 위험과 고됨으로부터 얼마나 자유로운지 확인하는 시간이다.

입구 왼편의 널찍한 공간에는 당시에 사용했던 각종 운반 기구와 채굴 기구를 전시해놓았다. 공원 입구 오른편으로 가는 트레일은 뮬슈 패스라는 이름이 붙어 있다. 광산에서 당나귀가 맡은 역할을 상세히 소개해놓았다. 동력을 이용한 운반구가 활성화되는 20세기 초까지 당나귀는 광산에서 특별한 존재였다. 당나귀를 때리거나 발로 찬 근로자는 즉시 해고됐다. 당나귀 6마리가 한 팀이 돼 광석을 운반했는데 자동차 25대 분량의 무게를 담당했다. 당나귀의 평균 수명은 35년 정도이고, 갱도에 오래 머물 경우 눈이 머는 것을 방지하려고 불빛을 항상 당나귀에게 비춰주었다.

분주하게 오갔을 사람들은 모두 떠나고 본사의 오피스나 주거지에는 푯말과 주춧돌만 남아 있다. 폐허는 약간의 비장함과 쓸쓸함과 숙연함이란 감정을 선물한다. 언젠가 우리 모두가 떠난다는 사실과 함께.

힐라카운티역사박물관

공원 입구를 떠나 발길을 옮기면 60번 도로 맞은편에 힐라카운티역사박물관(Gila County Historical Museum)이 있다. 카운티와 광산업, 광부 구조 분야의 성장사를 잘 정리해둔 박물관이다. 아담한 박물관이 관람객이 지나치게 많은 진열품에 압도되지 않도록 도와준다.

1878년부터 1912년에 걸쳐 13개의 신문 즉, 〈애리조나 실버 벨트〉, 〈글로브 콜로니〉, 〈글로브 타임스〉, 〈마이애미 메신저〉 등이 있었다는 점이 특별하다.[68] 신문 〈애리조나 실버 벨트〉는 제호를 바꾸기는 했지만 1870년대에 창간해 지금까지 발간하고 있다. 입구에는 납활자를 이용해 신문을 제작하던 모습과 종이 절단기, 식자기(植字機) 등 초창기 인쇄 관련 기구들을 전시해놓았다.

마소를 키우던 서부 개척민의 생활을 정리한 영역에는 다양한 말안장, 말굽 등이 전시돼 있다. 무엇보다 다양한 모양과 굵기의 철조망(barred wire)을 관심 있게 봤다. 1800년 이전에는 가축이 풀을 뜯어 먹을 수 있는 자신의 방목지

힐라카운티역사박물관

와 이웃의 방목지를 돌을 쌓거나
나무 레일로 구획 지었다. 그러다
가 1800년대 초반부터 가시철조
망이 등장한다. 1874년에 발명된
철조망은 10년이 채 가지 않아서
다양한 철조망을 출시하기에 이
른다. 1900년대 초반 애리조나의
목장은 대부분 철조망을 이용해
경계를 표시하거나 동물이 담을
넘지 못하도록 했다. 특허 번호와
특징, 발명 연도를 기록한 철조망
이 무척 인상적이었다.

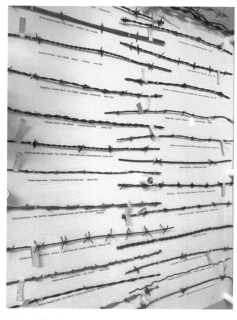

목장의 철조망

　　라이브스톡 브랜드(Livestock
Brands)도 주목할 만하다. 애리
조나의 초창기 목초지는 개방 목초지(open ranges)였다. 자기 소유의 마소에 특
정 브랜드를 찍어서 소유자를 명확히 했다. 이따금 브랜드가 없는 가축을 두고
분쟁이 일어날 때도 있었기 때문이다. 알파벳을 응용하거나 간단한 문양을 응
용한 브랜드 즉, A+, -L-, Q, VV 등을 볼 수 있다.

　　미주리주(Missouri) 헌츠빌(Huntsville) 출신으로 글로브에서 출세의 토대
를 닦은 다음 애리조나주 초대 주지사(1912~1917 재임)를 지낸 조지 W. P. 헌트
(George Wylie Paul Hunt, 1859~1934)의 가정 살림살이를 단정하게 보관해놓기도
했다. 남북전쟁으로 할아버지가 물려준 재산이 날아가버리자 헌츠빌은 19세
때 고향을 떠난다. 가족과 상의 없이 떠나버린 그를 두고 가족들은 한동안 인
디언에게 살해당했다고 생각했다. 서부로 떠나온 젊은이의 첫 직업은 카페 웨
이터였다. 폐석을 가려내는 광산 인부, 목장 인부, 소매상 경리, 잡화점 주인 등
을 거쳐 마침내 주지사까지 올라간다. 바닥부터 정상까지 올라가는 데 성공한
사람의 이야기에는 언제나 마음을 훈훈하게 만드는 그 무엇이 있다.

글로브 히스토릭 다운타운

글로브 히스토릭 다운타운(Globe Historic Downtown)은 20세기 초의 건물들로 가득 차 있다. 큰 기대감을 안고 이곳을 방문하면 비어 있는 건물들이 드물지 않고 생각보다 한산해 쓸쓸함을 느낄 수 있다. 어떤 장소든 모든 것을 구비해놓으면 좋겠지만, 방문 목적을 역사적 가치가 있는 장소라고 한정하면 들를 만하다. 이곳에서 숨겨진 보석을 찾는 기분으로 상세 지도를 들고 역사적 건물을 하나씩 확인해보자.

지금은 아트센터(Center for the Arts)로 쓰이는 이전의 힐라 코트하우스(Gila Courthose) 건물을 중심으로 2~3블록 내에 모든 건물이 포진돼 있다. 힐라 코트하우스를 출발점으로 삼아서 천천히 걸으며 음미하듯 건물을 살펴보자. 이때 반드시 건물의 건립 연도 등을 정리한 지도를 갖고 있는 게 도움이 된다.[69] 다운타운의 역사적 건물을 다룬 지도는 방문자센터에서 얻을 수 있다.

1905년 건립돼 1908년까지 코트하우스로 쓰인 4층짜리 붉은 벽돌 건물은 다운타운에서도 가장 화려하다. 이탈리아 르네상스 스타일의 건축 양식을 따

힐라 코트하우스

올드 힐라 카운티 감옥

르고 있다. 지역에서 쉽게 구할 수 있는 화산암의 일종인 붉은색 화성암으로 지었다. 뒤편에 붙어 있는 3층짜리 올드 힐라 카운티 감옥(Old Gila County Jail) 도 눈여겨보자. 건물 꼭대기에 '1910 JAIL'이 선명하게 표시돼 있고, 창마다 설치된 촘촘한 철창들이 올드 힐라 카운티 감옥이 어떤 건물이었는지 말해준다. 코트하우스와는 3층에서 연결되며 1981년까지 사용됐다. 보안관 가운데 1899년 2명, 1890년 1명, 1908년 1명이 총격으로 사망했다. 개척 초기 시절 글로브의 치안 상황을 짐작할 수 있는 대목이다. 서부극에 등장하는 총잡이들의 이야기가 단순한 스토리가 아니라 현실이었음을 확인할 수 있다.

다운타운의 코트하우스에서 대각선 방향으로 보이는 건물은 올드 도미니언 상점(Old Dominion Mercantile)이다. 코트하우스와 동일한 건축 자재로 1904년에 지은 이 2층 건물은 한때 은행과 백화점으로 쓰였다. 코트하우스에

글로브 철도 역사

서 두 블록 위쪽 길 건너편에 있는 힐라 밸리 은행(Gila Valley Bank)은 1909년 코린트식 기둥과 반원 형태의 창문을 갖춘 신고전주의 양식 건물이다. 회색 화강암을 건축 재료로 썼는데 은행 특유의 안정감을 엿볼 수 있다.[70]

한때 많은 사람으로 북적거렸을 애리조나 이스턴 레일로드 철도역(depot)이 기억에 남는다.[71] 직사각형의 붉은 벽돌집이다. 방문객들을 위해 주차 공간을 넉넉하게 마련해놓았다. 주차장 입구에는 테두리를 진녹색으로 단장한 밀레니엄 시계가 붉은 철도역 건물과 조화를 이루고 있다. 애리조나 이스턴 레일로드는 애리조나 마이애미에서 클리턴까지 426km를 연결하는 철도인데, 주로 애리조나 남동부의 구리광산 지역을 연결한다. 자동차가 보편화되면서 철도 여행의 인기가 점점 식어가다 승객을 실은 기차가 역을 떠난 마지막 해는 1954년이었다. 이후 철도역은 그레이하운드 버스터미널, 적십자사 건물로 쓰이기도 했다.

오랫동안 재기의 기회를 엿보던 철도회사는 2008년 새로운 수요를 만들어내려고 글로브 다운타운에서 인근의 아파치 골드 카지노까지 1시간 30분이 걸리는 '쿠퍼 스파이크(Copper Spike)'라는 철도 여행 상품을 내놓는다. 카지노 여행객들에 초점을 맞춘 사업이었다. 풍경이 밋밋해 관광객을 끌어들이는 일이 처음부터 어려웠던 사업이다. 기대하는 성과를 거두지 못하고 2011년 막을 내리고 만다. 철도 여행의 부활에 얼마나 큰 기대를 걸었는지는 철도역 재단장 공사를 하는 데 무려 14톤이나 되는 폐기물을 끄집어냈을 정도다. 지금 철도역은 비어 있고 일반인이 출입할 수 없다. 정문으로 난 창을 통해 내부를 들여다볼 수 있을 뿐이다.

입구 오른쪽에는 마치 지금도 '쿠퍼 스파이크' 철도 여행이 계속 되고 있는 것처럼 벽돌색과 잘 어우러진 진갈색 금속판 위에 1일 3회의 출발 시간과 도착 시간이 적혀 있다. 이렇듯이 사업의 중요한 부분은 미래에 대한 가설을 세운 다음 돈을 투입할 일이다. 가설이 맞아떨어지면 돈을 벌 수 있지만 그렇지 않으면 돈을 잃게 된다. 돈을 버는 일은 정말 쉬운 일이 아니다. 2011년 철도회사의 소유주가 바뀌게 된다. 길 건너편에는 1918년 지은 홀리 엔젤스 천주교 성당(Holy Angels Church)이 있다. 미국의 가장 뛰어난 스테인드글라스 예술가인 에밀 프레이(Emil Frei)가 디자인한 곳이다.

산칼로스, 아파치 인디언 보호구역

글로브에서 60번을 타고 동쪽으로 39km를 달리면 산칼로스(San Carlos)가 나온다. 이곳은 산칼로스 아파치 인디언 보호구역의 중심 도시다. 아파치는 애리조나, 뉴멕시코, 텍사스, 콜로라도 등 미국 남서부와 멕시코 북부에 걸쳐 살고 있었던 인디언 부족을 총칭해 아파치족이라 부른다.[72] 웨스턴아파치, 치리카후아, 메스칼레로, 히카릴라, 리판, 평원아파치, 나바호족 등이 주요 부족이다. 현대에 와서 아파치족과 나바호족을 구분하지만 과거에는 나바호족을 아파치족의 주요 부족으로 간주했다.[73]

1852년 치리카후아아파치족은 미국 정부와 영토에 대한 계약을 체결하지만 약속은 지켜지지 않는다. 1850년대에 땅을 구하는 정착민과 광맥을 찾는 광산업자들이 치리카후아아파치족의 영토로 몰려들게 된 것이다. 1872년 치리카후아의 추장 코치스(Cochise)는 미국 정부와 협의해 치리카후아아파치 보호구역을 설치하는 데 동의한다. 그러나 정착민들은 치리카후아아파치족 400~600명에게 약 110만 7,000헥타르나 되는 땅이 주어지는 것은 문제가 있음을 계속 주장한다. 치리카후아 인디언을 몰아낼 구실을 찾던 끝에 인디언의 사소한 무력 사용 사건으로 상황을 뒤집는 데 성공한다. 그 결과 아파치족을 부족에 상관없이 한곳에 모아두는 구상이 실천에 옮겨지게 된다. 이렇게 해서 만들어진 보호구역이 산칼로스 인디언 보호구역이다.

1877년 치리카후아아파치족은 물론이고 야바파이족, 웨스턴아파치족 등이 인디언 보호구역에 강제로 보내지게 된다. 이 가운데 화이트마운틴아파치족처럼 산악 생활을 오랫동안 해온 사람들에게 산칼로스 보호구역 같은 곳은 적응하기에 어려웠을 것이다.

아파치족 연구자들은 대체로 몇 가지 점에 동의한다. 아파치족의 특성이 호전적이고 유목하는 성향이 있다는 점에 대해서 말이다.

아파치족은 모든 곳을 돌아다녔고, 아무 곳에도 정주하지 않았다.[74]

유럽인들이 북미대륙에 도착하기 전에 아파치족은 푸에블로족을 공격 대상으로 삼았다. 인디언이란 용어로 다양한 부족을 지칭할 수 있지만 그들 사이에는 적대 관계의 부족도 있었다. 흥미로운 점은 유목 민족일수록 기념할 만한 역사적 유물을 남길 수 없다는 점이다. 정주 생활을 하는 푸에블로족이 수많은 거주지를 유적으로 남긴 데 반해 아파치족처럼 유목 성향이 강한 민족은 남긴 게 거의 없다. 분주한 활동만으로 역사적 흔적을 남길 수 없다는 사실은 개인과 국가 모두에게 던지는 화두가 있다. 기록의 중요성과 축적의 중요성을 다시금 생각해본다.

활동은 기억하는 사람들이 떠나고 나면 대부분은 잊히고 만다.

22

피닉스,
모던한 성장 도시

피닉스는 드넓은 사막과 황무지 위에 우뚝 서 있는 도시다. 애리조나 주도인 피닉스의 겨울 날씨는 더할 나위 없이 활동하기 좋지만 여름은 방문을 자제하라는 말을 들을 정도다. 한여름의 최고 온도가 40도를 자주 넘나든다. 몇 해 전 방문했을 때 한여름이라서 낮에 활동하기 힘들 정도였다. 그래도 날씨가 건조해 더위와 습도가 뒤섞이는 남부의 다른 주요 도시에 비해 참을 만했다. 한겨울에 피닉스를 방문한 이번 여행은 활동하기 참 좋았다. 9월과 4월 사이의 피닉스 기후는 온화하고 행사가 많다.

피닉스 인구는 현재 160만 명을 넘어섰다. 1990년과 2000년에만 인구가 45.3%나 증가했다. 1960년대 이래로 연평균 인구 증가율이 4%에 육박할 정도로 인구 증가 속도는 라스베이거스에 이어 2등 도시이며, 인구수는 미국에서 다섯 번째에 속한다. 메사, 템피, 챈들러(Chandler), 길버트(Gilbert), 스카치데일, 글렌데일(Glendale) 등의 주변 도시와 타운 등을 포함하면 피닉스의 위상을 확인할 수 있다. 피닉스 도시권(Phoenix Metropolitan Area)의 인구는 500만 명 가까이 육박하고 있으며, 애리조나 인구의 3분의 2가 이곳에 거주하고 있다.

미국 남서부 도시 성장에는 1940년대에 대중화된 에어컨이 기여한 바가 크지만 피닉스는 건조한 기후라서 에어컨보다 기차 연결과 도시 성장이 더 밀접하게 연관 있다. 1차로 1887년에 피닉스에서 남쪽으로 56km 떨어진 마리코파에 기차가 연결됐고, 2차로 1926년에 직통 철도가 피닉스에 연결됐다. 사막과 산맥으로 둘러싸여 있던 피닉스는 철도가 연결되면서 외부 세계와 한결 긴밀해지게 됐다. 현재 피닉스는 교통, 문화, 경제, 정치 등 모든 면에서 미국 남서부의 중심지 역할을 하고 있다. 피닉스는 고도 330m이지만 760~2,100m의 산으로 둘러싸여 있다. 시내는 남북으로 나 있는 센트럴 애브뉴를 중심으로 동서로 나눠지고, 동서를 관통하는 메인 스트리트를 중심으로 남쪽과 북쪽이 갈린다. 주간고속도로 10번과 17번이 시내 중심부를 둘러싸고 놓여 있다.

아파치 트레일

피닉스 같은 대도시는 둘러볼 곳이 많다. 널리 알려진 곳도 많지만 구석구석 들여다보면 더더욱 봐야 할 곳이 풍부한 데가 대도시다. 이틀 정도의 체류 시간이 주어지면 이곳에서 무엇을 하는 게 좋을까? 세 곳을 추천하고 싶다. 단연코 맨 먼저 방문해야 할 곳은 피닉스 동쪽에 위치한 아파치 트레일이다. 포장도로와 비포장도로로 구성된 75km의 시닉 드라이브 코스지만 거의 비포장도로다.

이 길이 방문객에게 제공하는 가치는 무엇일까? 피닉스 근교에서 와일드 웨스트의 다양한 풍광을 경험할 수 있다. 다시 말해 사막, 산, 호수, 계곡, 올드 웨스트 탄광과 주거지 등 다양한 풍광을 이곳에서 경험할 수 있다. 길은 어느 날부터 갑자기 생겨나지 않는다. 누군가 오가던 곳이 길이 되고, 그 길이 세월이 가면서 포장이 되고, 길다운 길로 자리 잡게 된다. 아파치 트레일은 오래전부터

아파치 트레일 시작점

이곳에 생활 터전이 있었던 아파치족이 즐겨 쓰던 길이었다.

　이 길의 시작은 900년 무렵 이곳에 주거지가 있었던 살라도 인디언으로부터 찾을 수 있다. 살라도 인디언은 이 지역의 터줏대감 역할을 하는 고도 1,910m 슈퍼스티션산(Superstition Mountain) 주변에 살면서 여러 갈래의 길을 만들었다. 사막의 겨울 주거지와 모골론 림 또는 애리조나 중부 산악 지역의 여름 주거지를 오가는 길로 이용해왔다. 그들이 떠난 이후 이곳에 들어온 종족은 공격성이 강한 아파치족과 야바파이족이다. 그들은 솔트강이나 힐라강 주변에 거주하는 인디언 부족을 습격하는 길로 활용했다. 이들의 공격은 유럽인들이 도착하는 1850년대 초까지 끈질길 정도로 계속 된다.

　미국 정부는 아파치족과 야바파이족의 공격을 분쇄하려고 솔트강 북쪽 6.4km 지점의 베르데 강가에 캠프 맥도웰(McDowell)을 1864년에 설치한다. 두 부족의 공격에 시달려오던 피마 인디언이 연방 군대에 적극 협조한다. 1868년 아파치족과 야바파이족 진압이 완료된다. 그러나 1871년부터 1886년까지 서던

아파치 트레일

애리조나에서 아파치족의 용맹한 군인 제로니모가 스켈리톤캐니언에서 항복할 때까지 또 다른 전쟁이 계속 됐다. 1905년 6월 콩코드 역마차가 이 길을 달리고, 8월이면 최초의 자동차가 이 길을 통과한다. 순수하게 아파치 트레일을 따라 이뤄지는 자동차 관광은 10월에 시작된다. 아파치 트레일이란 멋진 이름은 서던퍼시픽 트레일이 마케팅 일환으로 만들었다. 1906년부터 본격적으로 관광객들이 아파치 트레일을 찾는다. 이곳이 보존되는 데 큰 역할을 했던 시어도어 루스벨트 대통령은 아파치 트레일을 극찬했다.

아파치 트레일은 알프스의 웅장함, 로키산맥의 영광, 그랜드캐니언의 장엄함에다 그 누구도 설명할 수 없는 것을 덧붙인다. 나에게 이곳은 극도의 경외심을 느끼도

록 만들며 동시에 가장 숭고하고 아름다움 주는 곳이다.[75]

아파치 정션(Apache Juction)이 출발점이지만, 이 명칭은 메사의 동쪽에 있는 소도시 이름이라서 방문객 입장에서는 아파치 트레일의 출발지를 찾는 일이 쉽지 않다. 지도로 보면 노스 아파치 트레일과 아파치 트레일이 교차하는 곳에서 웰컴 사인을 확인할 수 있다. 이곳에서 노스 아파치 트레일 즉, 애리조나 88번 도로를 따라가면 곧바로 여행을 시작할 수 있다.[76] 통상 아파치 트레일은 애리조나 88번에 해당한다. 피닉스 우측에 위치한 도시 메사의 오른쪽 끝을 출발해서 루스벨트 호수까지를 말한다. 3가지를 선택할 수 있는데 방문객의 형편에 따라 고르면 된다.

슈퍼스티션산

토틸라 플랫

첫 선택은 아파치 정션부터 시작해 포장도로로 27km 떨어진 토틸라 플랫 (Tortilla Flat)까지 가는 것이다. 우측으로 슈퍼스티션산을 끼고 달리는 드라이브 코스다. 피닉스를 방문하는 사람이라면 꼭 들러야 한다. 이곳까지 와서 여기를 놓치고 간다면 진짜 안타까울 것이다. 시시각각 색을 달리하는 슈퍼스티션산은 대체로 붉은색에 가깝다. 짙은 푸른색 하늘에다 수직으로 솟은 크고 작은 바위 절벽이 군집을 이룬 산은 멀리서 보는 것만으로도 장관이다. 계절에 따라 색이 달라지지만 초록색 평원은 사와로와 갖가지 야생화로 가득하다. 때 묻지 않은 서부 시대의 자연 모습을 그대로 담고 있다.

오른쪽으로 슈퍼스티션마운틴박물관과 로스트더치맨박물관을 만날 수 있

캐니언 호수

다. 서부 시대의 모든 것을 볼 수 있는 곳이다. 평생 금광을 발견하는 데 인생을 걸었던 로스트 더치맨(Lost Dutchman)이 비밀에 부친 채 떠나버린 금광 이야기는 오늘을 사는 사람들의 가슴을 두근거리게 한다. 오른쪽으로 서부 시대의 건물을 아주 잘 보존해서 테마 공원으로 만든 골드필드 고스트타운(Goldfield Ghost Town)도 들러볼 만하다. 서부 시대의 마을 분위기를 물씬 느낄 수 있다. 오른편으로 슈퍼스티션산의 아름다운 풍광을 시간을 두고 음미할 수 있는 로스트 더치맨 주립공원도 사람들이 즐겨 찾는 곳이다. 다양한 지층과 암석으로 둘러싸인 캐니언 호수가 왼편으로 펼쳐질 것이다. 직선거리로 16km, 해안선 길이로 45km나 될 정도로 캐니언이 길다. 곳곳에 주차할 수 있는 공간이 있으니 캐니언을 중심으로 파노라마처럼 펼쳐지는 장면을 놓치지 않아야 한다. 길게 펼쳐진 호수를 따라서 꼬불꼬불한 80번 도로로 운전하는 내내 저 멀리 펼쳐지는 호수와 함께하게 된다.

공식적으로 6명의 주민이 사는 작은 마을인 토틸라 플랫에서 8km 더 들어가면 포장도로가 끝난다. 토틸라 플랫은 아파치 트레일을 따라 마지막으로 남은 마차 정거장이다. 올드 웨스트 타운을 모방한 건물에서 휴식을 취한 다음 다시 출발할 수 있는 괜찮은 곳이다.[77]

이곳에는 넓은 주차 공간은 물론이고 카페 등 위락 시설을 잘 구비해놓았다. 대다수 방문객은 이곳에서 다시 돌아가는 길을 택한다. 만일 여러분이 약간의 용기가 있고, 시간 여유가 있으며, 비경을 탐구하고야 말겠다는 열망이 있다면 비포장도로로 들어설 일이다. 이후부터 최대 속도 24km를 제한하는 도로임을 명심한다. 토틸라 플랫에서 포장도로가 조금 더 계속 되는데, 토틸라 플랫에서 8km 떨어진 874m의 호스 메사 비스타(Horse Mesa Vista)까지 도전할 수 있다. 위치가 가장 높은 덕에 슈퍼스티션의 산봉우리 4개와 계곡 풍경을 볼 수 있다. 그야말로 압권이다.

토틸라 플랫부터 루스벨트 호수까지

다음 선택은 내친김에 토틸라 플랫부터 비포장도로이자 상당한 험로로 46km를 운전해서 루스벨트 호수까지 가는 방법이 있다. 이 길을 선택하면 피닉스까지 가는 데 온전히 하루를 투자해야 하고 좁은 험로를 따라 절벽 길 운전을 해야 하는 리스크를 안아야 한다.

토틸라 플랫을 출발하고 난 다음부터 깊은 산속을 들어가듯 나아가게 된다. 하지만 일부에서 우려하는 것처럼 길 상태가 나쁜 것은 아니다. 오히려 포장되지 않은 길을 이처럼 평평하게 다듬어놓았을까라는 생각이 들 정도다. 공식적으로 사륜구동이 아니라도 안전운전을 하면 문제가 없다고 권고하지만 비포장도로는 가능한 사륜구동이 안전하다.

핏빛 같은 황톳길을 운전하다 보면 험준한 산맥과 계곡이 왼편으로 펼쳐진다. 아파치 정션을 출발한 사람의 입장에서 계곡 쪽이 아니라 산 쪽으로 붙어

피시 크리크

서 운전해야 하니 두렵다. 길이 험하다지만 절경을 보는 인파가 적지 않아 차량 통행이 한산하지는 않다. 토틸라 플랫에서 11km 떨어진 피시 크리크 힐(Fish Creek Hill)은 운전하기 가장 힘든 곳이지만 가장 아름다운 곳으로 통한다.[78] 이곳에서 짧은 시간 안에 무려 457m의 고도로 내려가게 된다. 경사도가 10%이니 1906년 이래로 자동차의 성능 테스트 장소로 유명하다.

　내리막길로 들어서다 보면 왼편으로 또다시 길게 호수가 그 모습을 드러내다가 마침내 협곡을 가로막고 우뚝 서 있는 거대한 댐이 나타난다. 루스벨트 댐이다. 이 댐은 일반인이 댐 근처에서 관찰할 수 있는 기회를 허락하지 않는데, 그나마 아파치 트레일을 따라가는 길에 갓길 주차를 하고 먼발치에서 카메라로 담을 수 있다. 차량 통행을 통제하는 철제 문 앞까지 접근할 수 있다. 깎아지르는 듯한 솔트강의 캐니언을 따라 루스벨트 댐의 정면을 볼 수 있다. 이곳에

US 웨스트 60 전경

서 다시 포장도로인데, 진행하면서 길가 주차장을 이용해 댐을 더 가깝게 바라
볼 수 있다. 더 진행하면 루스벨트 호수 브리지뿐 아니라 댐의 후면을 감상할
수 있는 널찍한 주차 공간을 만날 수 있다. 이곳은 톤토 분지나 루스벨트 호수
방문객이라면 쉽게 들를 수 있다. 두 곳 모두 아파치 트레일이 아니면 카메라에
제대로 담을 수 없다.

　세 번째는 글로브에서 피닉스로 진입하는 사람들이 선택할 수 있는 길이
다. 글로브에서 피닉스로 진입하려면 US 웨스트 60번 도로를 이용하게 되는데
59km에 이르면 플로렌스 정선을 만난다. 이곳에서 우회전하면 특별한 경험을
할 수 있다. 좌측으로는 민가들이 줄을 잇고 우측에는 사와로들이 늘어서 있
다. 사와로 숲 너머 슈퍼스티션산의 남쪽 면을 바라볼 수 있다. 이 길로 25km
달리면 아파치 트레일의 출발점인 아파치 정선을 만나게 된다.

아파치 트레일을 종합해보면 슈퍼스티션을 둘러싸고 놓인 도로를 도는 드라이브 길이다. 아파치 정션에서 출발하는 원래의 아파치 트레일(포장도로 27km+비포장도로 46km), 루스벨트 호수부터 글로브까지 49km, 글로브에서 플로렌스 정션까지 59km, 플로렌스 정션에서 아파치 정션까지 26km다. 슈퍼스티션산을 둘러싸고 도는 거리는 총 길이가 207km다. 온전히 하루를 투자할 만큼 가치가 있다

피닉스아트박물관

피닉스에서 한 군데의 박물관을 가야 할 시간밖에 남지 않았다면 피닉스아트박물관(Phoenix Art Museum)을 두말 않고 선택할 것이다. 피닉스아트박물관보다 훌륭한 컬렉션을 갖춘 박물관은 많지만 피닉스가 그 어떤 다른 박물관보다 압도적인 우위를 차지하는 분야가 있다. 미국 서부 컬렉션(Western American Collection)은 단연 독보적이다.

몇 해 전 피닉스아트박물관에서 경험했던 개척기 서부의 일상과 서부의 장엄한 자연 풍광을 담은 그림은 미국의 구석구석에 관심을 갖기 전에도 감동으로 다가왔다.

18~19세기 미국 서부의 일상이나 자연 풍광을 담은 작품은 형식 면에서 유럽의 사실주의나 초기 인상주의에서 영향을 받거나 모방하는 경향이 있다. 그럼에도 미국만의 특별한 그 무엇이 있다. 피닉스아트박물관만의 특별한 그 무엇을 담고 있다는 점에서 아무리 높게 평가해도 지나치지 않다.

미국 서부의 풍경을 화폭에 담아낸 앨버트 비어슈타트(Albert Bierstadt, 1830~1902), 카우보이와 인디언 소재로 삼았던 프레더릭 레밍턴(Frederic Remington, 1861~1909), 뉴멕시코 타오의 푸에블로 인디언의 일상을 주로 다룬 어니스트 블루멘셰인(Ernest Leonard Blumenschein, 1874~1960)과 월터 어프(Walter Ufer, 1876~1936), 뉴멕시코 타오의 풍경을 담은 어니스트 헤닝스(Ernest martin Hennings, 1886~1956), 서부의 일상과 카우보이를 다룬 메이날드 딕슨

(Maynard Dixon, 1875~1946), 애리조나의 사막 풍경을 담은 애리조나 출신의 에드 멜(Ed Mell) 등의 작품을 만날 수 있다.

서부의 장엄한 풍광을 형상과 빛과 색상의 조합으로 캔버스에 옮긴 예술가의 작품은 깊은 감동을 주기에 부족함이 없다. 게다가 서부 개척기를 전후해 카우보이와 인디언의 일상을 담은 작품은 사진이 제공할 수 없는 울림을 준다. 역사의 경험이 생생한 상태에서 만나는 피닉스아트박물관의 미국 서부 컬렉션은 동부의 박물관에서 간간이 만나는 것과 다를 것이다.

피닉스아트박물관은 붐비지 않고 편안하다. 서둘지 않은 방문객에게 특별한 만남의 기회를 제공하는 곳이다.

스카치데일 아트 디스트릭트

스카치데일(Scottsdale)은 고급스러운 도시이자 기품 있는 도시로 통한다. 부유한 은퇴자들이 선호하는 도시 가운데 하나이자 미국에서 1인당 스파 리조트 수가 가장 많은 도시이기도 하다. '서부에서 가장 서부적인 마을(The West's Most Western Town)'이라는 별칭으로 불린다. 애리조나에서 소득 수준이 가장 높다.

미국의 다른 부촌에 비해 어느 정도의 위상을 차지하고 있을까? 미국 내에서 중간 규모의 지역 가운데 소득이 가장 높은 도시는 버지니아주 엘링턴과 알렉산드리아다. 그다음으로 손꼽히는 곳이 텍사스주 우드랜즈와 애리조나주 스카치데일이다.[79]

올드타운 스카치데일(Old Town Scottsdale)에는 유명한 아트 디스트릭트(Arts Districts)가 있다. 공항에서 가까운 스카치데일의 예술 거리는 방문해볼 만하다. 그동안 방문했던 여러 예술 거리 가운데서 관리가 아주 잘 되는 장소다. 회랑을 따라 군데군데 벤치가 놓여 있고 다양한 예술 장르를 다루는 100개 이상의 갤러리가 밀집돼 있다. 덕분에 편안하게 그림과 조각 등 예술품을 구경할 수 있다.

창조나 혁신에 열의를 가진 사람이라면 타인이 만들어낸 창작품이 일종의 인풋 역할을 할 수 있다. 따라서 창의적인 예술품을 본다는 것은 곧바로 자신

스카치데일 아트 디스트릭트

이 만들어내는 것에 에너지를 공급하는 것과도 같은 일이다. 이런 점에서 배경이 다양한 예술가의 성역 없는 상상력의 결실을 보는 일은 강력한 자극이자 풍부한 에너지의 원천이 된다.

아트 디스트릭트에는 2015년 문을 연 멋진 박물관이 자리 잡고 있다. 개관한 지 2년이 채 되지 않는데도 두각을 드러내고 있다. 짧은 시간에 서부에 관한 박물관 중 국제적 명성을 얻을 수 있을 정도로 성공적인 데뷔를 한 '웨스턴

데저트 보태니컬 가든

스피릿: 스카치데일서부박물관(Western Spirit: Scottsdale's Museum of the West)'
이다.[80] 서부의 예술, 문화, 역사가 융합된 새로운 스타일의 박물관이다.

서부 시대를 떠올리는 대표 물건을 아주 체계적으로 정리해놓았다. 아베 헤이 가족(Abe Hays Family)이 심혈을 기울여 모은 서부 시대의 물건이 '서부 정신 컬렉션'이란 이름으로 박물관에 대여돼 전시되고 있다. 안장, 말발굽, 말굴레, 보안관 배지, 카우보이 가죽 바지, 카우보이모자, 칼, 칼집, 권총집, 방아쇠, 수갑 등을 볼 수 있다. 각 아이템은 최소 30개 이상, 총 1,400개 아이템으로 구성된 컬렉션이다. 서부를 돌면서 이곳저곳에서 허름한 상태로 조금씩 본 게 이곳에 일목요연하게 정리돼 있다. 아베 헤이는 스카치데일에서 애리조나 웨스트 갤러리 창업자이자 수집가로 성공한 인물이다.

옛 물건을 전시할 뿐 아니라 서부 시대를 다룬 영화나 그림, 조각 등도 수집해놓았다. 조지 오키프(George O'Keefe)와 알렌 하우저(Allen Houzer), 카우보이 예술가이자 작가인 윌 제임스(Will James, 1892~1942)의 그림은 물론이고 청동 조각가로 유명한 존 콜먼(John Coleman)과 에릭 피터슨(Eric Peterson)의 귀한 조각품을 직접 만날 수 있다.

데저트 보태니컬 가든

공항에서 불과 6.4km 떨어져 있는 데저트 보태니컬 가든(Desert Botanical Garden)을 잊지 않고 들러야 한다. 1939년 세워져 5만 5,000여 종의 식물을 갖춘 이곳은 선인장의 모든 것, 한 걸음 나아가 사막 식물의 모든 것을 갖춰놓았다. 관람료와 투입하는 시간 대비 가치 제공이란 면에서 뛰어난 식물원이다. 하루에 43만 대의 비행기가 이착륙하면서 1년에 45만 명의 탑승객이 오가는 공항 바로 곁에 식물원을 지은 기업가의 안목이 놀랍다. 그런 결정을 했을 때가 1939년이라고 하니 더더욱 놀랍다. 사업에서 특히 '위치, 위치, 위치'라고 부를 만큼 입지 조건이 중요한 게 상가와 위락 시설인데, 이런 점에서 데저트 보태니컬 가든은 입지 조건이 탁월하다.

구석구석 들여다본 애리조나

애리조나는 마흔여덟 번째로 미국의 주로 편입됐으며, 미국 내에서 여섯 번째로 큰 주다. 서쪽으로는 캘리포니아, 동쪽으로는 뉴멕시코, 북쪽으로는 유타, 네바다, 콜로라도, 남쪽으로는 멕시코 등과 접하고 있다. 넓이는 29만 5,254km²로 한반도의 2.94배에 이르며 길이는 645km, 폭은 500km에 달한다. 애리조나 하면 그랜드캐니언과 사와로, 뜨거운 사막을 연상하지만 북부는 콜로라도고원으로 고원지대의 폰데로사소나무 등과 같은 침엽수림을 만날 수 있다. 중부는 중간지대, 남부는 소노라 사막으로 대표되는 사막과 분지 지형으로 이뤄져 있어 다양한 식생과 자연환경을 만날 수 있다.

역사적으로 애리조나는 오랜 세월 동안 호피, 주니, 호호캄, 고대 푸에블로족의 활동 무대였다. 이곳을 방문한 최초의 유럽인은 1539년 스페인 신부 마르코 데 니자(Marcos de Niza, 1495?~1558)다. 그를 따라 금을 찾는 사람들과 많은 신부가 애리조나 땅을 밟았다. 결국 스페인은 1752년 투손 남쪽으로 48마일 떨어진 투박에, 1775년 투손에 영구 정착지를 마련하기 시작한다.

1821년부터 애리조나는 스페인 제국으로부터 독립을 쟁취한 멕시코 땅이었다. 당시 멕시코는 오늘날 캘리포니아, 애리조나, 뉴멕시코, 콜로라도, 텍사스 등에 걸쳐서 광대한 땅을 차지하고 있었다. 미국은 정착민과 무역로를 보호하려고 1840년대 중반 캘리포니아를 매입할 의사를 멕시코 측에 밝히지만, 멕시코의 허락을 얻어내지 못한다. 미국 정부는 멕시코 정부가 계속 교섭을 거부하는 상황에서 무력 개입이 불가피하는 판단을 내린다. 애리조나가 미국 땅으로 편입된 시기는 멕시코-미국전쟁에서 미국이 승리하면서 가능했다. 과달루페이 달고조약(1848)에 따라 애리조나와 뉴멕시코 영토를 차지한다. 이 조약으로 오늘날의 캘리포니아, 콜로라도, 네바다, 유타 등이 미국 영토로 편입되면서 미국은 한반도의 15배에 달하는 영토를 확보한다. 1853년에는 미국 남부를 관통하는 대륙횡단철도를 건설하려고 투손을 포함하는 애리조나 남부 땅을 멕시코로부터 사들인다. 개즈던 매입에 따라 애리조나 남부 지역이 미국 영토에 포함된다. 애리조나는 1863년 2월 24일 링컨 대통령에 의해 '애리조나 준주(Territory of Arizona)'로 인정받기 이전까지 뉴멕시코 준주의 한 부분이었다.

애리조나의 초기 정착민들은 모르몬교 출신의 개척민들과 금·은·구리를 찾으려는 탐사자와 광부들이 주를 이뤘다. 특히 유타 지역의 모르몬교도들이 북부 애리조나에 진출한 시기는 18세기 중엽부터 1900년 초반이다. 조직적이면서도 적극적으로 개척지를 개발하는 데 나선 시기는 1873년부터 1890년까지다. 리틀콜로라도강을 따라서 건설된 요셉시티, 세인트존스, 스노플레이크, 우드러프, 테일러; 쇼 로 등이 모르몬교가 개척한 곳들이다.

1864년을 전후해 프레스캇을 중심으로 하는 애리조나 중부 지역에 골드러시가 있었다. 1870년대는 툼스톤을 중심으로 하는 애리조나 남부 지역에 은광러시가 있었다. 이어서 1880년대 후반에는 비스비, 제롬, 글로브 등을 중심으로 구리광산 붐이 일어난다. 돈을 쫓아 수많은 사람이 몰려들게 되자 애리조나는 18세기와 19세기 와일드 웨스트의 전형적인 모습을 갖췄다. 일확천금을 꿈꾸는 탄광 탐험가, 광부, 투기꾼, 도망자 등이 부지런히 몰려들자 불법, 탈법, 투기, 결투, 음주, 카우보이 등으로 차고 넘쳤다.

그 시대의 애리조나는 개척민들과 아메리칸인디언 특히 아파치족의 습격으로 기습 공격과 살해가 그치지 않던 곳이었다. 미국 인디언전쟁은 1622년부터 시작되지만 본격적인 충돌은 1755년부터 1918년까지 이어지는데, 아파치족의 전설적인 전사 제로니모가 항복한 1886년 이후에 충돌은 현저히 줄어든다. 그러나 간헐적인 습격은 20세기 초까지 있었다.

애리조나가 주로 정식 인정을 받은 시점은 1912년 2월 4일이다. 애리조나의 영토 가운데 4분 1이 아메리칸인디언 보호구역에 속하며 연방정부로부터 인정받은 27개의 인디언 부족이 자리 잡고 있다. 애리조나의 초기 역사에서 철도 연결은 대단히 중요하다. 애리조나는 산과 사막으로 둘러싸여 있어 고립을 피하기 힘든 지정학적인 특징을 갖고 있다. 이를 극복하도록 도와준 게 기차다. 중요 철도 노선은 캘리포니아를 출발해 애리조나의 서부 변경 도시인 유마를 거쳐 남부 도시인 투손을 경유한다. 다른 하나는 뉴멕시코주 주도인 산타페를 출발해 북부 도시 플래그스태프에서 캘리포니아로 연결되는 북부를 관통한다. 이를 근간으로 광산 도시를 연결하는 지선 철도가 그물망처럼 촘촘하게 깔리면서 애리조나는 발전하는 계기를 잡는다.

애리조나의 초기 성장을 이끌었던 산업은 일명 5C 산업이라 불리는 것이다. 구리, 면화, 목축, 감귤, 기후다. 이 가운데 구리 생산량은 지금도 미국 전체의 65%를 차지하고 있다. 애리조나광산협회에 따르면, 애리조나의 광산업은 여전히 42억 9,000만 달러와 직접 고용 기회 1만 2,000개, 간접 고용 기회 3만 1,800개를 제공하고 있다.[1]

애리조나의 관광 산업은 뛰어난 자연 경관과 우호적인 날씨 덕분에 미국 국내는 물론이고 전 세계로부터 많은 사람을 끌어들이고 있다.[2] 관광객 수는 연평균 4,500만 명이며, 직접 지출 규모만 하더라도 227억 달러(2017년 기준)에 달한다. 미국인이 가장 많이 방문하는 순서로 보면 캘리포니아, 플로리다, 네바다 등을 이어서 애리조나는 8위다.[3] 외국인이 가장 많이 방문하는 순서로 보면 애리조나의 관광 자원에 비해 실력을 충분히 발휘하지 못하고 있다. 애리조나의 훌륭한 자연 풍경은 상대적으로 덜 알려져 있고 그 가치를 덜 인정받고 있다. 결과적으로 방문객 수는 뉴욕, 플로리다, 캘리포니아 등에 이어 12위다.[4]

현재 애리조나의 인구는 720만 명(2018년 기준)에 육박한다. 인구 증가수 기준으로 보면 텍사스, 플로리다, 캘리포니아에 이어 네 번째로 인구 유입이 많다.[5] 366만 명의 인구(1990)가 513만 명(2010)까지 급증해온 추세를 보면 주별로 치열하게 전개되는 인구 유입 경쟁에서 애리조나는 오랫동안 승리를 거둬왔음을 알 수 있다. 인구 유입 경쟁은 발로 뛰는 투표와 같다. 일자리 창출 능력과 미래 가능성, 생활의 질 등을 고려한 다음 사람들이 주거지를 결정하니 매우 중요한 지표다. 애리조나 인구 가운데 다수는 피닉스와 투손 주변에 거주하고 있다. 474만 명(2017년 기준)이 거주하는 피닉스 도시권과 100만 명의 투손 도시권을 더하면 애리조나 인구의 81% 이상이 두 지역에 거주하는 것이다.[6,7] 경제 활동 가운데 88%가 두 지역에서 이뤄지고 있다. 피닉스 도시권에만 국한하면 인구의 67%가 산다. 그 밖에 주요 도시인 유마, 킹맨, 플래그스태프, 레이크 하바수시티, 시에라 비스타, 프레스캇, 더글러스가 차지하는 인구 비중과 경제 활동 비중은 각각 19%와 12%다.

애리조나의 현재를 이해하는 또 하나의 중요 지표는 경제 규모와 성장률이다. 각각 3,410억 달러와 2.6%나 된다(2017년 기준). 경제 규모는 싱가포르, 홍콩, 말레이시아와 비슷한 수준을 유지하고 있으며, 한국의 5분의 1을 조금 넘는다. 4년 동안 농업 부문을 제외한 일자리 창출 속도(nonfarm job creation)는 연평균 2.5~3.2%를 기록함으로써 미국 주 가운데 7~8위를 기록하고 있다.[8] 상위 10개 주 가운데 8개가 유타, 네바다, 아이다호 등과 같은 서부 지역에 속한다.

애리조나가 미국의 수출에서 차지하는 비중은 1.3~1.5%다.[9] 애리조나의 수출 의존도는 주의 총생산액 중 7.8%다. 애리조나의 주요 수출 시장에서 멕시코와 캐나다가 차지하는 비중은 각각 36%와 10%이며 중국, 영국, 일본 등이 뒤를 잇고 있다. 애리조나의 주요 수출품을 살펴보는 일은 현재의 애리조나의 주력 산업 구조를 이해하는 데 도움을 줄 것이다. 항공기 엔진 및 부품, 구리, 반도체 프로세스와 컨트롤러, 반도체 기타 부품, 광산용 화약, 사무용품, 반도체 장비, 모뎀, 전기 플러그 및 소켓, 천연 가스 등이다. 주요 수출 기업으로는 반도체 기업들인 마이크로칩 테크놀로지(Microchip Technology), 암코 테크놀로지(Amkor Technology), 온 세미컨덕터(ON Semiconductor)와 태양광 업체인 퍼스트 솔라(First Solar), 트럭 적재 관련 업체인 나이트-스위프트 트랜스포테이션(KNIGHT-SWIFT TRANSPORTATION), 기술 회사인 인사이트 엔터프라이즈(INSIGHT ENTERPRISERS), 광산업체인 프리포트-맥모런(Freeport McMoRan) 등이 상위를 차지하고 있다. 이를 미뤄보면 애리조나가 반도체를 비롯한 정보통신 분야의 기업을 상당 부분 유치하고 있음을 알 수 있다.

애리조나의 중심인 피닉스 도시권의 성장은 주목할 만하다. 2010년 이래로 이 지역에서 평균 주택 가격은 50% 정도 상승했으며, 임금도 25% 정도 올랐다.[10] 피닉스 도시권은 현재 에버넷(AVNET), 프리포트-맥모런, 리퍼블릭 서비스(REPUBLIC SERVICES), 인사이트 엔터프라이즈, 마젤란 헬스(MAGELLAN HEALTH), 온 세미컨덕터 등 6개의 포춘 500에 속하는 기업의 본사가 있다.[11] 그밖에 11개의 포춘 1000 기업들의 본사가 있는 곳이기도 하다.[12]

샌프란시스코나 텍사스주 오스틴에 비할 바는 아니지만 피닉스는 스타트업이 자리 잡기 좋은 환경을 가진 곳으로 주목받기 시작했다. 스타트업의 양호한 사업 환경을 가진 조사 대상 50개 도시 중 피닉스 지역은 11위로 선정됐다.[13] 피닉스 다운타운에 본사를 둔 테크 회사들의 숫자는 2012년 67개에 불과했지만 지금은 300개를 넘어섰다.[14]

애리조나의 불법 체류자들은 2010년에 최소한 36~40만 명으로 추정됐지만 최근 이 수치는 크게 증가했다.[15] 미국 이민위원회 추계치에 따르면, 애리조나의 불법 체류자는 2017년을 기준으로 91만 4,400명으로 애리조나 인구의 13.4%를 차지할 정도로 심각한 도전 과제다.[16] 애리조나가 멕시코와 접하고 있는 국경선의 길이는 595km다. 미국 불법 이민자 가운데 47%가 애리조나-멕시코 국경을 통해 미국으로 들어오고 있다.[17] 2001년부터 2010년까지 애리조나의 국경을 넘는 불법 이민자 수는 매일 1,374명꼴이었고, 1996년부터 2010년까지 애리조나 불법 외국인은 213%가 늘어났다. 미국의 여러 주 가운데서 불법 이민자 문제로 크게 고심하는 주가 애리조나다.

한편 애리조나는 보수주의 정치 이념의 상징적인 인물이자 1964년 공화당 대통령 후보이기도 했던 배리 골드워터 상원의원이 태어난 곳이다. 애국심이 우리에게 어떤 것인지 온 몸으로 보여주는 삶을 살았던 상원의원이자 2008년 미국 공화당 대통령 후보였던 존 시드니 맥케인 3세(John Sidney McCain III, 1936~2018) 상원의원을 낳은 주이기도 하다.

들어가며

1 베르나르 앙리 레비(Bernard-Henri Levy) 지음, 《아메리칸 버티고(American Vertigo): 베르나르 앙리 레비의 미국여행기》, 김병욱 옮김, 황금부엉이, 2014년 5월.

2 국가기념물은 영구 보존을 위해 국가적으로 중요한 자연물이나 인공물을 대상으로 지정된다. 국립공원은 미국 의회가 공원을 지정하는 법안을 통과시키는 과정을 통해 가능하지만 국가기념물은 미국 대통령 즉, 행정부 수장의 결정에 의해 지정될 수 있다. "What is a National Monument?", 2017.5.3. www.npca.org/resources/3202-what-is-a-national-monument

PART 1 애리조나 남부

1 자칫 '사구와로'로 읽기 쉽지만 현지인들은 '사와로(Sa-WAH-ro)'로 부른다.

2 이동 거리를 줄이려고 직항 편이 있는 샌프란시스코에서 국내선을 갈아탄 다음 피닉스로 출발점을 삼았다. 직항 편이 있는 로스앤젤레스나 라스베이거스에서 시작해도 좋다. 무거운 짐을 들고 국내선을 갈아타는 일이 여간 번거롭지 않다.

3 사와로 안내 브로슈어: *Your Guide To Saguaro National Park, Arizona*, National Park Service U.S. Department of the Interior, 2016.

4 National Geographic Society, *Guide to National Parks of The United States*, 8th Edition, 2016.

5 Forrest Shreve, "The Saguaro, Cactus Camel of Arizona," *National Geographic*, December 1945.

6 암각화는 크게 바위 표면을 깎아서 만든 것과 그림을 그린 것 2종이 있다. "Signal Hill Petroglyphs", *Resource Brief Tucson Mountain District*, Saguaro National Park Cultural Resources, January 2018.

7 구글 맵에 Signal Hill Picinic Area를 입력하면 정확하게 트레일을 시작해야 할 지점까지 여러분을 안내할 것이다. Signal Hill Rd, Tucson, AZ 85743

8 국립공원 지도뿐 아니라 여행 중에 트레일(Trail)이란 용어를 자주 만날 수 있다. 사람이 다니는 포장되지 않은 길을 뜻하지만 대개 하이킹 트레일을 가리킨다. 제주도의 올레길은 제주도 트레일에 해당한다.

9 "Plant Fact Sheet: Saguaro Cactus," Arizona-Sonora Desert Museum.

10 브렌다 Z. 기버슨(Brenda Z. Guiberson), 《선인장 호텔(Cactus Hotel)》, 이명희 옮김, 마루벌, 1995년 9월.

11 선인장을 지칭하는 캑터스(cactus)는 스웨덴 식물학자 칼 폰 린네(Carl von Linné, 1707~1778)가 그리스어 칵토스(kaktos)를 사용하면서 만들어지게 된다. 유일한 자생지는 북미 아메리카 대륙이다. 나머지 지역은 새나 해안에 밀려온 선인장이 자라면서 서식이 가능하게 됐다. 김유진(국립생태원 온실식물부 계장), "새들아 들어와서 편히 쉬어라, 선인장은 사막의 아파트", 〈한국일보〉, 2017년 9월 30일.

12 사와로 국립공원 서쪽은 2만 4,000에이커, 동쪽은 6만 7,000에이커, 투손산 공원은 2만 에이커에 이

른다. 투손산 공원을 운영한 시점은 1924년 4월부터다. 운영 주체는 피마 카운티공원위원회다.

13 생물의 분류 체계를 가장 낮은 단계부터 높은 단계로 정리하면 종(speices), 속(genus), 과(family), 목(order), 강(class), 문(phylum), 계(kingdom)다.

14 National Geographic Society, *Guide to National Parks of The United States*, 8th Edition, 2016.

15 소노라사막박물관 사이트는 다음과 같다. www.desertmuseum.org

16 뉴욕 출신인 윌리엄 카는 고등학교를 졸업하지 않고 1919년부터 미국자연사박물관에서 일한다. 박물관으로부터 자연 트레일과 베어 마운트 브랜치를 위한 동물 주거지를 배치하도록 요구받았을 때, 교육을 담당하는 부(副)큐레이터였다. "William Carr Dies in Tucson," *New York Times*, October 28, 1985.

17 국가 차원에서 회원들의 회비나 정부 지원에 의존하지 않고 숲의 보존과 관련된 조직으로서 유일한 비영리 단체다. 숲 교육과 연구 지원은 찰스 래스롭 팩(Charles Rathlop Pack)이 설립한 신탁 자금에서 한다. "MS 0640 Pack Family Papers, 1864-1953," Arizona Historical Society. www.arizonahistoricalsociety.org

18 사와로 안내 브로슈어는 다음을 참조한다. *Your Guide To Saguaro National Park, Arizona*, National Park Service U.S. Department of the Interior, 2016.

19 Michael Colaianni, "Arizona Sonora Museum volunteers reflect on 10,000 hours of service," KOLD NEWS 13, August 8, 2018.

20 "Movies/Television Productions Filmed at Old Tucson Studios," http://oldtucson.wpengine.com

21 데이비드 옛만(David Yetman)은 피마 카운티 감독관(Pima County Board of Supervisors, 1977~1988 재임)에 선출돼 공직자로서 공공 토지와 환경 보호에 기여했다. 공직을 떠난 후 투손오듀본소사이어티(Tucson Audubon Society)의 디렉터로도 활동했다. 1992년에는 애리조나대학 남서부센터에서 연구원으로 활동했다. 투손오듀본소사이어티는 1949년 새를 사랑하는 25명에서 시작된 비영리 단체다. 이 단체는 새의 서식지를 보호하기 위한 활동을 하며 지금도 왕성한 활동을 하고 있다. 미국에서 오듀본소사이어티의 시작은 조류학자이자 화가였던 존 제임스 오듀본(John James Audubon, 1785~1851)이 1905년 오듀본소사이어티를 결성하면서부터다. 켄터키주에 오듀본 기념 주립공원이 있다. "David Yetman West Trailhead," 피마 카운티 https://webcms.pima.gov http://tucsonaudubon.org/

22 "David Yetman Trail," *Arizona Hiking*, December 19, 2016.

23 "Soran Desert Voices: David Yetman, borderlands scholar, University of Arizona," www.youtube.com/watch?v=BvMn_iBdzZw

24 대륙횡단철도 건설에서 난공사 구간은 시에라네바다산맥을 넘어서는 가파른 구간이다. 이구한 지음, 《이야기 미국사》, 청아출판사, 2001년 4월.

25 Kevin EuDaly, Mike Schafer, et al. *The Complete Book of North American Railroading*, Voyageur Press, September 2016.

26 빌 브라이슨(Bill Bryson), 《빌 브라이슨 발칙한 미국 횡단기(The Lost Continent)》, 권상미 옮김, 21세기북스, 2009년 10월.

27 스테이지코치(Stagecoach)는 우편물, 화물, 승객 등을 실어 나르는 수송 기관이다. 스테이지는 노선상

에 있는 정류소 즉, 스테이지(stage) 또는 스테이션(station) 사이의 거리를 가리킨다. Bob Ring, "The History of Stagecoaches in Tucson, Arizona," August 2012, http://ringbrothershistory.com

28 Thomas H. Peterson, Jr. "The Tombstone Stagecoach Line, 1878-1903: A Study in Frontier Transportation," The University of Arizona, 1968.

29 1887년 뉴욕 센트럴 정거장을 거치는 기차 중 가장 빠른 기차는 평균 40마일(64km)을 넘지 않았다. 미국 내 어떤 기차라도 평균 속도가 53마일을 넘어서지는 않았다. 1880년대 미국의 전국 평균은 승객용 기차 20~30마일, 화물용 기차 15~20마일로 추정된다. 기차의 속도를 올리면 연료비와 위험이 증가하므로 경영자는 물론이고 화주, 승객 모두 느린 속도를 받아들이는 게 19세기의 분위기였다. 철도회사 입장에서 독점 사업이라 속도에 대한 압박감이 거의 없었다. 그럼에도 이 속도는 1850년대 중반 뉴욕 기차의 평균 속도 12마일보다 크게 나아진 수치다. John H. White, Jr., *A History of the American Locomotive: Its Development: 1830-1880*, Dover Publications, Jan. 1980.

한편 1869년 5월 17일 자 센트럴퍼시픽철도회사의 열차 운행 스케줄을 바탕으로 필 섹톤(Phil Sexton, 캘리포니아 주립공원 해설사)이 분석한 결과는 당시 상황을 이해하는 데 도움을 준다. 캘리포니아주 새크라멘토 출발을 중심으로 보면 서쪽 도시를 목적지로 한 열차 속도는 16마일(25.6km), 산악 지역이 있는 동쪽 도시를 향한 열차 속도는 13마일(20.8km)로 추산한다. 사막 같은 평지를 달리면 28마일(44.8km) 정도로 추계하고 있다. www.quora.com/How-fast-did-trains-go-in-the-1870s

30 "Rialto: A History," www.rialtotheatre.com/history

31 포트 후아추카에 몬순 시즌이면 장대비와 함께 천둥과 번개가 동반할 때가 많다. 후아추카는 천둥의 장소(place of thunder)를 뜻한다. 어원은 후아추카 산악 지역에 있었던 피마 마을(pima village)에서 비롯됐다.

32 1886년 넬슨 A. 마일스(Nelson A. Miles)는 포트 후아추카를 제로미노를 붙잡는 전초기지로 지정하고 제로니모 체포 작전의 보급 기지로 활용하게 된다. www.youtube.com/watch?v=rK4tK8dSiGw

33 1877년부터 1881년까지 후아추카 기지를 지휘했던 사무엘 위트사이드(Samuel M. Whitside)는 포트 후아추카의 군사기지로서의 전략적 가치를 높게 평가했다. "이 기지는 영구적인 군사기지로 바람직한 모든 것을 갖추고 있다. 모든 측면에서 이제까지 존재했던 애리조나 남부의 군사기지 가운데 가장 바람직한 곳이다."

34 The Natural Attractions near Fort Huachuca Sierra를 방문하면 포트 후아추카 부근의 명소 정보를 구할 수 있다. www.mwrhuachuca.com

35 NPS의 Discover Our Shared Heritage-American Southwest를 방문해 List of Sites로 가면 역사적 가치가 있는 곳의 전체 모습을 파악할 수 있다. www.nps.gov/nr/travel/amsw/index.htm

36 많은 시간을 들여서 허밍버드를 촬영한 영상으로 허밍버드를 좋아하는 계기를 제공한다. 공승은(해외문화 PD), "[해외문화PD 기획영상] 허밍버드를 찾아서", 2019년 2월 7일.

37 J. Dianne Dotsun, "The Hummingbird Migration in Arizona," *Sciencing*, July 25, 2018.

38 톰 베티의 게스트 목장을 방문해서 허밍버드 관찰을 원하는 사람들은 얼마간의 입장료를 지불해야 한다. 2173 E. Miller Canyon Rd Hereford, AZ 85615-9667 http://beattysguestranch.com

베티 게스트 목장의 정보에 따르면, 관찰 가능성은 다음과 같다. ① 최적 시기에 8~14종의 관찰이 가능하다. ② 흰귀허밍버드는 5월 9일부터 9월 9일까지 4개월간 관찰이 가능하다. ③ 3월 15일부터 4월 15일까지 4~6종의 관찰이 가능하다. 그곳을 방문한 사진작가 얼 로빈슨(Earle Robinson)의 사진 정보는 방문 여부를 결정하는 데 도움을 줄 것이다. www.birdfotos.com/brdwatch/miller/p016.htm

39 그 밖에 시에라 비스타 근교에서 조류와 동식물을 관찰하고 트레일을 따라서 일정한 시간을 보낼 수 있는 곳으로 5곳을 추가할 수 있다. 카캐니언(Carr Canyon), 가든캐니언(Garden Canyon), 브라운 캐니언 트레일(Brown Canyon Trail), 네이처 컨서번시즈 램지캐니언 보존지구(Nature Conservancy's Ramsey Canyon Preserve), 시에라 비스타 환경보전공원(Sierra Vista Environmental Operations Park) 등이 있다.

40 밀빌(Millville)의 강 건너편에 있는 찰스턴(Charleston)은 무법천지로 유명한 장소였다. 거드제련소(Gird Mill)를 소유한 리처드 거드(Richard Gird)의 주요 동업자인 존 보스버그(John Vosburg)는 밀빌에서 알코올을 일체 허용하지 않았다. 풍선 효과와 마찬가지로 밀빌의 알코올 금지는 찰스턴을 번화한 거리로 만들었다. 이 같은 강력한 입장에 관해 리처드 거드는 이런 발언을 했다. "나는 보스버그 씨와 바람직하지 못한 계약을 맺었다고 생각한다. … 그는 거드제련소에 어떤 알코올도 반입되지 않기를 원하고 이를 실천에 옮긴다. 심지어 직원들이 강 건너 찰스턴으로 가거나 알코올을 가져오는 것도 반대한다."

41 John D. Rose, Charleston & Millville, A.T., *Hell on the San Pedro*, CreateSpace Independent Publishing Platform, March 2012.

42 Ibid.

43 치와와 사막은 애리조나주 동남부, 뉴멕시코주 중부와 남부, 텍사스주 서부, 멕시코의 상당 부분이 포함되는 거대한 사막이다. 내가 걸었던 곳은 치와와 사막의 서북쪽에 해당한다.

44 여행에서 돌아와 목적지에 도달하지 못한 원인을 분석해봤다. 시에라 비스타에서 툼스톤으로 행선지를 잡은 다음 애리조나 82번 도로를 달린다. 내비게이션이 도로를 벗어나야 할 지점으로 명시한 In Balance Ranch Road 또는 North Keller Road에서 비포장도로로 들어선다. 1마일 정도를 달리면 오른쪽에 트레일헤드 사인과 낮은 철제문을 만나게 된다. 여기가 바로 유적지를 향한 트레일헤드다. 여기까지 정확히 도달했다. 문제는 옛 철로를 떠받치는 암석 받침대를 만날 때까지 사인에 따라 사막 길을 2.4km 정도 걸었어야 했다. 이곳에서 왼쪽으로 방향을 튼 다음 0.8km 전진하면 유적지를 만날 수 있었을 것이다. 만약 암석 받침대에서 오른쪽으로 방향을 튼 다음 샌페드로강을 따라 내려가면 은광산과 구리제련소 유적지들인 컨셴션시티, 밀빌, 페어뱅크 등을 만날 수 있다. 시간에 쫓긴 탓에 느긋하게 앞으로 나아가지 못한 게 실책이다. 사막 길을 혼자 걷는 일은 유쾌하지 않았다. 트레일헤드에서 왕복 5.2km가 걸리는 길이다. 시간에 쫓기는 여행자로서는 아무래도 긴 시간이다. James Orndorf, "Hiking the Border: The Presidio Santa Cruz de Terrenate Historic Site," Huffpost, 2017.7.13.

45 "Tombstone Arizona History," TombstoneTravelTips.com / www.tombstonetraveltips.com/tombstone-arizona-history.html

46 툼스톤 외에 추가 광맥을 발견하면서 생겨난 광업권(claims)은 다음과 같다. 터프 너트(Tough Nut), 굿 이너프(Good enough), 럭키 커스(Lucky Cuss), 이스트 사이드(East Side), 웨스트 사이드(West Side).

세 동업자가 큰돈을 벌어들인 곳은 터프 너트와 럭키 커스에서다. "Tombstone, Arizona's Riches," *Legends of America*, www.legendsofamerica.com/az-tombstonemines/

47 "Fairbank Historic Townsite," Bureau of Land Management, www.blm.gov/visit/fairbank-historic-townsite

48 Larry Jensen & Ray Madzia, "Tombstone's Railroad Centennal," *Tombstone Times*.

49 Eric L. Clements, *After the Boom in Tombstone and Jerome: Decline in Western Resources Town*, University of Nevada Press, October 2013.

50 *Cochise County Legacy Project: History 1881-2015*, Board of Supervisors, www.cochise.az.gov

51 품질이 좋은 은 가격은 온스당 1873년에는 1.40달러를 유지했다. 이후에 계속 하락세를 면치 못하는데 1882년과 1883년에는 각각 1.22달러와 1.19달러를 기록한다. 보통 은 가격은 온스당 1882년 87.83센터에서 1900년에는 47.95센터까지 계속 해서 하락세로 돌아서게 된다. 1890년에는 80.92센트로 잠시 반등한다. "Movement of the Price of Silver," Federal Reserve Bulletin, November 1, 1917 & October 1, 1919.

52 "Campbell and Hatch Saloon and Billiard Parlor 1881," *The Historical Marker Database*, www.hmdb.org/marker.asp?marker=48516

53 〈오케이 목장의 결투(Gunfight at the O.K. Corral)〉에서 '커렐(Corral)'은 엄밀히 말하면 목장은 아니다. 말을 타고 여행하는 사람들이 요금을 내고 말을 잠시 가둬두는 '우리'다.

54 미국 시민이나 영주권자는 만 62세가 넘으면 시니어 패스(Lifetime Senior Pass)를 80달러(연간 이용권 20달러)에 발급받을 수 있다. 종신 동안 국립공원과 국가기념물을 추가 부담 없이 방문할 수 있으며, 본인을 포함해 동반 4인까지 무료 입장할 수 있다. www.nps.gov/planyourvisit/passes.htm

55 www.eParks.com을 방문해서 Passport Store로 들어가면 다양한 패스포트, 스티커 시리즈 등에 관한 정보와 구매가 가능하다.

56 Peter Warshall, "Southwestern Sky Island Ecosystems," Edward T. LaRoe, *Our Living Resources: A Report to the Nation on the Distribution, Abundance, and Health of U.S. Plants, Animals, and Ecosystems*, Nabu Press, September 2011.

57 "Old Spanish Trail Auto Route," A Waymaking.com / www.waymarking.com

58 "US Route 80," PopFlock, www.popflock.com/learn?s=U.S._Route_80

59 올드 스패니시 트레일은 1829년 멕시칸 상인이자 무역상인 안토니오 아미조(Antonio Armijo)에 의해 자리를 잡게 된다. 그가 사람 60명, 당나귀 100마리를 데리고 콜로라도고원을 가로질러 모하비 사막을 경유해 남부 캘리포니아에 이르는 길을 개척한 덕분에 가능했다. "Old Spanish Historic Trail," nps.gov www.nps.gov

60 William Ascarza, *Southeastern Arizona Mining Towns*, Arcadia Publishing, Nov. 2011.

61 The Inn at Castle Rock / www.theinnatcastlerock.com

62 이스라엘 M. 커즈너(Israel M. Kirzner), 《경쟁과 기업가 정신(Competition and Entrepreneurship)》, 이성순 옮김, 자유기업센터, 1995년 11월.

63 퀸구리광산의 초기 투자자의 지분 구성이나 협력 내용은 연구자들마다 조금씩 다르다. 정통한 연

구는 다음 연구자의 것이라고 생각한다. Charles K. Hyde, *Copper for America: The United States Copper Industry from Colonial Times to the 1990s*, University of Arizona Press, October 1998.

64 Boyd Nicholl and Janice Coggin, *Bisbee, Arizona, Then and Now*, Cowboy Miner Productions, October 2003.

65 채수율(yield)은 매장돼 있는 총 광량 중 얼마나 채굴돼 회수됐는가를 중량 백분율로 나타낸 수치다.

66 펠프스다지(Phelps and Dodge)는 1834년 장인 앤선 그리네 펠프스(Anson Greene Phelps)와 2명의 사위 윌리엄 얼 다지(William Earle Dodge), 다니엘 제임스(Daniel James)가 창업한 무역회사다. 서부 개척이 활성화되면서 1880년부터 광산업에 진출해 훗날 퀸구리광산회사를 운영했다. 애리조나주 피닉스에 본사를 둔 회사로 2007년 2,590억 달러에 프리포트-맥모런에 의해 합병됐다. 이 합병으로 프리포트-맥모런은 세계 최대의 상장된 구리회사가 된다.

67 퀸구리광산 투어(Copper Queen Mine Tour) 관람 시간은 오전 9:00, 10:30, 12:00, 오후 2:00, 3:30이다. 가이드의 인솔에 따라 안전 장비를 착용한 다음 지하 갱도로 트롤리를 타고 들어갈 수 있다. 성인은 13달러, 어린이는 5.5달러를 지불해야 한다.

68 광물에 대한 이해를 높이려면 애리조나대학교 보석광물박물관(UA Gem & Mineral Museum)을 참조하기 바란다(https://uamineralmuseum.com). 그 밖의 비스비에서 채굴된 광물들은 미국자연사박물관, 애리조나-소노라사막박물관, 영국자연사박물관, 스미소니언자연사박물관 등에 다양하게 전시돼 있다. 제임스 더글러스 박사의 가족들이 스미소니언에 기증한 비스비에서 채굴된 광물은 Minerals from Bisbee라는 이름으로 전시되고 있다.

69 아르데코(Art Deco)는 1930년대와 1940년대에 유행했던 디자인 양식으로, 전통 수공예 양식과 기계 시대의 대량 방식을 절충한 스타일의 예술 작품을 일컫는다. 풍부한 색감, 두터운 기하학적 문양, 호화로운 장식성 등이 특징이다.

70 밴 데일(Ben Dale)의 작품은 시내 곳곳에 자리 잡고 있다. 카페 로카(Cafe Roka)의 39 메인 스트리트(Maint Street) 뒷면에 있는 천사 조각 등을 들 수 있다. "See the works of sculpture Ben Dale," www.visitphoenix.com/blog/post/day-trip-idea-top-10-things-to-do-in-bisbee/

71

구분	가구당 소득의 최빈값	가구당 자산 가격	빈곤율
비스비	3만 1,134달러	12만 9,300달러	28.4%
피닉스	5만 2,062달러	21만 3,300달러	20.3%

출처: US Census, DATAUSA.

72 1990년대까지 세계 최대의 노천 구리광산인 칠레의 추키카마타(Chuquicamata)는 길이 5,400m, 폭 3,540m, 깊이 850m나 된다. 지금은 칠레의 에스콘디다(Escondida)가 최고의 구리광산이다.

73 노천광산은 철망으로 둘러싸여 있어 사진을 담기 어렵지만, 중간중간에 사진을 찍을 수 있도록 작은 직사각형 공간을 뚫어두었다. 방문객을 배려하는 마음 씀씀이가 고마웠다.

74 더글러스에는 큰 제련소가 2개 있었다. 하나는 1902년 캘러멧애리조나광산회사(Calumet and Arizona Mining Company)가 설립한 제련소이고 다른 하나는 펠프스다지회사가 1904년 세운 제련소다. 후자는 1931년까지 운영됐고 전자는 펠프스다지에 의해 합병돼 운영됐다. William Ascarza,

Southeastern Arizona Mining Towns, Arcadia Publishing, November 2011.

75 "Discover Cochise County," SAEDG. www.saedg.org

76 "Welcome to the 'Wonderland of Rocks'," Chricahua National Park 안내판을 참조한다.

77 마사이 포인트의 안내판은 마사이 포인트의 주차장에서 선택 가능한 다양한 트레일 정보를 제공한다.

트레일 정보	거리	소요 시간
인스프레이션 포인트(Inspiration Point)	왕복 8.6km	3시간
하트 오브 록스 루프(Heart of Rocks Loop)	왕복 12km	4.5시간
페리미터 루프(Perimeter Loop)	.	.

78 Megan Kate Nelson, "Extreme History: Apache pass, Arizona," www.megankatenelson.com/
    extreme-history-apache-pass-arizona/

79 마차 정거장 유적지(The Stage Station Ruin)는 다른 정거장 유적지와 마찬가지로 돌집으로 돼 있다.
    건물의 상부는 사라지고 말았지만 구조물은 당시를 뚜렷이 증언해주고 있다. 현장에 서 있는 안내
    판에 설명이 적혀 있다. "아파치 패스 스테이지 스테이션은 1858년 7월 건립됐다. 높이 6~8피트에
    두꺼운 벽으로 구성된 건물에는 식당, 수면실, 음식과 무기 보관실, 당나귀 보관소 등이 있었다. 아
    파치 인디언과 미군 사이의 충돌이 일어나는 동안 군인, 버터필드 고용인들과 승객들은 이곳에서 안
    전을 확보했다. … 긴장이 격화되면서 버터필드 오버랜드 우편 노선은 1861년 3월 폐쇄됐다."

80 빌 브라이슨, 앞의 책.

81 1850년 실시된 미국의 일곱 번째 인구조사에서는 아메리칸인디언의 추계치를 조사하지 않았다. 다
    만 뉴멕시코주 타오 카운티에서는 푸에블로 인디언을 '쿠퍼(구리)'라고 구분해서 측정했다. Seventh
    Census of The United States, 1850, National Archives Microfilm Publication M432, roll 469.

82 세금 납부 실적이 있는 아메리칸인디언 수는 아래와 같다. 이 수치에 알래스카 인디언은 포함되지
    않는다. James P. Collins, "Native Americans in the Census, 1860~1890," *Prologue Magazine* Vol.
    38, No.2, Summer 2006.

연도	1860	1870	1880
인디언 수	4만 4,021명	2만 5,731명	6만 6,407명

83 "Historic Downtown Willcox, Arizona A Walking Tour," Wlillcox Chamber of Commerce &
    Agriculture.

84 Kathy Klump, Peta-Anne Tenney, *Willcox*, Willcox Range News, Nov. 2009.

85 애리조나 와인 주산지로는 윌콕스 외에 남부의 베르데 밸리와 중부의 소노이타-엘진(Sonoita-Elgin)
    이 있다. "Arizona Wine Country," http://arizonaexperience.org/land/arizona-wines

86 Noah Gallagher Shannon, "The Water War of Arizona", *New York Times*, July 19, 2018.

PART 2 애리조나 북부

1 고생물학에서는 고생물의 유해나 그 일부가 규산으로 치환돼 보존되는 작용을 화석의 규화 작용

(silicification, 珪化作用)이라 부른다. 한국광물자원공사,《광물자원용어사전》, 2010년 12월.

2   https://shop.jimgrayspetrifiedwoodco.com

3   http://holbrookazmuseum.org

4   Rob Norton, "Route 66 The Mother Road," *via*, AAA Traveler's Companion, May 2001.

5   "Wigwam Motel," wikipedia.

6   세컨드 스트리트(Second Street)와 킨즐리 애브뉴(Kinsley Avenue) 코너에 입상이 있다. 사거리 길바닥
    에는 ARIZONA US 66이라는 아주 큰 로고가 있다.

7   Fred Barbash and Jenny Starrs, "Glenn Frey and the Mystery of the 'Take It Easy', Corner in
    Winslow, Arizona," January 19, 2016.

8   Cameron Crowe, "Conversation with Don Henley and Glenn Frey," August 2003. www.
    theuncool.com/journalism/the-very-best-of-the-eagles/

9   윈슬로를 우회하는 770만 달러를 투입한 토목 공사는 1977년에 시작됐다. 애리조나 내에 I-40이 완
    전히 마무리된 시점은 1984년이다. 거의 25년이 걸린 셈이다.

10 Kathy Weiser, "Winslow, Arizona-Frozen In Time," *Legends of America*, November 2017.

11 윈슬로라는 도시명의 뿌리에 관해 다른 의견도 있다. 초기 정착민으로 토지 투자자였던 톰 윈슬로
    (Tom Winslow)의 이름에서 따왔다고 주장하는 사람도 있다. Jeff Scott, "History and Information
    about Winslow, Arizona," jeff.scott.tripod.com, August 7, 2002.

12 허벨은 시장의 수요를 파악하고 나바호족이 러그나 블랭킷 등을 생산하도록 독려했다. 나바호 사람
    들의 허벨에 관한 평가는 우호적이다. 그는 자신의 이익을 추구했지만 공정한 거래를 했기 때문이다.
    이 같은 사업 기회를 포착한 데는 허벨이 한때 아파치 카운티의 보안관으로 일한 덕분일 것이다.

13 단, 로렌조 허벨이 나바호족과의 교역에 뛰어든 시기는 1878년이다. 가나도(Ganado)에 있는 최초의
    트레이딩 교역소인 허벨트레이딩포스트(Hubbell Trading Post)는 국가역사유적지로 지정돼 국립공원
    청이 관리하고 있다. 전성기에 그는 30개의 교역소(포스트)와 화물 노선을 소유하고 있었다. 그가 윈
    슬로에 도매점을 개설한 시기는 1920년대의 일이며, 대공황의 초창기 동안 재정적으로 상당한 어려
    움을 겪었다. 당시 그가 털어놓은 고민이다. "관대함으로 잘 알려졌을 뿐 아니라 사업이 나바호족과
    호피족을 돕는다고 진실되게 믿었던 그 사람은 자신의 삶의 기초에 의문을 갖기 시작했다." 그가 애
    써 만든 상업 제국은 1954년 파산하고 말았다. Eric Cottam, *Hubbell Trading Post: Trade, Tourism,
    and the Navajo Southwest*, University of Oklahoma Press, September 2015.

14 Laurie D. Webster, Louise I. Stiver, D. Y. Begay, Lynda Teller Pete, *Navajo Textiles: The Crane
    Collection at the Denver Museum of Nature and Science*, University Press of Colorado, August
    2017.

15 존 로렌조 허벨은 2명의 아들 로렌조 주니어(Lorenzo, Jr., 1883~1942)와 로만 허벨(Roman Hubbell,
    1891~1957)을 두었다. 1942년 큰아들이 사망했을 때, 로렌조 가족에게 남겨진 재산은 윈슬로트레
    이딩포스트, 트레이딩포스트 7개, 가나도 주택, 우편 노선 2개가 있었다. 그는 사업을 재건하기 위
    해 피닉스에 가게를 열기도 하고, 마블캐니언의 트레이딩하우스를 게스트하우스로 변경해서 운영
    하기도 했다. 그러나 이 모든 시도가 기대하는 성과를 거두지 못했다. 형에 비해 동생은 다소 이상

적인 면이 많았고 나바호족 관련 관광업에 관심이 커서 실제로 사업을 하기도 했다. 이 노력이 무산되면서 로만 허벨은 1952년 7월 27일 파산 신청을 한다. 형이 살아 있었다면 다른 결과를 얻었을지도 모른다. 1955년 그에게 남은 유일한 재산은 아버지가 처음 트레이딩포스트를 운영하기 시작한 가나도트레이딩포스트였다. 안타깝게도 로만 허벨은 1953년 가을부터 뇌졸중을 겪게 된다. 사업 실패의 후유증이 큰 원인이었을 것이다. Eric Cottam, *Hubbell Trading Post: Trade, Tourism, and the Navajo Southwest*, University of Oklahoma Press, September 2015.

16 "Winslow, AZ(WLO)," The Great American Station, greatamericanstations.com

17 Phillip Vannini(Edited), *The Culture of Alternative Mobilities: Routes Less Travelled*, Routledge, March 2016.

18 "그 코너는 우리들의 장소는 아니다. 〈테이크 잇 이지〉는 우리들의 노래가 아니다. 다른 세대의 감정적인 자산일 뿐이다. 많은 사람이 은퇴하면서 그들은 감정적인 자산이 놓인 곳을 방문한 시간과 여유를 갖고 있다. 이것이 윈슬로의 다음 붐을 돕고 있다. 그러나 X세대가 그들과 같은 열정을 유지할 수는 없을 것이라고 생각한다." Phillip Vannini(Edited), *The Culture of Alternative Mobilities: Routes Less Travelled*, Routledge, March 2016.

19 "The Sinagua, Prehistoric People of the Desert Southwest," DesertUSA, www.desertusa.com/ind1/du_peo_sin.html

20 *Walnut Canyon National Monument: Geologic Resource Evaluation Report*, Natural Resource Report NPS/NRPC/GRD/NRR-2008/040, Natural Resource Program Center.

21 Vandiver, Vincent W., *Geological Report on Walnut Canyon National Monument, Arizona*, National Park Service, 1936. *Walnut Canyon National Monument: Geologic Resource Evaluation Report*, Natural Resource Report NPS/NRPC/GRD/NRR-2008/040, Natural Resource Program Center.

22 고고학자들의 연구에 의하면, 호피 푸에블로는 노란색 도기를 주로 생산해서 북미대륙의 전 남서부를 대상으로 교역을 했다. Scott Rushforth, Steadman Upham, *A Hopi Social History*, University of Texas Press, May 1992.

23 "Walnut Canyon," *National Park Service*.

24 푸에블로 인디언 선조는 아나사지, 모골론, 호호캄 3가지 뿌리에서 비롯됐다. 아나사지는 뉴멕시코 서북부 차코캐니언(Chaco Canyon)과 콜로라도 남서부 메사 베르데(Mesa Verde)에 살던 원주민이다. 모골론은 뉴멕시코 서남부 힐라 황무지와 애리조나 동남부 및 멕시코 북부 지역에 살던 원주민이다. 호호캄은 애리조나 카사 그란데(Casa Grande)를 중심으로 살던 원주민이다.

25 구글 맵에 1642-1778 N Thorpe Rd, Flagstaff, AZ 86001 또는 N 35° 12.472 W 111° 39.248을 입력하면 목적지로 안내한다.

26 구글 맵에 101 W Historic Rte 66, Flagstaff, AZ 86001 또는 N 35° 11.865 W 111° 39.028을 입력하면 목적지로 안내한다. 웨스트 히스토릭 루트 66번과 사우스 비버 스트리트 교차점의 암석 위에 안내문이 있다.

27 Gerald Thompson, *Edward F. Beale and the American West*, University of New Mexico Press,

January 1983.

28 구글 맵에 2400 N Gemini Rd, Flagstaff, AZ 86004 또는 N 35° 13.056 W 111° 37.938을 입력하면 목적지로 안내한다. 주변에 올드 덕 폰드와 코코니노고등학교, 맥 밀리언 메사 등이 있다.

29 포레스트 로드 2030(FR 2030)상에 위치한 로스 스프링(Laws Spring)을 찾아가는 길은 다음을 참조한 다. "Beale Wagon Road Historic #61," USDA Forest Service, www.fs.usda.gov/recarea/kaibab/recreation/recarea/?recid=11675

30 "Beals Wagon Road Historic Trail," William Range District Kaibab National Forest, July 2013.

31 우남숙, "퍼시벌 로웰과 한국", 〈한국정치외교사논총〉 제35집 2호, 2013년 8월.

32 Percival Lowell, *Chosun: The Land of the Morning Calm: A Sketch of Korea*, Boston:Ticknor and Company, 1886.

33 이윤섭,《조선인의 세계 일주》, 이북스펍, 2012년 9월.

34 그의 동상은 길가의 작은 공원인 빌 윌리엄스 기념공원(Bill Williams Monument Park)에 서 있다.

35 R. H. Waesche, "The Anita Copper Mine," *Grand Canyon Nature Notes*, Vol.7, No. 11, February 1933.

36 아직도 사우스림의 그랜드 빌리지에 건재한 엘 토바 또는 엘 토바 호텔은 프레드하비사가 산타페철 도회사와 협력해 건설하고 운영한 호텔과 레스토랑 체인으로 1905년에 문을 열었다. 이 호텔은 산 타페철도의 그랜드캐니언 철도역에서 불과 100m밖에 떨어져 있지 않다.

37 정식 명칭은 윌리엄스-포레스트서비스방문자센터(Williams and Forest Service Visitor Center)다. 200 W Railroad Ave, Williams, AZ 86046-2556

38 "Tetzlaff Building-Williams Historic Business District-Williams, AZ," www.waymarking.com 구 글 맵에 137 W Railroad Ave, Williams, AZ 86046 미국 또는 N 35° 15.063 W 112° 11.296을 입력하 면 목적지로 안내한다.

39 "Sunset Crater Volcano," USGS Geology in the Parks.

40 복합 화산의 대표 사례로는 일본의 후지산이나 이탈리아의 베수비오 화산을 꼽을 수 있다. 복합 화 산은 강한 폭발을 일으킴과 동시에 가장 아름다운 화산을 만든다. 문경수,《문경수의 제주 과학 탐 험: 탐험가가 발견한 7가지 제주의 모습》, 동아시아, 2018년 1월.

41 원서읽기연구소,《원서보다 먼저 읽는 영어로 지구과학》, 이다새(부키), 2013년 4월.

42 유라시아판, 아프리카판, 인도-오스트레일리아판, 태평양판, 아메리카판, 남극대륙판, 필리핀판, 나 즈카판, 코코스판, 아라비아판, 카리브판, 후안데푸카판, 스코티아판 등이 있다. 판들은 멘틀 대류 (mental convection)의 압력을 받게 되고 판과 판이 서로 충돌하면서 강한 압력이 발생한다. 그 결과 지진이나 화산이 일어난다. 일본은 유라시아판, 태평양판, 필리핀판이 충돌하는 곳에 있어 지진이 잦다. 원서읽기연구소, 앞의 책.

43 Sarah L. Hanson, *Roadside Geology: Wupaki and Sunset Crator Volcano National Monuments*, Arizona Geological Survey, 2003.

44 "Sunset Crater Volcano," USGS Geology in the Parks.

45 "How about going on a volcanic field trip?," USGS Geology in the Parks.

46 그 밖에 방문자센터 부근에서 출발해 아아 트레일 출발점까지 놓인 왕복 5.5km의 라바 에지 트레일(Lava's Edge Trail)이 있다.

47 Stanley S. Beus, *Rocky Mountain Section of the Geological Society of America: Centennial Field Guide Vol. 2*, Geology Society of America, January 1987.

48 박진성 외 11인,《지구과학 교사들의 미국서부 지질답사 여행》, 도서출판 맑은샘, 2016년 9월.

49 Wupatki National Monument, *General Management Plan: Environmental Impact Statement*, September 2001.

50 Richard Kerry Holtzn, *Southwest Scenic Destinations: A Guide Book to the Best of the Best*, E-BOK, Engelsk, January 2015.

51 15세 이상의 173명의 푸에블로 인디언 가운데 21%는 20대, 28%는 30대, 26%는 40대에 사망한다. 15%만이 50대 이상까지 살았다. J. Jefferson Reid, Stephanie Whittlesey, *The Archaeology of Ancient Arizona*, University of Azizona Press, January 1997.

52 Scott Thybony, *A Guide to Sunset Crater and Wupatki*, Western National Parks Assocaion, June 1987.

53 일반인 접근이 허용되지 않은 곳 가운데 최고의 백팩 오버나이트 트립은 크랙인록(Crack-In-Rock)이다. 해발고 1,417m의 정상을 중심으로 분포돼 있는 고대 푸에블로의 주거지 유적이다. 고대 푸에블로인들이 남긴 수많은 암각화와 주거지, 오가는 길에서 목격할 수 있는 정경 때문에 도전해볼 만한 트레일이다. 신청자 가운데 추첨을 통해 12명을 뽑고 국립공원의 레인저와 전문가의 안내를 받아서 1박 2일 코스로 진행한다. 25.6km의 매우 힘든 도전이지만 푸에블로가 남긴 유적지의 진수를 맛볼 수 있다. 크랙인록은 방문자센터에서 북동쪽에 있으며, 도니 절벽의 연장선상에 있어 목적지로 가는 과정에서 콜로라도고원 융기 시 일어난 다양한 지질 현상 즉, 지층의 융기와 침강 현상을 볼 수 있다. Eric Smith, "Crack In the Rock-Secret Galleris of the Ancestrial People," https://thejourneyofseldomseen.blogspot.com/2011/11/crack-in-rock-secret-galleries-of.html. A Roman, "Crack in Rock Pueblo, Part 1," www.youtube.com/watch?v=5NerNmEZJUU

54 US 89번 도로변 행크스트레이딩포스트 왼편에는 목장으로 통하는 문이 항상 열려 있다. 나무문을 통과하면 19마일 거리에 목적지가 있다. 행크스트레이딩포스트 옆 배빗 랜치 로드(Babbitt Ranches Road)로 들어선 다음 0.2마일 직진한다. 첫 갈림길(fork)에서 좌회전하고 4.2마일 직진하다가 두 번째 갈림길에서 우회전하고 3.5마일을 간다. 세 번째 갈림길이 나오면 다시 우회전을 하고 2.2마일을 직진하면 오른쪽에 물탱크(Black Tank)를 통과하게 된다. 네 번째 갈림길에서 우회전을 한 다음 0.1마일을 진행하는데 넓은 길이 나올 때까지 직진하고 그곳에 주차한다. 비포장도로이니 사륜구동(4WD)이 도움이 된다. 이곳이 SP 크레이터의 서쪽 면이다. Noah Austin, "San Francisco Volcanic Field, Fagstaff," ARIZONAZ HIGHWAYS, www.arizonahighways.com/explore/scenic-drives/sp-crater

55 트레일에 관심 있는 사람은 토포존에서 제공하는 상세 지도(www.topozone.com/arizona/coconino-az/crater/s-p-crater/)를 참조한다. 3.0km 트레일은 1,918m에서 시작해 2,127m에 도달하는 코스로 경사도 평균 14%, 최고 26%에 달한다. "SP crater," HIKING PROJECT, www.hikingproject.com/

trail/7002913/sp-crater

56 배빗 랜치는 다음 사이트를 참조하기 바란다. www.babbittranches.com

57 Dean Smith, *Brothers Five: The Babbitts of Arizona*, Arizona Historical Foundation, Sep. 1989.

58 Marshall Trimble, "The Babbitt Brothers & The CO Bar Ranch," *The TRUE WEST*, January 20 2017.

59 1918년 찍은 흑백 사진에 따르면 데이비드, 조지(1860~1920), 찰스, 윌리엄(1863~1930), 에드워드다. 당시 배빗트레이딩포스트(Babbitt Trading Post)는 오늘날로 치면 400만 달러 이상의 매출을 기록한 것으로 알려져 있다. 변호사였던 에드워드는 신시내티에서 활동했으며, 나머지 4명은 플래그스태프를 중심으로 활동했다.

60 성공한 네덜란드계 사업가였던 조지 벌캄프는 1886년에는 딸 에마를 배빗가의 큰아들 데이비드에게, 1890년에는 딸 메리를 넷째 아들 찰스에게, 1985년에는 딸 마틸다를 다섯째 아들 에드워드에게 시집보낸다.

61 BABBITT'S WHOLESHALE. www.babbittswholesale.com

62 Plate Cline, "Four Tenderfeet Came West In 1886; Stayed, And 'Grew Up With The Country'," *The Coconino Sun*, July 7 1939.

63 "Babbit Brothers Trading Post," Northern Arizona University, https://library.nau.edu/speccoll/exhibits/daysofarchives/babbittbros.html

64 캐머런의 묘비석에는 "애리조나는 결코 그를 잊지 못할 것이다"라고 쓰여 있지만 대부분의 역사학자은 그를 잊힌 인물로 간주한다. Parker Anderson, *Grand Canyon Pioneer Cemetery*, Arcadia Publishing, March 2015.

65 Parker Anderson, *Grand Canyon Pioneer Cementery*, Arcadia Publishing, March 2015.

66 Randy Moore, Kara Felicia Witt, *The Grand Canyon: An Encyclopedia of Geography, History, and Culture*, ABC-CLIO, June 2018.

67 James Kaiser, *Grand Canyon: the Complete Guide*, Destination Press, March 2018.

PART 3 애리조나 중부

1 Roger Bloom, "How Were the Sedona Red Rocks Formes?," *SCIENCING*, April 24, 2017.

2 Nancy Burgess, "Chapel of the Holy Cross", *SAH Archipedia*, eds. Gabrielle Esperdy and Karen Kingsley, Charlottesville: UVaP, 2012—, http://sah-archipedia.org/buildings/AZ-01-005-0024. Accessed 2019-03-21.

3 애리조나 스테이트 루트 179(SR 179)로 알려진 레드 록 시닉 바이웨이는 마일리지 포인트 302.5에서 시작해 310에서 끝난다. 레드 록 시닉 바이웨이를 참조하기 바란다. https://redrockscenicbyway.com

4 세도나 트레일 정보는 세도나 트레일 파인더(Sedona Trail Finder) 일명 하이크 하우스(The Hike House)를 참조하기 바란다. https://thehikehouse.com

5 구글 맵에 Courthouse Vista나 Courthouse Butte Trailhead를 입력하면 정확하게 주차장으로 인도할 것이다. 1일 주차권에 해당하는 5달러짜리 레드 록 패스(Red Rock Pass) 주차 퍼미션은 키오스크

를 이용해서 얻을 수 있으며 자동차 앞유리에 비치해둬야 한다. NPS가 발행한 1년 또는 종신 이용권인 아메리카 더 뷰티풀 패스(America the Beautiful Pass)도 주차 퍼미션 자격이 있다.

6 대성당바위에 가까운 주차장은 자리 잡기가 만만치 않다. 그때 야바파이 비스타가 대체할 수 있는 주차장이다. 이 주차장을 선택한다면 '헤르밋 트레일-템플턴 트레일'을 이용한 다음 연결되는 대성당바위 트레일을 이용해야 한다. 트레일 길이는 편도 2.5km로 늘어나지만 이용객의 만족도는 아주 높다.

7 사륜구동 이용 시 Dry Creek Road-Chuckwagon Road-Devil's Bridge Trail을 따르면 된다. 총길이는 편도 1.3km이며, 구글 맵에 Devil's Bridge Trailhead를 입력하면 사륜구동 주차장으로 인도할 것이다. 일반 승용차 이용 시 Dry Creek Road-Chuckwagon Road-Devil's Bridge Trail을 따르면 된다. 편도 3km이며 구글 맵에 Devil's Bridge Trail Parking Lot을 입력하면 일반 주차장으로 인도할 것이다. Devil's Bridge Trail, Sedona, AZ 86336 USA "Devils Bridge Trail, Sedona," The American Southwest, www.americansouthwest.net/arizona/sedona/devils-bridge-trail.html

8 Bear Mountain Trail-Oski Approach/Doe Mountain Parking을 구글 맵에 입력해야 주차장으로 인도한다. Doe Mountain Parking을 입력하면 구글 맵이 인식하지 못한다. 이 주차장에서 편도 3.8km, 돌출 높이 370m인 베어 마운틴 트레일(Bear Mountain Trail)을 긴 건너편에서 시작할 수 있다. 주차장에서 편도 4.5km, 등산 고도차를 거의 무시할 만한 에어리 트레일(Aerie Trail)을 시작할 수 있다.

9 출발점인 주차장 Joren Road Trailhead를 구글에 입력하면 된다. 167m를 등산해서 곧바로 메사에 도달하는 방법이 있다. 그러나 쉬운 코스는 모르몬캐니언(Mormon Canyon)을 따라서 1.6km 전진하고 솔저 패스(Soldiers Pass)까지 5.4km을 진행한 다음 정상에 오르는 방법이다.

10 웨스트 포크 트레일은 오크 크리크캐니언의 최상류에 있다. 그 밑으로는 에이 비 영 트레일(A. B. Young Trail), 슬라이드 록 주립공원이 이어진다. 공원 아래쪽으로는 스털링 패스 트레일(Stering Pass Trail), 노스 윌슨 트레일(North Wilson Trail), 윌슨 마운틴 트레일(Wilson Mountain Trail) 등이 이어진다.

11 "West Fork Trail," *Day Hiking Sedona*, www.sedonahikingtrails.com/west-fork-trail.htm

12 김민주, "기(氣)의 도시 세도나, 자연의 영감을 빚어 명품도시로", 〈DBR〉, 2011년 6월.

13 Brian Dunning, "The Sedona Energy Vortex," *SKEPOID*, July 11, 2013.

14 베르데강에서 생산된 와인 정보는 다음의 사이트를 참조하기 바란다. www.oldtown.org/wineries.html http://vvwinetrail.com/

15 www.cottonwoodhotel.com/hotelshistory.html

16 감옥 건물(Jail Building)은 타운 개척자들이 돈을 모아서 알론조 맨션(Alonzo Manson)을 1929년 9월 매입해 카운티에 기부함으로써 건립된다. 베르데강의 자갈을 주요 건축 자재로 지은 첫 건물로 알려져 있다. 이 건물에 처음 수감된 사람은 애리조나의 유명한 주류 밀매업자 가운데 한 사람으로 통하는 조 홀(Joe Hall)이다. 수감된 시점은 1930년 봄이다. 비슷한 시기에 시카고 갱단의 거목 알 카포네(Al Capone)가 성 밸런타인데이의 대학살(Saint Valentine's Day Massacre) 이후에 코튼우드 근처의 어빙-칠드 핫 스프링 리조트(Irving-Childs Hot Springs Resort)에 은거하고 있었다. 성 밸런타인데이 대학살은 1929년 2월 14일, 알 카포네의 부하가 라이벌 조직인 벅스 모런(Bugs Moran) 일가의 조직원 6명과 길을 지나가던 보행자 1명 등 7명을 향해 총기를 난사한 사건이다. 두 사람이 밀접한 관련이 있었던 것으로 보인다. www.cottonwoodhotel.com/hotelshistory.html

17 Dave Wilson, *Hiking Ruins Seldom Seen: A Guide to 36 Sites Across the Southwest*, Falcon Guides, May 2011.

18 "Early Inhabitants of the Verde Valley," VERDE VALLEY ARCHEOLOGY CENTER(VVAC), www.verdevalleyarchaeology.org/EarlyInhabitants

19 클라크데일과 세도나는 여러 면에서 비교된다. 두 지역이 여유 있는 은퇴자의 주거지임을 알 수 있지만 세도나에 거주하는 은퇴자가 상대적으로 더 부유함을 추측할 수 있다.

구분	평균 연령	가구당 소득 최빈값	가구 재산 최빈값	빈곤율
클라크데일	59.1세	4만 6,223달러	18만 4,200달러	7.7%
세도나	58.3세	5만 6,607달러	41만 9,700달러	9.6%

20 Paul A. Handverger and the Clarkdale Historical Society, Clarkdale, Arcadia Publishing, May 2014.

21 "William Andrews Clark III: Fatel Crash Costs Two Lives Near Cottonwood," *Arizona Obituary Archive*, http://obits.arizonagravestones.org/view.php?id=39557

22 DATAUSA에 따르면 전년 대비 다음과 같다. https://datausa.io/profile/geo/jerome-az/

인구수	고용자 수	가구당 소득 최빈값
347명(-10.6%)	207명(-17.2%)	2만 9,833달러(-0.56%)

23 UVCC 현장을 더 가까이 보기를 원하는가. 구글 맵에 United Verde Copper Mine을 입력하면 더글러스 맨션에서 1.76km 떨어진 구리광산 현장으로 안내할 것이다.

24 매달 첫 토요일에 열리는 제롬 아트 워크(Jerome Art Walk)는 제롬에서 활동하는 갤러리 정보를 제공하는 데 손색없다. www.jeromeartwalk.com/artwalk_map_2015.pdf 또는 구글 Jerome Art Walk를 입력해 관련 지도를 입수한다. 그러나 갤러리 상황은 계속 변하고 있다.

25 프레스캇에는 회전교차로(Roundabout)가 곳곳에 있다. 다소 당황할 수 있는데, 여행객 입장에서 좌우를 잘 살핀 다음 가능한 상대에게 양보하는 방식으로 운전을 해야 한다. 교차로 내 회전 차량에 우선권이 있으니 진입 차량은 항상 양보해야 한다.

26 "프레스캇은 미국에서 일곱 번째, 서부에서 두 번째, 애리조나에서 첫 번째로 안전한 도시다." 내셔널 홈 보안회사인 시큐리티 초이스(Security Choice)가 발표한 2018년도 은퇴자들에게 안전한 도시 조사 결과다. https://talkingrockaz.com

27 일리게이션 디스트릭트(Irrigation District, 관개 지역)는 지리적 경계가 확실하고 특정 지역 내 토지 용수를 확보하고 분배할 수 있는 자치 성격을 갖는 공적 조직을 말한다. 이 조직은 주정부 관할이며 토지 소유주들의 동의에 따라 결정된다.

28 왓슨 댐(Watson Dam)과 윌로 크리크 저수지(Willow Creek Reservoir)는 이 지역에 관개용수를 공급한다. 왓슨 댐은 그래나이트 크리크(Granite Creek)에 1916년 건설됐다. 윌로 크리크에 대한 권리는 1935년 정립됐으며, 댐 공사는 1936~1937년 마무리됐다. 이 지역은 프레스캇 북쪽 12마일 거리에 있는 치노 밸리에 있다. Water Resources Research Center, University of Arizona: K. James

DeCook , Jacque L. Emel, Stephen F. Mack, Michael D. Bradley, *Water Service Organizations in Arizona*, Water Resources Research Center, University of Arizona, Ausust 1978.

29 Medora H. Krieger, *Geology of the Prescott and Paulden Quadrangles, Arizona*, U.S. Geological Survey Professional Paper 467, U.S. Government Printing Office, Washington, 1965.

30 리틀 치노 하위 분지 아쿼퍼(Little Chino Sub-basin Aquifer)는 230만 에이커피트(약 2조 8,370억 리터)의 용수를 자랑한다. 이 가운데 지하수는 9,400에이커피트(115억 9,472만 리터), 사용양은 6,700에이커피트(82억 6,432만 리터)에 불과하다. 전문가 게리 우다드(Gary Woodard)는 "빅 치노 아쿼퍼(Big Chino Aquifer)에 시정부가 투자를 결정한 것은 현명한 일이다. 생명 보험에 비교하고 싶다"고 말한다. "City of Prescott's Water Supply Ample & Stable," Prescott eNews, Feb. 28 2019. 프레스캇의 노력을 조금 더 부연 설명한다. 프레스캇을 둘러싸고 있는 산에 비가 내리면 그 물은 리틀 치노 하위 분지의 아쿼퍼로 침투하게 된다. 여기서 아쿼퍼는 우리말로 대수층 또는 함수층이라고 부르는데 지표 밑의 지하에 위치하면서 물을 함유하거나 방출하는 암석이다.

31 John Mosier, "Walker, Arizona-Gold Rush that Put Prescott on the Map," *activerain*, Aug. 14 2012.

32 애리조나 첫 번째 주도를 치노 밸리의 포트 위플(Fort Whipple)로 보는 견해도 있다. 1863년부터 프레스캇으로 이전하는 1864년 5월까지 주도로 간주하기도 한다. Jan Brewer, *Arizona Blue Book 2003-2004*, Secretary of State, Phoenix, AZ.

33 Nadine Arroyo Rodriguez, "Did You Know: Capital Of Arizona Moved 4 Times Before Settling In Phoenix," 91.5 KJZZ, Sep. 26, 2014.

34 David Devine, *Tucson: A History of the Old Pueblo from the 1854 Gadsden Purchase*, McFarland & Company, June 12, 2015.

35 Andrea Aker, "Early Political Shenanigans: How Phoenix Become the Capital of Arizona," Oct. 23, 2010, http://arizonaoddities.com

36 "Yavapai County Courthouse Plaza: Prescott, Arizona," American Plannig Association, www.planning.org/greatplaces/spaces/2008/yavapaicounty.htm

37 Parker Anderson and Darlene Wilson, *Haunted Prescott*, The History Press, October 2018.

38 Rod Timanus, *Montezuma Castle National Monument*, ARCADIA Publishing, August 2014.

39 몬테주마 웰 지역에서 압도적인 비중을 차지하는 베르데석회암은 애리조나 중부의 베르데 밸리에 주로 분포돼 있다. 베르데 밸리는 길이 50km, 넓이 17km에 달한다. 베르데 밸리의 남서쪽 경계는 높이 300~1,000m의 블랙 힐스(Black Hills), 북쪽과 동쪽 경계는 높이 200~600m의 모골론 림이다. 밸리의 고도는 해수면보다 1km 정도 조금 더 높다. Jason Harris Donchin, *Stratigraphy and Sedimentary Environments of the Miocene-Pliocene Verde Formatioon in the Southeastern Verde Valley, Yavapai County, Arizona*, Northern Arizona University, Thesis for the Degree Master of Science in Geology, 1983.

40 Rod Timanus, *Montezuma Castle National Monument*, ARCADIA Publishing, 2014.

41 야바파이-아파치 자치국은 베르데강 유역, 구체적으로는 캠프 베르데를 중심으로 약 642에이커

(78만 5,917평)를 차지하고 있다. 아메리칸인디언의 인구수는 1,600여 명에 이른다. 1865년 이곳으로 이주했다.

42 Albert H. Schroeder and Homer F. Hastings, *Montezuma Castle National Monument*, National Park Service Historical Handbook Series No.27, Washington, D. C. 1958.

43 인디언 문명은 옥수수 문명이라 부를 정도로 옥수수는 중요한 작물이었다. 옥수수는 멕시코의 테우칸(Tehucan) 계곡에서 최초로 재배돼 북아메리카와 남아메리카로 퍼져나간다. 옥수수가 중앙아메리카에서 여타 지역으로 퍼져나간 시점은 4,500년 전으로 추정된다. 옥수수는 콜럼버스의 대항해 이후에 유럽에 전래됐다. 김철, 《인디언의 길: 노스아메리칸인디언의 500년 수난사》, 세창미디어, 2015년 7월.

44 콘(corn)은 옥수수로 번역되기도 하지만 자주 곡물(corn)을 뜻한다. 곡물은 보리, 호밀, 밀 등을 가리킨다. 콘과 구분해 옥수수(maize)라 부른다. 호박(pumpkin)은 보통 둥글고 큰 늙은 호박을 말하며, 작고 길쭉한 것은 애호박(squash)이라 부른다. 애호박 가운데 전이나 볶음으로 먹는 녹색의 긴 호박은 주키니(zucchini)라 부른다. 윌리엄 번스타인(William J. Bernstein), 《무역의 세계사(A Splendid Exchange: How to Trande Shaped the World)》, 박홍경 옮김, 라이팅하우스, 2019년 3월.

45 크레오소트 덤불은 도기를 만들 때 접착제로 쓰인다. 유카 잎은 의복, 샌들, 바구니, 도구, 소금광산에서 횃불을 만들 때 쓰였다. 메스키트 콩은 삶은 다음 말리고 가는 과정을 거쳐서 식량으로 썼다. 해크배리는 도기와 의복에 물감을 들일 때 썼다. 그 밖의 궁금한 사항은 방문자센터 내 박물관의 설명 자료를 참조한다.

46 "Camp Verde Salt Mine," USGS, https://mrdata.usgs.gov/mrds/show-mrds.php?dep_id=10062403

47 "The Historic Camp Verde Salt Mine," The Road, http://roy-and-marilyn.blogspot.com/2014/11/the-historic-camp-verde-salt-mine.html

48 Roger Naylor, "SALT MINE ROAD," ARIZONA HIGHWAY, www.arizonahighways.com/explore/scenic-drives/salt-mine-road

49 Earl H. Morris, "An Aboriginal Salt Mine at Camp Verde, Arizona," *Anthropological Papers of the American Museum of Natural History, Vol. XXX Part III*, The Amrican Museum of Natural History, 1928.

50 윌리엄 번스타인, 앞의 책.

51 파랏카피 트레일의 북쪽 끝인 왈피(Walpi)는 900년부터 1,100년 넘게 호피족이 거주해온 나바호 카운티에 있는 마을이다. 그랜드캐니언의 동쪽 애리조나 264번 도로상에 위치해 있다. 캐니언 바닥에서 91m 고도에 자리한 제1메사(First Mesa)에 있다. 푸에블로의 석조 주거 단지다.

52 turquoise inlaid shell pendant를 말한다.

53 옥스 보우(Ox Bow)라는 이름은 페이슨의 관문인 옥스보우 힐(Oxbow Hill)에서 따왔다. Ox Bow Inn, 607 W. Main St. Payson, AZ 85541.

54 템피(Tempe) 근처에 180에이커를 사들여서 도선 서비스, 잡화점, 대장간 등의 사업을 했던 인물은 찰스 헤이든(Charles Trumbull Hayden, 1825~1900)이다. 그의 흔적은 오늘날까지도 여러 곳에 남아 있

다. 애리조나주립대학이 템피에 설립된 배경에는 교육에 관한 헤이든의 신념과 로비가 큰 역할을 했다. 템피의 밀 애브뉴(Mill Avenue)는 1874년 그가 지은 헤이든 플라워 밀(Hayden Flour Mill)이 서 있던 자리다. 1871년 지어진 찰스 헤이든 하우스(Charles T. Hayden House)는 템피에서 가장 오래된 건물로 1984년에 국가지정역사명소로 지정됐다. 아들 칼 헤이든(Carl T. Hayden)은 오랫동안 애리조나주 상원의원으로 활동하기도 했다. 템피는 애리조나 준주 시대에 헤이든스 페리(Hayden's Ferry)로 알려진 곳이면서 피닉스에 인접한 도시로 인구 18만 명 정도가 거주하고 있었다. Austin Keating, "Crossing the Salt River," SALt RIVER STORIES, https://saltriverstories.org/items/show/328

55 Discover our Shared Heritage Travel Itinerary Serie, "Arizona: Roosevelt Dam and Powerplant," National Park Service, www.nps.gov/articles/arizona-roosevelt-dam-and-powerplant.htm

56 애리조나 188번 도로와 만나기 직전의 아파치 트레일에서 루스벨트 댐이나 루스벨트 호수 브리지에 괜찮은 조망을 확보할 수 있다. 아파치 트레일은 피닉스 지역에서 다룬다.

57 Peter N. Peregrine and Melvin Ember Eds., *Encyclopedia of Prehistory: Volume 6: North America*, Springer: Boston, MA, 2001.

58 Ibid.

59 "Tonto," National Monument Arizona.

60 "History of Grazing on Tonto," Presented by Senior Forest Ranger Fred W. Croxen, at the Tonto Grazing Conference in Phoenix, Arizona, November 4-5, 1926.

61 애리조나 내 개척민 숫자는 1860년 2,421명에서 1970년 9,658명으로 늘어났다. LTC William L. Greenberg, *General Crook and Counterinsurgency Warfare*, Fort Leavenworth, 2001.

62 Charles K. Hyde, *Copper for America: The United States Copper Industry from Colonial Times to the 1990s*, University of Arizona Press, March 2016.

63 Wilbur A. Haak, "Chapter 4: THE OLD DOMINION COPPER MINE," J. Micehel Canty, H. Mason Coggin and Michael N. Greeley, Eds., *History of Mining in Arizona Vol.III*, Mining Foundation of the Southwest, 1998, www.miningfoundationsw.org

64 힐라 카운티 히스토릭 소사이어티의 자원봉사자 바브 자크(Bob Zache)의 추정치다. David Abbot, "BHP to remove old headframe at Old Dominion Park," Arizona Siver Belt, October 4, 2018.

65 윌리엄 번스타인, 앞의 책.

66 영국 콘월(Cornwall)은 16세기부터 18세기까지 구리광산으로 유명했던 곳이다. 광석이 바닥나면서 1874년 150여 개의 구리광산이 문을 닫는다. 광부 3,000여 명이 국외에서 일할 기회를 찾으려고 영국을 떠나는데 대부분이 미국에 정착했다. 콘월에서는 남자와 여자는 물론이고 12세의 어린이까지 구리 광석을 채굴했다. 남자들은 하루 평균 6개의 촛불을 들고 채굴 장소로 들어가는데, 공기를 보존하려고 촛불을 켜지 않고 일하기도 했다. 콘월 광부는 세대를 이어 내려온 광산에 관한 암묵적 지식이 풍부했다. 애리조나 광산에는 "탄광은 바닥에 콘월 광부를 가진 땅에 있는 구멍"이라는 말이 유행할 정도였다. Linda Gross, "The Tin men of Cornwall," *Globe·Miami·Times*, October 4, 2007.

67 구글 맵에 Old Dominion Mine Park 또는 1300 N. Broad St. Globe, AZ 85501을 입력한다.

68 "History of Newspapers in Globe-Miami, Arizona," *Globe·Maiami·Times*, February 17, 2014.

69 구글 맵에 Center for Arts, Globe라고 입력하거나 글로브시티 홈인 Globe City를 입력하면 목적지로 안내받을 수 있다. 60번 도로에서 두 블록 안쪽으로 들어가 사우스 브로드 스트리트(South Broad St.)를 만나야 한다.

70 구글 맵에 Gila Valley Bank and Trust Building을 입력해야 한다. 브로드 스트리트(Broad Street)와 메스키트 스트리트(Mesquite Street)가 교차하는 지점을 중심으로 남서쪽 코너에 있다.

71 "Arizona Eastern Depot-Globe, AZ," Waymaking.com, www.waymarking.com/waymarks/WMH67P_Arizona_Eastern_Depot_Globe_AZ

72 김철, 앞의 책.

73 "아파치와 나바호는 뿌리가 같지만 분리 시점과 이유는 알려지지 않았다." Frank C. Lockwood, *The Apache Indians*, Biscon Books, June 1987.

74 Ibid.

75 Tom Kollenborn, "The Apache Trail," Tom Kollenborn Chronicles, http://superstitionmountaintomkollenborn.blogspot.com/2012/01/arizonas-apache-trail.html

76 구글 맵에 Apache Junction을 입력하면 출발지로 안내한다.

77 Judy Hedding, "A Scenic Drive on the Apache Trail," *tripsavvy*, February 18, 2019.

78 Tom Kollenborn, "The Apache Trail Circle Route," 1995. www.ajpl.org/wp/wp-content/uploads/2016/04/The-Apache-Trail-Circle-Route.pdf

79 "The Top 10 Medium-Sized Places with the Highest Per Capita Income", mySidewalk, June 17 2016, https://blog.mysidewalk.com/the-top-10-medium-sized-places-with-the-highest-per-capita-income-5aea4294a50a

80 〈트루 웨스트(TRUE WEST)〉지는 서부를 다룬 박물관 가운데 개관한 지 채 2년이 되지 않은 스카치데일의 웨스턴 스피릿을 1위로 꼽았다. Johnny D. Boggs, "Top 6 Art Museums of the West 2016", TRUEWEST, August 11, 2016.

나오며

1 Arizona Mining Association, "2017 Hard Rock Mining Facts," www.azmining.com

2 Dean Runyan Associates, *Arizona Travel Impacts 2000-2017*, Arizona Office Tourism, Phoenix, Arizona, June 2018.

3 미국의 주 가운데 사람들이 가장 많이 방문하는 순서다. "The Most Visited States in the U.S.," *WORLDFACTS*, August 15, 2018.

1위	2위	3위	4위	5위	6위	7위	8위	9위	10위
캘리포니아	플로리다	네바다	텍사스	뉴욕	버지니아	사우스 캐롤라이나	애리조나	조지아	하와이

4 미국 상무성 자료에 따른, 외국인들이 많이 찾는 주별 상위 10위다. Kenneth Kiesnoski, "Top 10 States for Tourism," CNBC, July 13, 2015.

1위	2위	3위	4위	5위	6위	7위	8위	9위	10위
뉴욕	플로리다	캘리포니아	하와이	네바다	텍사스	괌	일리노이	매사추세츠	펜실베이니아

5 증가율 기준으로 보면 애리조나의 인구 증가율은 1.7%다. 네바다와 아이다호 2.1%, 유타 1.9%에 이어 4위다. Tim Gallen, "Arizona one of the fastest-growing states, Census say," *Phonix Business Journal*, December 21, 2018.

인구수 증가 추이 (2017~2018)	애리조나	텍사스	플로리다	캘리포니아
	12만 2,770명	37만 9,128명	32만 2,513명	15만 7,696명

6 피닉스 도시권을 구성하는 주요 도시는 마리코파 카운티(Maricopa County)에 속하는 메사, 챈들러, 스카치데일, 글렌데일, 길버트, 템피, 피오리아(Peoria), 서프라이즈(Surprise)가 있다. 피날카운티에 속하는 산 탄 밸리(San Tan Valley), 카사 그란데, 마리코파가 있다.

7 투손 도시권을 구성하는 주요 도시는 피마 카운티에 속하는 오로 밸리(Oro Valley), 마라나(Marana), 사후아리타(Sahuarita), 시티 오브 사우스 투손(City of South Tucson), 파스쿠아 야구이(Pascua Yaqui), 토호노 오오덤 네이션(Tohono O'odham Nation)이 있다.

8

홍콩	싱가포르	말레이시아
3,412억 달러	3,239억 달러	3,145억 달러

9 2014~2017년도 자료를 참고한다. "State Exports from Arizona," United States Census Bureau. www.census.gov/foreign-trade/statistics/state/data/az.html

10 Mary Beth Faller, "Strong Arizona economy fueled by job growth, ASU forecaster says," *ASU*, Nov. 28, 2018

11 Tim Gallen, "6 Arizona companies land on Fortune 500," *Phonix Business Journal*, May 21, 2018.

12 2018년 포춘 500에 오른 피닉스 도시권에 본사를 둔 회사는 다음과 같다.

128위	176위	296위	417위	475위	492위
에버넷	프리포트-맥모런	러퍼블릭 서비스	인사이트 엔터프라이즈	마젤란 헬스	온 세미컨덕터

그 밖에 포춘 1000에 오른 피닉스 도시권에 본사를 둔 회사는 다음과 같다.

550위	스프라우트 파머스 마켓(SPROUTS FARMERS MARKET)
587위	암코 테크놀로지
595위	칼라일(CARLISE)
616위	테일러 모리슨 홈(TAYLOR MORRISON HOME)
654위	피너클 웨스트 캐피털(PINNACLE WEST CAPITAL)
675위	마이크로칩 테크놀로지

706위	메리티지 홈스(MERITAGE HOMES)
740위	퍼스트 솔라
835위	벤치마크 일렉트로닉스(BENCHMARK ELECTRONICS)
849위	나이트–스위프트 트랜스포테이션
898위	고대디(GODADDY)

13 스타트업 게놈(Startup Genome Inc.)이 7개의 변수를 중심으로 스타트업 환경이 잘 구비된 도시를 평가하는, 부상하는 도시 인덱스(Surge Cities Index)에 의하면 피닉스는 11위를 기록했다. "These Are the 50 Best Places in America for Strarting a Business," SURGE CITIES, https://com/surger-cities

1위	2위	3위	4위	5위	6위	7위	8위	9위	10위
오스틴	솔트레이크 시티	롤리 (노스캐롤라이나 주도)	내슈빌	샌프란시스코	산호세	샌디에이고	덴버	올랜도	포틀랜드

14 "These Are the 50 Best Places in America for Strarting a Business," SURGE CITIES, https://com/surger-cities

15 2010년 애리조나 체류 불법 이민자 수 36만 명은 미국안전부의 추계치다. 40만 명은 퓨히스패닉센터의 추계치다. "Immigration in Arizona," Immigration in Arizona, April 2012.

16 "Immigrants in Arizona," American Immigration Council, October 4, 2017.

17 미국은 멕시코와 무려 3,145km을 접하고 있다. 이 가운데 애리조나는 595.4km(370마일)로 18.9%를 차지한다. 우리나라와 비교하면 경부고속도로 길이는 416km, 한반도 남북의 총 길이는 약 1,100km다.

SP 크레이터(SP Crater) 186~188
US 191 하이웨이 91, 105, 110
US 80 하이웨이 74, 86, 88

ㄱ

감옥 트레일 루프(Jail Trail Loop) 237
개즈던 매입(Gadsden Purchase) 43, 343
게이츠 패스 로드(Gates Pass Road) 36~37
게이츠 패스 헤드 트레일헤드(Gates Pass Head Trailhead)
    38
고스트타운(Ghost Town) 52~56
골드러시(Gold Rush) 144, 174, 263, 271
골드워터, 배리(Barry Goldwater) 270, 346
골드필드 고스트타운(Goldfield Ghost Town) 333
골든게이트 산(Golden Gate Mountain) 34, 37
규화목(硅化木) 111, 113~115, 117~122
그랜드뷰 포인트(GrandView Point) 155, 204, 207~208
그랜드캐니언 개척자 묘지(Grand Canyon Pioneer Ceme-
    tery) 195, 208
그랜드캐니언 국립공원 사우스림(Grand Canyon NP
    South Rim) 192
글로브·마이애미(Globe-Miami) 311
글로브 히스토릭 다운타운(Globe Historic Downtown)
    322

ㄴ

나바호카운티역사박물관(Navajo County Historical Soci-
    ety) 122
낮은 절벽 주거지(Lower Cliff Dwelling) 302~305
노던시나구아(Northern Sinagua) 243~244
높은 절벽 주거지(Upper Cliff Dwelling) 302~303

ㄷ

'닥' 할리데이, 존 헨리(John Henry 'Doc' Holliday) 69~

70, 271
당나귀 43, 49, 65, 69, 81, 208, 249, 314, 319, 320
대륙횡단철도 40, 43, 144, 146, 148, 343
대성당바위(Cathedral Rock) 224~227, 231
더글러스 맨션(Douglas Mansion) 252, 255~256
더글러스, 루이스 W.(Lewis W. Douglas) 256
더글러스, 제임스(James Douglas) 77, 79~81
더글러스, 제임스 S. (James S. Douglas) 251~256
데빌스 브리지 트레일(Devil's Bridge Trail) 228~229
데이비드 옛만 (웨스트) 트레일헤드(David Yetman Trail-
    head) 38~39
데저트 보태니컬 가든(Desert Botanical Garden) 341
데저트 뷰(Desert View) 200, 204~206
돌출(Prominence) 159, 186, 226~227

ㄹ

라 빅토리아(글래스 블로잉) 스튜디오(La Victoria Glass
    Blowing Studioter) 258
라 포사다 호텔(La Posada Hotel) 130
라라미드 변혁(Laramide Revolution) 201, 223
라바 용암류(Lava Flow) 162
라벤더 노천 구리광산(Lavender Pit) 86~87
레녹스 크레이터(Lenox Crater) 161, 166
레드 록 방문자센터(Red Rock Visitor Center) 225
레드 록 시닉 바이웨이(Red Rock Scenic Byway) 225
레드 힐 방문자센터(Red Hills Visitor Center) 19, 28
레인보우포레스트박물관(Rainbow Forest Museum) 120
레인저(Ranger) 101, 274, 277, 279, 281~282
로마키(Lomaki Pueblo) 182~183
로어 벨 록 트레일(Lower Bell Rock Trail) 226
로웰천문대(Lowell Observatory) 150, 152
로웰, 퍼시벌(Percival Lowell) 151~153
로키산맥(Rocky Mountain) 99, 113, 180, 201~202,
    223, 330
루스벨트 댐(Roosevelt Dam) 299~301, 335
루스벨트 호수 브리지(Roosevelt Lake Bridge) 306, 334,
    336~337

루트 66(Route 66) 74, 114~115, 117, 121~125, 130~131, 143~145, 149~150, 155~156

리알토 극장(Rialto Theatre) 45

리틀 데이지 탄광(Little Daisy Mine) 254~255

리틀 데이지 호텔(Little Daisy Hotel) 255

리틀콜로라도강(Little Colorado River) 134, 142~143, 169, 176, 178, 183, 196, 198~200, 343

리틀콜로라도강 협곡 부족공원(Little Colorado River Gorge Tribal Park) 196~198

림 레이크 비스타 오버룩(Rim Lakes Vista Overlook) 293, 295

림 로드(Rim Road) 295~296

림카운티박물관(Rim Country Museum) 297

림 트레일(Rim Trail) 137, 139, 211

ㅁ

마그마(Magma) 158, 161~163, 165, 186

마사이 네이처 트레일(Massai Nature Trail) 96, 98

마사이 포인트(Massai Point) 95~96, 99

말라카이트(Malchite) 83

매더 포인트(Mather Point) 204, 209

메사(Mesa) 223~224, 229

모골론 림(Mogollon Rim) 219~220, 275, 293~295, 299, 329

모골론 림 방문자센터(Mogollon Rim Visitor Center) 294~295

모런 포인트(Moran Point) 206

모르몬교도 100, 143, 197, 343

모엔코피층(Moenkopi Formation) 172~173, 177, 180

모하비 포인트(Mohave Point) 210~211

목재 뼈(woody ribs) 24~25

몬테주마 웰 국가기념물(Motezuma Well National Monument) 273~279, 282, 292

몬테주마 웰 루프 트레일(Montezuma Well Loop Trail) 282

몬테주마 웰 스퍼 트레일(Motezuma Well Spur Trail) 280~281

몬테주마 캐슬 국가기념물(Montezuma Castle National Monument) 273, 283, 285, 287~293

밀러캐니언(Miller Canyon) 51

밀빌(Millville) 53, 62, 65

ㅂ

박스캐니언 주거지(the two Box Canyon Dwelling) 183

배리, 피터(Peter D. Berry) 155, 208

배빗 랜치(Babbitt Ranches) 186~188

배빗브라더스트레이딩회사(Babbitt Brothers Trading Company) 149, 191

배빗 형제들 149, 188~191

배스, 윌리엄 월러스(William Wallace Bass) 155

밸리 뷰 오버룩 트레일(Valley View Overlook Trail) 22

버그룸, 솔론 한니발(Solon Hannibal Borglum) 268

버터필드오버랜드우편회사(Butterfield Overland Mail Company) 43, 55

버펄로 사냥 40, 103

베르데강(Verde River) 134, 222, 233~235, 237, 239~245, 247, 255, 273, 279~280, 290, 293, 297, 329

베르데 밸리(Verde Valley) 234, 275, 279, 282, 292~293

벨 록(Bell Rock) 255~227, 231

벨 록 패스웨이 트레일(Bell Rock Pathway Trail) 226

보니타캐니언(Bonita Canyon) 93~94

보니토 비스타 트레일(Bonito Vista Trail) 165~167

보니토 용암류(Bonito Lava Flow) 161~164, 167~170

보안관 35, 64, 68~70, 194, 270, 323, 341

보텍스(Vortex) 231~232

부트 힐 묘지(Boot Hill Graveyard) 70~71

불법 체류자 346

뷰트(Butte) 185, 200, 206~207, 209, 223~226

브라이트 엔젤 트레일(Bright Angel Trail) 193, 213

브룬코, 프레더릭(Frederick Brunckow) 63

비스비(Bisbee) 55, 60, 62, 64, 73~81, 83~89, 91, 101, 255, 311, 315, 343

비스비광산·역사박물관(Bisbee Mining & Historical Museum) 84
비스비 블루(Bisbee Blue) 83
비스비, 드위트(DeWitt Bisbee) 77~78
빅 파크 루프 트레일(Big Park Loop Trail) 226
빌스 웨건 로드(Beals Wagon Road) 144~145

ㅅ

사와로(saguaro) 18~24, 26~27, 29, 31, 34, 37~38, 298, 303~305, 332, 336, 342
사와로 국립공원 웨스트 18, 21, 28
사와로 국립공원 이스트 18
사우스 카이바브 트레일(South Kaibab Trail) 213
산칼로스(San Carlos) 103, 283, 298, 325~326
살라도 문화(Salado Culture) 308~309
샌페드로강(San Pedro River) 51~53, 55, 61~62, 65
샌페드로 하우스(San Pedro House) 52
샌프란시스코봉 143, 159, 183
샌프란시스코 화산지대 158~159, 163, 172, 184, 186
샤베즈 패스(Chavez Pass) 244
서던시나구아(Southern Sinagua) 239~240, 242~244, 273, 277, 279~280, 290, 293
서던애리조나교통박물관(Southern Arizona Transfortation Museum) 41~42
서던퍼시픽철도회사(Southern Pacific Railroad Company) 40~42, 55, 104~105, 314
선셋 크레이터 화산 국가기념물(Sunset crater Volcano National Monument) 157, 160, 163, 166
설퍼 스프링스 밸리(Surphur Springs Valley) 93
세도나(Sedona) 127, 134, 218~219, 221~233, 237, 246, 292~293
소노라 사막(Sonora Desert) 24, 29~32, 39, 342
솔트강(Salt River) 297, 299~301, 305~309, 329, 335
수혈 주거(Pit House) 279~280
쉬네블리힐사암(Schneby Hill Sandstone) 222, 226
슈퍼스티션산(Superstition Mountain) 329, 332~334, 336~337

스카치데일 아트 디스트릭트(Scottsdale Arts Districts) 338~339
스태퍼드 캐빈(Stafford Cabin) 100
스탠딩 온 더 코너 파크(Standin' on the Corner Park) 125~126
스탠포드, 릴랜드(Leland Stanford) 40
시그널 힐 페트로글리프(Signal Hill Petroglyphs) 22~23
시닉 바자드 루프 드라이브(Scenic Bajada Loop Drive) 22
시어도어 루스벨트 호수(Theodore Roosevelt Lake) 299, 301~302, 304, 306, 331, 334, 336~337
시에라 비스타(Sierra Vista) 47~48, 50~51, 53, 56, 61, 345
시타델 푸에블로(Citadel Pueblo) 176, 180~181
시펠린(Schieffelin) 53, 61, 64, 68
신더 힐스 오버룩(Cinder Hills Overlook) 167~168, 171

ㅇ

아게이트 브리지(Agate Bridge) 117~118
아일랜드 트레일(Ireland Trail)l 138
아주라이트(Azurite) 83
아파치전쟁(Apache War) 50, 310
아파치 트레일(Apache Trail) 328~331, 334~337
아파치 패스(Apache Pass) 102
암각화(巖刻畵) 23
암굴 거주지 277~278
애리조나 64번 도로 193, 197, 200, 203
애리조나 89A 도로 221, 233
애리조나 이스턴 레일로드 철도역 324
애리조나 전이 지역(Arizona Transition Zone) 220
애리조나 준주(Territory of Arizona) 193~194, 264~265, 310, 343
애리조나의 5C 산업(Arizona's Five C's: Copper, Cattle, Cotton, Citrus, Climate) 344
야하파이 코트하우스(Yahapai Courthouse) 269
어프, 모건(Morgan Earp) 68
어프, 버질(Virgil Earp) 69, 271
어프, 와이어트(Wyatt Earp) 70, 271

에머리시티(Emery City) 53

에코캐니언 루프(Echo Canyon Roop) 98~99

엑시비션 빌딩 트레일(Exhibition Building Trail) 96~97

엘 토바 호텔(El Tovar) 154

엘릭슨 가족(Ellickson Family) 100

옛만 트레일(Yetman Trail) 38~39

옛만, 데이비드(David Yetman) 39

오네일, 윌리엄 오웬 '버키'(William Owen 'Buckey' O'Neill) 269

오드리 헤드프레임 공원(Audrey Headframe Park) 254

오르간 파이프 지층(Organ Pipe Formation) 95~96

오리어리산(O'Leary Mountain) 159

〈오케이 목장 결투(O.K. Corral)〉 36, 69~71, 271

오크 크리크캐니언(Oak Creek Canyon) 221~222, 229~230

오크 크리크캐니언 시닉 드라이브(Oak Creek Canyon Scenic Drive) 221

올드도미니언구리광산(Old Dominion Copper Mine) 312~318

올드 비스비 역사지구(Old Bisbee Historic District) 84

올드 스패니시 트레일(Old Spanish Trail) 74

올드 스패니시 트레일 자동차도로(Old Spanish Trail Auto Trail) 74

올드타운 코튼우드(Old Town Cottonwood) 234

올드 투손(Old Tucson) 34~36

와일드 웨스트(Wild West) 9, 36, 60, 343

왈피(Walpi) 292

왓슨호(Watson Lake) 261~262

우즈캐니언 오버룩(Woods Canyon Overlook) 295

우파키(Wupatki Pueblo) 163, 175~178, 180, 182, 184~186

우파키 국가기념물(Wupatki National Monument) 168, 171~175, 177, 180, 192

워렌, 조지(George Warren) 76~77

워커, 조셉(Joseph R. Walker) 263~264

월넛캐니언 국가기념물(Walnut Canyon National Monument) 133~134, 136, 139~141

웨스턴 스피릿: 스카치데일서부박물관(Western Spirit: Scottsdale's Museum of the West) 341

웨스트 포크 트레일(West Fork of Oak Creek Trail) 229~230

웨인, 존(John Wayne) 35, 149, 236~237

위그암 모텔(Wigwam Motels) 122~124

위스키 로(Whisky Row) 270~271

윈슬로(Winslow) 121, 125, 127~132, 142~143, 176, 244, 292

윌리엄스(Williams) 129, 145, 154~156, 159, 162, 190, 200, 292

윌콕스(Willcox) 60, 91, 102, 104~105, 314

유나이티드베르데구리회사(United Verde Copper Company, UVCC) 247~249, 251~255, 259

유나이티드베르데익스텐션탄광회사(United Verde Extension Mining Company, UVX) 252~254, 256

유마(Yuma) 41, 74, 220, 344, 345

인디언 보호구역(Indian Reservation) 116, 191, 197, 283~284, 310, 325~326, 344

인터스테이트(Interstate) 고속도로 110

ㅈ

자벨리나 워시 트레일(Javelina Wash Trail) 20

자원봉사자 33~34

자이언트 로그 트레일(Giant Log Trail) 120~121

제로니모(Geronimo) 48~49, 88, 330, 343

제롬(Jerome) 86, 246, 249, 251~260, 292~293, 315, 343

제롬 그랜드 호텔(Jerome Grand Hotel) 259

제롬 스테이트 히스토릭 공원(Jerome State Historic Park) 253

제스퍼 포레스트(Jesper Forest) 117~119

제인 그레이 캐빈(Zane Grey Cabin) 297

주니(Zuni) 134, 281, 342

주도(Capital of State) 7, 18, 43, 46, 260, 263~267, 327, 344

짐그레이페트리파이드우드회사(Jim Gray's Petrified

Wood Co.) 122

ㅊ

찰스턴(Charleston) 53~54, 62, 65, 69, 76

첨탑(spire) 224

치리카후아산맥(Chricahua Mountains) 91~93

치리카후아 국가기념물(Chricahua National Monument) 90, 92~95, 97~98, 100, 103

치와와 사막(Chihuahua Desert) 56, 65, 94

ㅋ

카, 윌리엄(William 'Bill' H. Carr) 31~33

카나아 용암류(Kana-a Lava Flow) 161~162, 168~170

카이바브석회암(Kaibab Formation) 112, 172, 183, 198, 203, 222~223

칼럼(Columns) 93~94, 96~97

캐니언 빅 루프(Canyon Big Loop) 99~100

캐머런 서스펜션 브리지(Cameron Suspension Bridge) 196~197

캐머런, 랄프 H.(Ralph Cameron) 193~197

캐슬 A 288

캐슬 록(Castle Rock) 75~76

캐슬 록 인(The Inn at Castle Rock) 76

캠프 보니타(Camp Bonita) 101

컨세션시티(Concetion City) 53, 63, 65

코노 호텔(Connor Hotel) 257

코치스 카운티(Cochise County) 60, 63, 91

코치스 카운티 코트하우스(Cochise County Courthouse) 85

코텍스(cortex) 24~25

코트하우스 록(Courthouse Rock) 225~226

코트하우스 스퀘어(Courthouse Square) 266~267, 270

코튼우드(Cottonwood) 233~236, 239, 241

코튼우드 호텔(Cottonwood Hotel) 236~237

코튼우드 히스토릭 올드타운(Cottonwood Historic Old Town) 235~236

콜로라도강(Colorado River) 193, 198~200, 202, 205~ 207, 211

콜로라도고원(Colorado Plateau) 140, 159, 174, 184~ 186, 200~201, 219~220, 223, 233, 277, 293~ 295, 308, 342

퀸구리광산(Copper Queen Mine) 76~83

퀸구리광산 투어(Copper Queen Mine Tour) 81~84

크리스털 포레스트(Crystal Forest) 115, 117, 119

클라크, 윌리엄 A.(William Andrew Clark) 248~249, 255

클라크, 찰스(Charles Waker Clark) 250

클라크데일(Clarkdale) 246~248, 251, 254

키바(kiva) 176

키어, 윌리엄(William Keyer) 315

ㅌ

탄광 침수(갱도 침수) 317

〈테이크 잇 이지(Take It Easy)〉 126, 131

템피(Tempe) 300, 328

토틸라 플랫(Tortilla Flat) 332, 334

톰 베티의 게스트 목장(Tom Beatty's Guest Ranch) 51

투손(Tucson) 18~19, 24, 28, 31~32, 34~44, 46~47, 51, 53~54, 58, 60, 62~63, 70, 74~75, 77~78, 81, 220, 261, 263~265, 300, 311, 342~345

투손산(Tucson Mountain) 18~19, 28, 38

투손산 공원(Tucson Mountain Park) 29

투손역(Tucson Train Depot) 40~41, 46, 70

투지구트 국가기념물(Tuzigoot National Monument) 233, 238~246, 255, 280, 292

툼스톤(Tombstone) 53, 55~56, 60~70, 73~74, 76~ 77, 81, 271, 343

툼스톤광산회사(Tombstone Mine Company) 63, 67~68

ㅍ

파랏카피 트레일(Palatkwapi Trail) 292~293

파러웨이 랜치(Faraway Ranch) 101

파월, 존(John Wesley Powell) 163, 193, 207, 211

파월 포인트(Powell Point) 210

판기아(Pangaea) 113

팔로버드(palo verde) 26

팩, 아서(Arthur Pack) 31~32

팩, 찰스(Charles Rathlop Pack) 32

팰러스 살롱(The Palace Saloon) 270~271

페어뱅크(Fairbank) 52~56, 62, 65, 81

페인티드 사막(Painted Desert) 111, 115~117, 170, 172, 200, 204, 206

페트로글리프(petroglyph) 22~23, 290

페트리파이드 우드(규화목, petrified wood) 111

페트리파이드 포레스트 국립공원(Petrified Forest National Park) 110~111, 116, 122, 170

펠프스다지회사(Phelps-Dodge Corporation) 79~81, 85, 248, 251

포레스트 쉬레브(Forrest Shreve) 21

포트 보위(Fort Bowie) 50, 75, 101~104

포트 보위 국가역사유적지(Fort Bowie National Historic Site) 102

포트 아파치 역사지구(Fort Apache Historic District) 50

포트 후아추카(Fort Huachuca) 48, 66

프레스캇(Prescott) 143, 176, 244, 259~263, 265~267, 269, 272~273, 343, 345

프레스캇, 윌리엄 H.(William H. Prescott) 264

프레시디오 산 어거스틴 델 투손(Presidio San Agustín del Tucsón) 58

프레시디오 산타 크루스 데 테레나테(Presidio Santa Cruz de Terrenate) 56

프레시디오 투백(Presidio Tubac) 58

프레이, 글렌(Glenn Frey) 126~127

플래그스태프(Flagstaff) 111, 129, 133~134, 142~147, 149~152, 155, 157~159, 162, 186, 188, 190~192, 197, 203, 218~219, 221~222, 229, 243, 292, 344~345

플레전트밸리전쟁(Pleasant Valley War) 310

피너클(Pinnacles) 93~94, 97, 100

피닉스(Phoenix) 7, 18~19, 24, 43, 46, 51, 74, 194, 219~220, 234, 253, 261, 264~266, 279, 299, 301, 307, 311, 327~328, 331~332, 334, 336~337, 345~346

피닉스 도시권(Phoenix Metropolitan Area) 328, 345~346

피닉스아트박물관(Phoenix Art Museum) 337~338

피마 카운티(Pima County) 63

피시 크리크(Fish Creek) 335

ㅎ

하비, 프레드(Fred Harvey) 130, 154

핸스, 존(John Hance) 155, 207~208

허밍버드(hummingbird) 47, 50~51

허벨트레이딩포스트(Hubbell Trading Post and Warehouse) 128~129

허벨, 존 로렌조(John Lorenzo Hubbell) 128~129

헌트, 조지(W. P. George Hunt) 321

험프리봉(Humphrey Peak) 158, 184~185

헤이든, 찰스(Charles Trumbel Hayden) 300

호텔 몬테 비스타(Hotel Monte Vista) 149

호텔 콩그레스(Hotel Congress) 44~45

호피(Hopi) 116, 134, 140~141, 175, 185, 197, 210~211, 242, 244, 281, 292, 342

홀리 크로스 채플(Holy Cross Chapel) 223~224

홀브룩(Holbrook) 88, 116, 121~125, 129, 144, 200

화이트 밸리(White Valley) 241~242

히스토릭 캠프 베르데 소금광산(Historic Camp Verde Salt Mine) 290~291

힐라카운티역사박물관(Gila County Historical Museum) 320

힐라 코트하우스(Gila Courthouse) 322

Arizona: Dr. Gong's exploration of every corner of the United States

Is there anything to see in America? Many people have this idea because of its short history and prejudice against the U.S. While visiting various parts of the world, I naturally pay attention to the charm and strength of the U.S. as a travel destination. No matter where you go in the United States, you can see franchised stores like McDonald's and Dunkin' Donuts, and you'll want to ask what's particularly worth seeing. But if you can look beyond what you see on the outside and look at the stories contained in cities or streets, the stories can be different.

The United States has its own special history. Most countries on the planet have a long history of centralized power focused around the monarchy. However, the U.S. has no connection with the monarchy. Even if you visit a small town far from the big city, it is filled with the story of pioneers who bet their lives for a better future. Most of the village's names are named after pioneers. In the history of the frontier, freedom rather than oppression, robustness rather than dullness, dynamism rather than stagnation, and future orientation rather than past orientation. Moreover, there will be no place like the U.S. to experience the boldness and diversity of pioneers to realize their dreams. In the history of village growth, there are times when you witness such spirit, courage and wisdom that are never lacking compared to the growth of the country.

the weight of a short but never comparable history

Traveling to the U.S. is an interesting and instructive way to look at civilization. American history is short in terms of the absolute length of time, but there is no sign of it compared to the empire. The philosopher and novelist Bernard Henry LEVY speaks out his thoughts on visiting Buffalo, New York, once America's glory. "For Europeans, it's hard to even think of a city dying. But what I saw there was that the city was on the verge of collapse. The rise and fall of the city helps us to have a new perspective on the future as well as the present."

Among the attractions of traveling to the U.S. no matter what it may be, the 49 National Parks, which boast beautiful, majestic and excellent natural scenery that can hardly be found anywhere else in the world. When I visit such a place, I get a monologue from my mouth that envies, "What good are people in this world because they are blessed?" Natural beauty, which is not easy to capture in words and writings, is further illuminated by systematic and exemplary management. "How can they manage their heritage so well?" also comes as a temple. This is not all. There are a total of 130 National Monuments in the United States. They include 65 preserved because of their natural values, 34 historical sites and 23 Indian sites. We can describe it as a quasi-national park or a national monument. Although it falls short of the national park, national monuments are also so outstanding that there is no law to regret visitors.

Travel Guidebook and Exploration Book

This book is an additional study based on what I felt by visiting and observing major nearby places, with the National Park and National Monument in Arizona, one of the southwestern regions of the United States. Traveling 6,100 kilometers, 3,800 miles by car over a month, it was Arizona, western Texas and New Mexico. Among them, I will first publish a book about Arizona's research. It is not just a post-travel book, but also an exploration of the past, present and key points of the destination after planning with a theme in advance. The trip first left Phoenix, Arizona and traveled through southern Arizona to the west of Texas. Then I toured New Mexico and then moved on to Arizona, which is adjacent to the west, followed the way back to Phoenix. This book consists of Southern, Northern and Western Arizona, according to the travel order.

The difference between the existing various travel guidebooks is not just a book for introductions, but a book for history and culture, and information and knowledge about the past and present. You will be able to read a book in the back seat of the author's car, feeling like you're traveling from place to place in Arizona. While reading the book, some will follow the book's path and have a dream of "I'm going to put my American car trip into practice." It's as if I was challenged more than a decade ago in a book written by novelist John Steinbeck. The book that inspired me was Travel with Charley: In Search of America by John Steinbeck, which he published after putting his lifelong dream of traveling to the Americas into practice. The book also gave me another dream. "One day, I'll look around every corner of America if I can afford it." In the end, the dream came true. A person can stand on the ground of reality, but he or she can't live bravely because he or she has a dream!

a book that can be felt as if it were a visit only by reading

Unlike other destinations, the U.S. has the disadvantage of having to drive for a long time by using a car. Without group tours centered on famous national parks, the U.S. land will be so vast that it will be difficult to drive on its own. Therefore, the book was written for two purposes.

I wrote a book aimed at reading it comfortably enough to feel like you was accompanying the author on a trip, even if you did not visit the place yourself. If you have any questions while reading a book, you can greatly enhance the effectiveness of reading by visiting Google or YouTube to watch related images or videos. The other is a new style of "Travel Guidebook," which you may have with you before or during your trip. It is written to show the history and culture of the place of visit and the present and future. But this book is as clear as any travel guide. "You must be able to see and feel this or this place."

If we keep in mind that the time we spend on this world is limited, the question of where to look first remains. No matter how splendid a man-made civilization may be, the years provide clear guidelines for travel. It is true that no matter how outstanding human-made buildings are, they are never as long remembered as the majestic natural beauty. In this regard, I wonder if there is anything like a Western National Park in the U.S. that offers a grand scale and a Western tour with the spirit of Frontier. I believe this book will give you a chance to experience the essence of Wild West.

Also, I hope to be able to travel directly to the United States by car by reference to this book. Driving a long distance is not impossible by force alone, but it is also daunting and lonely. It was my wife, Haesook Suh who saved me from having trouble driving a car on high ground or on rough roads. So this book was written by me, but in fact it would be better to consider it two person's co-work. Finally, I hope to have a fun and informative reading.

Table of Contents

Prologue: Looking in here and there.

Southern Arizona

1. Saguaro National Park: Iconic Landscape of the American West

2. Tucson: Home of the Museum in the Sonora Desert.

3. Sierra Vista: Capital of Hummingbird

4. Tombstone: Battleground of Wild Cowboys.

5. Bisbee: Boom Town of Copper Mines

6. Chiricahua National Monument: Festival of the Rocks

Northern Arizona

7. Petrified Forest National Park: Exhibition Hall of Fossil Forest

8. Winslow: Town of Sweet Memories.

9. Walnut Canyon National Monument: Life on a Cliff

10. Flagstaff: Gate of the Grand Canyon.

11. Sunset Crater Volcano National Monument: Site of Volcano Explosion

12. Wupatki National Monument: Glory of the Pueblo Indians

13. Grand Canyon South Rim: Best of National Parks in the United States

Central Arizona

14. Sedona: Home of the Trail

15. Tuzigoot National Monument: Lifes on the Hills

16. Jerome: Memories of the Rich in Copper Mine

17. Prescott: Old Capital of Arizona

18. Montezuma Well National Monument: Giant Puddles Site

19. Montezuma Castle National Monument: Typical of Cliff Dwellings

20. Tonto National Monument: Residence of Saguaro Hill

21. Globe-Miami: History and Site of Copper Mine

22. Phoenix: Modern Growth City

Epilogue: Overview of Arizona